W0070740

Hildegunde Wöller · Ein Traum von Christus

Hildegunde Wöller

Ein Traum von Christus

In der Seele geboren, im Geist erkannt

Kreuz Verlag

© by Dieter Breitsohl AG
Literarische Agentur Zürich 1987
Alle deutschsprachigen Rechte beim Kreuz Verlag Stuttgart
2. Auflage (9.–11. Tausend) 1989
Kreuz Verlag Stuttgart 1987
Umschlaggestaltung: HF Ottmann unter Verwendung
einer Drahtplastik „Die Sonne" von Richard Lippold
Satz: Typobauer, Scharnhausen
Druck und buchbinderische Verarbeitung: May + Co., Darmstadt

ISBN 3 7831 0869 1

Inhalt

Vorwort

Dieses Buch erzählt von Christus für diejenigen, die mit den Dogmen der Kirche wenig anfangen können und trotzdem nach Spiritualität suchen. Es wurde geschrieben von einer Frau, die zusammen mit anderen Frauen an der patriarchalen Überfremdung der Botschaft Jesu Anstoß nimmt.

Die Suche nach dem Sinn des Lebens veranlaßt immer mehr Menschen, in den Mythen vergangener Religionen, in der Esoterik, in östlicher Spiritualität und in sich selbst danach zu suchen. Auf die bedrängenden Probleme der Gegenwart erhoffen sich viele eine Antwort von einer Bewußtseinsveränderung, die über Grenzen hinweg zunehmend mehr Menschen dazu befähigt, Wege in die Zukunft zu finden. Ganzheitliche Wahrnehmung, ganzheitliches Denken und Verhalten, so die Hoffnung, wird die einseitige Rationalität durch ein mehrdimensionales Weltbild überwinden.

Auf dem Hintergrund dieser Suche erzähle ich von Jesus, dem Christus, angefangen bei seiner wunderbaren Geburt bis zu seiner Auferstehung und Himmelfahrt und dem Heiligen Geist, den er bei seinem Abschied zu senden versprach. Ich habe weniger den historischen Jesus im Blick, vielmehr den Christus als eine Gestalt jenseits von Zeit und Raum, Christus als eine mythische Gestalt, als ein Bild für den Archetyp des Selbst und als Symbol einer künftigen Menschheit.

Auf der Suche nach einem weiblichen Symbol des Göttlichen in der jüdisch-christlichen Tradition ist mir die Gestalt der Sophia wichtig geworden, die das Christusbild der ersten Christen offenbar entscheidend geprägt hat.

Mein Versuch, auf neue Weise wahrzunehmen, wer Christus ist, setzt bewußt nicht bei den kirchlichen Dogmen und bei den bekannten theologischen Deutungen ein, sondern bei mythi-

schen Erzählungen von einer Erlösergestalt, die schon in den
Epochen vor Jesus verbreitet waren. Die Geburt eines göttlichen
Kindes, ein göttlicher Held, der das Heil bringt, das sind mythi-
sche Vorstellungen in fast allen Religionen der Menschheit.
Wenn ein solcher Traum in einem konkreten Menschen wie Jesus
Wirklichkeit wird oder, anders gesagt, wenn er sich inkarniert, ist
dies ein Hinweis auf eine aus Seele und Geist geborene Entwick-
lung, die auf Erkenntnis, auf Bewußtwerdung zielt.

Das Mandala, ein östliches Meditationsbild, habe ich als Muster gewählt, um diese Entwicklung anschaulich zu machen.
Ebenso wie die Meditation als Umkreisung der Mitte und damit
des Unnennbaren beschrieben werden kann, gleichen auch die
entscheidenden Stationen des mythischen Heldenweges einer
solchen Umkreisung. Das Leben Jesu, wie die Evangelien es
schildern, läßt sich einzeichnen in den Weg des Heros. Die
Evangelien schildern keine Biographie im heutigen Sinne, sondern sie wollen Offenbarung des Christus sein und folgen darum
bewußt oder unbewußt einem mythischen Muster. Dieses Muster der Umkreisung der Mitte ist nichts historisch Einmaliges,
sondern etwas Typisches, Archetypisches, wie es an dem Weg
Jesu anschaulich wird und zugleich zum Nachvollzug anregt. Es
bedeutet auch nicht ein Kreisen in sich selbst, vielmehr tendiert
es zu einer Spirale, die immer weitere Kreise zieht, vom Mythos
zur Erkenntnis, vom Traum zur Bewußtwerdung, vom Individuellen zum Kosmischen.

Diesem Muster folgend, habe ich mir selbst die Geschichte
des Christus und das Wachsen des Reiches Gottes, dessen Nähe
Jesus ankündigte, zum ersten Mal ganz erzählt, ganz statt
zersplittert in Perikopen, wie es in der kirchlichen Predigtpraxis
üblich ist. Vom Ganzen her erschließt sich auch der Sinn des
einzelnen. Vor allem öffnet sich von daher auch eine Perspektive
für die Gegenwart und die Zukunft. Jesus ist eine Gestalt der
Vergangenheit, Christus aber ist immer neu Gegenwart und
Symbol einer Menschheit, die im Werden ist.

Einleitung

Für die Juden ist Jesus ein Rabbi gewesen, außergewöhnlich vielleicht, aber nicht mehr. Jedenfalls nicht der erwartete Messias. Für Christen ist die jüdische Messiashoffnung in Christus erfüllt, wenn auch anders, als die Juden erwarteten. Vielleicht, so lautet eine versöhnende These der letzten Jahrzehnte, sind der Messias der Juden und der wiederkommende Christus am Ende der Tage doch derselbe. Inzwischen könnte gelten, daß Jesus der Messias der Heiden ist. Wie aber konnte Jesus der „Messias der Heiden", der Christus werden? Das ist die Frage, vor der Theologen ehrfürchtig verstummen. „Ein unerklärliches Wunder – das Wunder der Auferstehung – Offenbarung – Gottes Wille – als die Zeit erfüllt war" – Rätselworte ersetzen die Antwort, und vielen sagen diese Worte nichts mehr.

Eine Theologie der Offenbarung bedarf zur Ergänzung einer Anthropologie des Empfangens, wenn Kommunikation möglich werden soll. Die Empfangsbereitschaft der „Heiden" für Jesus, den Christus, soll Thema dieses Buches sein. Nicht, um das Wunder zu verkleinern, sondern um das Bild des Christus vollständiger in den Blick zu bekommen. Christus hat sich nicht allein in einen Menschen aus Fleisch und Blut inkarniert, sondern in die Mythen der Heiden und damit in ihre Seele. Der Mythos ist die Sprache, die Grammatik der Seele. Ebenso wie die Menschwerdung Christi nicht ohne die Empfangsbereitschaft Marias möglich war, kann die Botschaft von Christus auch heute nur aufgenommen werden durch eine Seele, die sich in ihr selbst wiedererkennt. Die mythischen Vorstellungen der „Heiden" enthalten Bilder von einem Retter und Helden, und darum konnten sie Jesus als den Christus wahrnehmen und erkennen. Nicht allein in „unser armes Fleisch und Blut" kleidete sich der Christus, sondern in die Gewänder, welche die Seele längst gewoben hatte.

Die Hebräische Bibel hielt Distanz zum Mythos, zum Teil feindselige Distanz, obwohl für den Kenner der Mythen durch nicht wenige Geschichten des Alten Testaments mythische Vorstellungen hindurchschimmern. Was Mythos war, wurde aber umgedeutet in ein einmaliges geschichtliches Ereignis, der Mythos wurde aus einer zeitlosen, ewigen Gültigkeit transponiert in die geschichtliche Zeit und damit eines großen Teils seiner Dynamik beraubt. Viele mythische Vorstellungen wurden dabei sogar in ihr Gegenteil verkehrt, weil sie heidnischen Ursprungs waren und nun für die Theologie des Jahwe-Glaubens passend gemacht werden sollten. Es ist darum nicht verwunderlich, daß dem Juden das Neue Testament fremd bleibt.

Denn die Evangelien knüpfen an ursprüngliche, „heidnische" Mythen an, sie verkündigen Christus, indem sie Jesus von seiner Geburt bis zu seiner Auferstehung als den schildern, in dem die mythische Erlösergestalt Mensch geworden ist. Die Verknüpfung von greifbar Historischem und zeitlos Mythischem macht das Besondere der Evangelien aus. Jesus von Nazareth — der Christus. Die Spannung zwischen beiden Gestalten ist größer, als den meisten noch bewußt ist. Wenn aber durch die historisch-kritische Exegese die Gestalt Jesu in den Vordergrund gerückt wird und die Gestalt des Christus hinter ihr fast verschwindet, geht eine wesentliche Dimension verloren. Es handelt sich dabei um die Dimension, in der die Seele zu Hause ist, für die Zeit und Raum so wenig gelten wie für den Mythos. An zentralen Geschichten der Evangelien soll deutlich werden, welche mythischen Vorstellungen mit Jesus verknüpft worden sind, Vorstellungen, die auch heute besser als theologische Begriffe deuten können, wer Christus ist.

Der Advent Gottes

Maria und das göttliche Kind

Lukas schrieb sein Evangelium in Antiochien in Syrien etwa um das Jahr 80 nach Christus. In Syrien ebenso wie in Ägypten und Arabien wurde zu jener Zeit das Fest der Wintersonnenwende am 6. Januar gefeiert. Man beging es nach folgendem Ritus: Die Nacht hindurch blieb man wach, sang und musizierte um das Bild einer Göttin. Wenn der Morgen graute, zündete man Fackeln an und stieg mit ihnen hinab in eine unterirdische Kapelle. Von dort holte man das Götterbild eines Knaben, das auf einer Bahre lag, und trug es siebenmal um den Tempelbezirk. Dabei wurde gesungen: „Die Jungfrau hat geboren, es wächst das Licht!" Anschließend wurde die Bahre wieder in die Höhle zurückgelegt[1]. Die göttliche Jungfrau konnte Kore oder Aphrodite heißen, das Kind, das sie geboren hatte, Aion oder Tammuz oder Adonis.

Die orthodoxen Christen feiern bis heute Weihnachten am 6. Januar. Bewußt haben die ersten Christen das Fest der Geburt Christi auf denselben Termin gelegt, an dem die Heiden die Geburt des lichten Frühlingsgottes begingen.

Die westliche römische Kirche hat später das Weihnachtsfest auf den 25. Dezember verlegt, weil sich in Rom inzwischen der Mithraskult und mit ihm das Geburtsfest des Mithras durchgesetzt hatte.

Ohne Zweifel war Lukas das Fest der Wintersonnenwende vertraut. Er schrieb sein Evangelium für hellenistische Leser, denen die Vorstellungen dieses Mythos ebenfalls geläufig waren. Womöglich verdanken wir Lukas gerade deshalb die Aufzeichnung der Weihnachtsgeschichte. Die Bilder der jungfräulichen Göttin und ihres Kindes sind lebendige Wirklichkeit geworden. Ein Licht ist erschienen, das nicht nur ein neues Erdenjahr, sondern ein neues Zeitalter des Heils heraufführt.

Die historisch-kritische Exegese hat einige Jahrzehnte lang über den Schriftsteller Lukas die Nase gerümpft und unter anderem gerade die Kindheitsgeschichte Jesu nicht nur für sein „Sondergut", sondern auch für eine späte Hinzufügung zum eigentlichen christlichen Bekenntnis von der Auferstehung Christi gehalten. Nur für die hellenistischen Gemeinden sei die Geburtsgeschichte Jesu wichtig.

Inzwischen hat sich dieses Urteil gewandelt. Nach jüngsten Erkenntnissen der Forschung nimmt man an, daß die Kindheits- und Geburtsgeschichte des Lukas mit zum ältesten Teil der christlichen oder genauer judenchristlichen Überlieferung gehören könnte und wahrscheinlich aus der Familie Jesu selbst stammt.

Die Verkündigung des Engels Gabriel an Zacharias und an Maria und ebenso die Begegnung zwischen Elisabeth und Maria haben die ganz besondere Atmosphäre einer inbrünstigen religiösen Heilserwartung. Diese Atmosphäre kann durchaus verbreitet gewesen sein in den pharisäischen Kreisen, aus denen Jesus stammt.

Das christliche Bild von den Pharisäern ist negativ geprägt durch die heftigen Auseinandersetzungen, die Jesus später mit ihnen hatte. Aber sie waren in großen Teilen wahrscheinlich der chassidischen Bewegung in Osteuropa ähnlich, die Martin Buber[2] und Elie Wiesel[3] uns nahegebracht haben. Sie waren eine religiöse Basisbewegung im jüdischen Volk, das unter der römischen Besatzung litt. Allgegenwärtige Legionäre, folternde Steuereintreiber, Razzien auf flüchtende Bauern, die ihre Steuern nicht zahlen konnten, waren im damaligen Palästina an der Tagesordnung. Das einfache Volk war arm und hungerte. Noch schmerzlicher für die sensibleren Menschen war die Überfremdung durch römisch-hellenistisches Gedankengut. Auch unter Juden gab es natürlich Nutznießer des Römischen Reiches. Das waren nicht nur die Königshöfe in Tiberias und Jerusalem, sondern auch Kaufleute und Zöllner. Sie profitierten vom Fortschritt, den das Römische Reich brachte. Diese wenigen reichen Familien waren es auch, die hellenistische Kultur, neue Sitten, Philosophie, die griechische Sprache der Gebildeten, Gymnasien, Wettspiele, Theater, Gladiatorenkämpfe und so weiter für modern hielten und sie eifrig pflegten. Ihre Partei, die der Sadduzäer, vertrat eine Art aufgeklärtes Judentum, das sich der neuen Zeit anzupassen suchte.

Die Armen hatten dagegen nichts als ihren Glauben. Und die Pharisäer waren das Sammelbecken für diejenigen, die am alten Glauben festhielten und sich eine Wende allein vom erwarteten Messias versprachen. Der aber würde nur dann kommen, wenn das Volk an den heiligen alten Traditionen festhielt. Sicher gab es aber auch in der pharisäischen Bewegung Gruppierungen mit sehr unterschiedlichen Akzenten. Man ist heute immer mehr davon überzeugt, daß Jesus zwar pharisäischen Kreisen nahestand, unter ihnen aber einer Gruppe mit stark häretischen Vorstellungen, jedenfalls mit einer besonders großen religiösen Naherwartung.

Zu dieser Gruppe könnten Zacharias und Elisabeth, aber auch Maria und Josef gehört haben. Wenn Lukas am Ende der Geburtsgeschichte schreibt: „Maria aber behielt alle diese Worte und bewegte sie in ihrem Herzen", klingt das wie ein Hinweis darauf, als habe er aus nächster Quelle diese Erzählung übermittelt bekommen. Was könnte er erfahren haben? Doch wohl soviel, daß Zacharias, Elisabeth und Maria eine Zeit erlebt haben, in der sie Visionen von Engeln oder Träume von Engeln hatten. Matthäus schildert auch Josef als einen von Träumen und Eingebungen geleiteten Menschen. Elisabeth und Maria wären nicht die ersten Frauen, die während ihrer Schwangerschaft ungewöhnliche Erfahrungen machen, ja selbst Botschaften von ihrem noch nicht geborenen Kind empfangen. Lukas könnte auch erfahren haben, daß Elisabeth und Maria ihre Erfahrungen austauschten und einander darin bestärkten, ihnen zu trauen. Stellt man sich das, was aus dieser Zeit in der Erinnerung geblieben ist und inzwischen durch das Leben, Sterben und Auferstehen Jesu an Bedeutung noch gewonnen hat, Jahrzehnte später von Dritten wiedererzählt vor, ist es bereits in den Glanz des Mythischen getaucht und legendär ausgeschmückt. Lukas selbst schließlich war auch ein von der Botschaft der Auferstehung ergriffener Mensch. Damit waren genügend Elemente vorhanden, um Vision, Traum und göttliche Wirklichkeit in ein Ganzes zu kleiden, in eine Geschichte, die mehr Wahrheit und Symbolkraft enthielt, als er wohl selbst sich bewußt war.

So könnte man es sich vorstellen, aber es könnte auch noch ganz anders gewesen sein. Keine historische Wirklichkeit nimmt der Kraft der Weihnachtsgeschichte etwas von ihrer Wirksamkeit. Die Visionen eines vierzehnjährigen Mädchens und die Hellsichtigkeit einer alten Frau wie Elisabeth könnten der Wahrheit näher kommen als jede noch so gewissenhafte wissenschaftliche Untersuchung.

Eine Anthropologie des Empfangens

Wahrheit, so klingt es oft bei Theologen, sei etwas Objektives, zum Beispiel die Offenbarung Gottes, wie sie in der Bibel aufgezeichnet ist. Der Mensch hat nur die Wahl, sich zu ihr zu bekennen oder sie zu leugnen, als gehe es dabei um Tatsachen, die unabhängig von ihm gelten. Mit diesem Wahrheitsbegriff wird das Geschehen, das Offenbarung genannt wird, verdunkelt. Offenbarung meint aber Selbstmitteilung Gottes an den Menschen, kann darum nicht ohne Wahrnehmung und Zustimmung des Empfängers wahr werden. Eine Wahrheit leuchtet mir ein oder ist die bloße Behauptung eines anderen. Wahrheit ist immer ein Geschehen, eine Kommunikation. Sie leuchtet auf, wo zwischen Verschiedenem Übereinstimmung sichtbar wird, wo Gegensätze sich einander annähern, Widersprüche in Harmonie aufgehen. Wenn Elisabeth und Maria übereinstimmen in ihrem Jubel, wird das nahe Heil für sie Wahrheit. „Wo zwei oder drei versammelt sind in meinem Namen, da bin ich mitten unter ihnen", sagt Jesus. Die Wahrheit der Offenbarung ist immer ein adventliches Ereignis, bei dem evident wird, einleuchtet, was zuvor fremd oder unbekannt war.

Ein Bild dafür ist die Einfahrt eines Schiffes in den Hafen, eines Schiffes, das ahnend herbeigesehnt wurde. Im Adventslied heißt es: „Es kommt ein Schiff, geladen bis an sein höchsten Bord. Trägt Gottes Sohn voll Gnaden, des Vaters ewigs Wort. Das Schiff geht still im Triebe, es trägt ein teure Last. Das Segel ist die Liebe, der Heilig Geist der Mast. Der Anker haft auf Erden, nun ist das Schiff an Land. Das Wort tut Fleisch uns werden, der Sohn ist uns gesandt."[4] Dem Schiff, das von fernen, unbekannten Meeren kommt, entspricht das Bild, das ein inneres, seelisches Erleben beschreibt: das plötzliche Erscheinen eines Engels, eines Boten aus ferner, unbekannter Wirklichkeit. So erscheint dem

Priester Zacharias während seines Dienstes im Tempel plötzlich ein Engel und kündigt ihm die Geburt eines Sohnes an, und ebenso bei Maria.

Zu der Ankunft, die Advent meint, zur Offenbarung, gehören immer zwei: jemand, der kommt, und jemand, der den Kommenden empfängt. Damit Wahrheit aufleuchtet, muß eine Kommunikation möglich werden, auch wenn diese Kommunikation einen großen Abstand überbrücken muß: den zwischen Fremden und Ortsgebundenen oder den zwischen einem an Raum und Zeit gebundenen Menschen und einer Wirklichkeit, die jenseits von Raum und Zeit ist.

Allzulange ist in Theologie und kirchlicher Verkündigung die Kommunikation ausgeblendet worden. Da war die Rede von Gott, der Mensch wird, aber nicht von dem Menschen, der des Gottes voll wird. Es gab eine Theologie der „objektiven" Offenbarung und eine Verkündigung der „Heilstatsachen", aber die Anthropologie des Empfangens fehlte. Diese Einseitigkeit hatte einen Leerlauf in der christlichen Lehre zur Folge. Das Schiff, geladen mit Gottes Wort, fand keinen Hafen, in den es einlaufen konnte. Denn Advent ereignet sich erst, wenn zwei zueinanderfinden und sich gegenseitig erkennen.

Eine Anthropologie des Empfangens als Ergänzung zu einer Theologie der Offenbarung hat die Aufgabe, den Weg der Ankunft zu bereiten. Der Prophet fordert dazu auf: „Horch, es ruft: In der Wüste bahnet den Weg des Herrn; macht in der Steppe eine gerade Straße unserm Gott! Jedes Tal soll sich erheben, und jeder Berg und Hügel soll sich senken, und das Höckerige soll zur Ebene werden und die Höhen zum Talgrund, damit die Herrlichkeit des Herrn sich offenbare und alles Fleisch es sehe" (Jesaja 40,3 f.). Das Adventslied nimmt den Ruf auf: „Macht hoch die Tür, die Tor macht weit, es kommt der Herr der Herrlichkeit!" Eine Anthropologie des Empfangens hat sich mit der Tatsache auseinanderzusetzen, daß bei vielen die Türen niedrig, die Tore eng, die Wege uneben sind. Eine Theologie, die es sozusagen Gott allein überläßt, dies bei seiner Ankunft zu ändern, zeigt, daß ihre Vertreter zu träge sind, Täler aufzufüllen und Berge abzutragen, und das selbst dann noch, wenn die Berge des Mißverstehens von der Kirche selbst aufgeschüttet worden sind und die Täler der Enttäuschung und Resignation sich gerade dort öffnen, wo Menschen an der Kirche irre geworden sind. Hier wären schlicht Aufräumungsarbeiten zu leisten, damit nicht ausgerechnet Kirche und christliche Tradition dem Advent Gottes bei den Menschen im Wege stehen.

Eine Anthropologie des Empfangens wird zum Beispiel das Menschenbild der Theologie beiseite räumen, ein Bild, das den Menschen zum tauben und blinden Sünder stempelt, der zum Heil geradezu gezwungen werden muß. Statt die Tore weit und die Türen hoch zu machen, hat dieses Menschenbild Engherzigkeit und Verschlossenheit verursacht, indem es Angst und Minderwertigkeitsgefühle verbreitete.

Eine Anthropologie des Empfangens wird statt dessen wahrnehmen, daß der Advent Gottes in der Seele des Menschen längst stattgefunden hat und sich immer neu ereignet, nur daß viele selbst nicht begreifen, was ihnen widerfahren ist. Sie bleiben stumm wie Zacharias, dem ein Engel begegnet war. Das hatte ihn so erschreckt, und er war so wenig imstande, dies Erlebnis mit seinem bisherigen Denken und Glauben in Einklang zu bringen, daß es ihm die Sprache verschlug. Viel mehr Menschen, als die öffentliche Meinung für möglich hält, machen heute religiöse Erfahrungen, die ihnen unheimlich sind. Wenn sie keine verständnisvollen Gesprächspartner finden, fürchten sie, verrückt zu werden. Allein können sie ihre Träume, Visionen oder todesnahen Erlebnisse nicht mit dem verbinden, was sie als christliches Glaubensgut überliefert bekommen haben. Eine Anthropologie des Empfangens konzentriert sich auf das Zuhören statt auf das Verkündigen, sie geht den Menschen nach, die vor Schreck verstummt sind, deutet ihnen ihre Bilder und entdeckt den Advent Gottes bei den Menschen, statt sich vorzunehmen, sie müsse ihn erzeugen.

Eine Anthropologie des Empfangens setzt voraus, daß die Bilder vom Advent in der Seele des Menschen vorgezeichnet sind als Muster des Erlebens. Es sind Bilder, die aus Mythen und

Märchen bekannt sind und ebenso aus eigenem Erleben. Welcher Mann, welche Frau hätte noch niemals sehnsüchtig die Ankunft eines geliebten Menschen erwartet? In welcher Seele gäbe es nicht das Bild eines noch unbekannten Geliebten, auf das sich die geheime Sehnsucht richtet? „Ein Schiff wird kommen, und das bringt mir den einen, den ich so lieb wie keinen und der mich glücklich macht." Liebeserfahrung und religiöse Erfahrung liegen im seelischen Erleben nahe beieinander, berühren und überschneiden sich. Hier wie dort geht es um die Begegnung, die Kommunikation einander Fremder, die in Schrecken und Freude miteinander vertraut werden. Die Sprache der Liebe und die der Mythen und Märchen ist darum auch die Sprache des Glaubens. Eine Anthropologie des Empfangens nimmt diese Sprache ernst, statt, wie die dialektische Theologie es tat, arrogant oder gleichgültig darüber hinwegzugehen. Wer die Wege der Seele verschüttet, verschüttet auch die Wege, auf denen sich Gott der Seele mitteilt. Denn das Seelentor, durch das die Liebe eingeht, gleicht dem Seelentor, durch das sich der Advent Christi im einzelnen ereignet.

Eine Anthropologie des Empfangens orientiert sich an den Erfahrungen der Empfängnis, der Schwangerschaft. Der Augenblick des Empfangens ist erst der keimhafte Anfang von etwas Neuem, noch nicht das Ganze. Sie orientiert sich an den Mythen und Märchen, die seelisches Erleben als ein Werden und Wachsen schildern, das immer auch Hindernisse und Gefahren zu überwinden hat und sich an ihnen bewähren muß. Plötzliche Bekehrungen widersprechen der Weisheit des Lebens. Ungeduldiges Suchen nach Früchten des Glaubens widerspricht den Gesetzen des Wachstums.

Eine Anthropologie des Empfangens räumt jedem einzelnen Menschen Zeit ein für seine individuellen Entwicklungsphasen, für seine Irrwege und Umwege. Sie macht sich nicht zur Lehrmeisterin des einzigen Weges und grenzt ebensowenig die Möglichkeiten der Offenbarung, des Advents Gottes in einem Menschen ein. Sie bereitet Wege, aber nicht *den* Weg. Sie lernt vielmehr aus den Erfahrungen unzähliger Menschen in Vergangenheit und

Gegenwart, die auf je ihre Weise und nach je ihrem Verständnis einen Advent erlebt haben. Sie nimmt wahr, daß ein Kind den Advent anders erlebt als ein Jugendlicher, ein Erwachsener anders als ein Alter, Frauen anders als Männer. Sie weiß aus Erfahrung, daß es bei einem Menschen mehrere Adventserlebnisse im Leben gibt, bei einem anderen nur eines, daß niemand vorhersagen kann, wann in einem anderen die Tore und Türen sich von innen öffnen. Solange ein Mensch lebt, ist es nie zu spät.

Eine Anthropologie des Empfangens liest die Bibel nicht als Quelle für dogmatische Lehrsätze, sondern als die Erzählung über die tausend Weisen des Advents Gottes, eine Erzählung, die niemals abgeschlossen ist, sondern sich durch die Zeiten und Generationen als eine „unendliche Geschichte" fortsetzt. Stimmen, Visionen, Träume, Engelbegegnungen, Heilungserfahrungen, das Hören von Geschichten, Tanz, Gesang, die Begegnung mit anderen Menschen, Liebe, Geburt, Trauer – jedes nur denkbare menschliche Erleben kann der Hafen sein, in den das Schiff einfährt, das Gottes voll ist. Der Adventsruf: „Machet die Tore weit und die Türen in der Welt hoch, daß der König der Ehren einziehe" ist die Antwort der Anthropologie des Empfangens auf eine überlieferte Theologie, die Mensch und Gott auf einen einzigen Punkt der Begegnung festlegen will und damit die Vielfalt der Menschen ignoriert, sich zugleich anmaßt, das Wirken des lebendigen Gottes einzuschränken. Wenn Jesus sagt: „In meines Vaters Hause sind viele Wohnungen", ist dies auch so zu verstehen, daß sein Haus so viele Türen und Tore hat, wie es Menschen gibt.

Trotzdem ist die Vielfalt wieder nicht so unüberschaubar, daß es keine Verständigung mehr gäbe über die Erfahrungen, die Menschen mit Gott machen. Allen Menschen gemeinsam sind bestimmte Grundmuster des Erlebens, die C.G. Jung „Archetypen" genannt hat. Diese Grundmuster haben Gestalt angenommen zum Beispiel in mythischen Erzählungen und gleichen einer Melodie, die in jedem Menschen Resonanzen auslöst.

Mit der Erzählung, Jesus von Nazareth sei als ein göttliches Kind empfangen und geboren worden, hat Lukas mehr über ihn mitgeteilt, als eine ganze Anzahl dogmatischer Vorlesungen es könnten. Er hat damit den Archetyp des göttlichen Kindes anklingen lassen und weckte damit in den Lesern ein ganzes Feld von Assoziationen. Da ist Gott selbst auf die Erde gekommen und Mensch geworden, und damit hat ein Geschehen begonnen, das unaufhaltsam zum Heil für alle führt. So unüberwindlich und böse die gegenwärtigen irdischen Herrscher auch scheinen, dieses Kind wird sie überwinden. So viele äußere und innere Feinde sich diesem Kind auch in den Weg stellen, es wird spielend mit ihnen fertig werden. Eine Hoffnung ist damit in die Welt gekommen, die jeden angeht und sein Leben verändern wird. Sollte dieses Kind auch noch im Verborgenen leben, von nun an ist jeder dazu aufgerufen, ein Kind, das er findet, aufzuheben und zu pflegen, denn es könnte der Retter sein, weil der Himmel mit ihm ist.

Solche und viele weitere Assoziationen werden durch die Geschichte von der Geburt des von Gott empfangenen Kindes ausgelöst, weil das Grundmuster dafür in der menschlichen Seele vorhanden ist. Zahllose Riten und Mythen in fast allen Kulturen der Menschheit belegen das.

Der Mythos vom göttlichen Kind

Es war einst in uralten Zeiten ein König,
Enmekar mit Namen, ein Herrscher in Uruk-Gart.
Dem hatten die Wahrsagepriester verkündet:
„Wen deine Tochter gebären wird,
der wird des Königtums dich berauben."
Furcht befiel den König, und damit 's nicht geschehe,
schloß er die Jungfrau in einen Turm;
aufs genaueste ließ er sie dort bewachen.
Doch nach der Götter Bestimmung, die nicht zu ändern,
gebar sie heimlich von einem Niemandssohn.
Die Wächter, aus Furcht vor des Königs Zorn,
warfen den Knaben vom Turme hinab.
Das erspähte ein Adler mit scharfen Augen,
nahm das Kind, eh' es zu Boden schlug, auf den Rücken,
zu einem Palmgarten trug er's
und setzte daselbst es behutsam nieder.
Der Gärtner entdeckte das schöne Knäblein,
gewann es lieb und zog es auf.
Gilgamesch nannt er es mit Namen.
Herangewachsen, zum Manne geworden,
entriß Gilgamesch Enmekar,
dem Vater seiner Mutter, das Königtum.
So hatte sich an ihm die Bestimmung erfüllt.

Aus dem Gilgamesch-Epos, 3. Jahrtausend v. Chr.[5]

So fremd dieser Text scheinen mag, sein Inhalt ist doch
vertraut. Es handelt sich um ein Motiv, das sowohl in vielen
Märchen als auch in Mythen und schließlich auch im Lukasevan-
gelium vorkommt. Dies Motiv, in welchen Varianten es auch

erscheint, ist so etwas wie die Grammatik der Seele. Da ist der
Machthaber, der sich von dem Neuen, das in der Luft liegt,
bedroht fühlt. Er reagiert mit verstärkter Gewalt. Seine Tochter,
eine Jungfrau, Symbol für erneuertes Leben, für Zukunft, wird in
einen Turm gesperrt. Und doch ereignet sich, was „die Götter
bestimmt" haben. Der Wandel, die neue Zeit, die kommen soll,
lassen sich nicht aufhalten. Keine Revolution ist nötig, es ist auch
nicht sichtbar und erkennbar, woher der neue Geist kommt, der
sich mit der Jungfrau verbindet, ein „Niemandssohn" dringt in
den Turm. Hilfreiche Tiere stehen dem Neuen bei, ein Palmgarten nimmt ihn auf, ein Gärtner hegt und pflegt den schönen
Knaben. Die Palme, der Palmgarten sind Symbole für die große
Mutter des Lebens, der Gärtner ist ihre männliche Begleitung.
Kosmische Kräfte sind es, die das Gedeihen des Neuen bewirken.
Die alte Macht muß dem Neuen weichen, ein altes Bewußtsein
wird durch ein neues abgelöst und überwunden.

Zu allen Zeiten haben sich Menschen nach Wandlung zum
Besseren gesehnt, wenn sie unter Gewalt und Not gelitten
haben. Wie es kommt, daß ihre Sehnsucht sich auf die Geburt
eines göttlichen Kindes ausrichtete, ist schwer zu ergründen, das
Motiv reicht bis in vorgeschichtliche Zeiten zurück. Ganz offensichtlich ist es ein matriarchales Bild. Die Jungfrau ist die Quelle,
aus der Neues und Besseres kommen kann, der Sohn, der den
alten König absetzt. In diesem Motiv verknüpft sich daher
Sehnsucht nach einer vergangenen mit der nach einer neuen
Epoche. Auch dies gehört zur Grammatik der Seele, daß sie
Erinnerungsbilder verwendet, um Künftiges und Erhofftes ahnend vorwegzunehmen.

Aber auch der Blick an den Himmel mag die Vorstellung, daß
Neues durch eine Geburt in die Welt kommt, genährt haben. In
jeder Nacht ereignet sich das Wunder, daß sie, die Dunkle, das
Licht gebiert. Daß gerade die Finsternis, die alles zu verschlingen
schien, zum Schoß einer neuen Geburt wird, ist eine Urerfahrung
auf diesem Planeten, welche die menschliche Suche nach Hoffnung immer neu bestärkt und bestätigt hat.

In noch früheren Epochen hat der Mond mit seinen wechselnden Phasen die Phantasie der Menschen angeregt. Ohne die astronomischen Kenntnisse, die für uns Heutige selbstverständlich sind, erschien der Mond, der zunahm, sich rundete, abnahm, verschwand und als schmale Sichel wiederkehrte, als eines der erstaunlichsten Phänomene des Wandels. Der Mond, als Göttin des Lebens verstanden, wurde zum Symbol für den Wechsel von Leben, Sterben und Neuwerden. Sooft es Schwarzmond war, bewegte die Menschen die Angst, der Mond könne niemals wiederkehren. Schwarzmondtage waren Tage des Tanzes und der Gesänge, welche die Neugeburt des Mondes bewirken sollten. Erschien dann die silberne Sichel des zunehmenden Mondes am Himmel, brach freudiger Jubel aus: Die Göttin ist auferstanden! In ihrer leuchtenden Mondbarke fährt sie erneut durch das Himmelsmeer und hält ihr neugeborenes Kind im Arm, das wachsen und sich runden wird zum Vollmond, zum Liebling der Götter und Menschen.

Das Vertrauen in die Regenerationskraft des Lebens, die Hoffnung, die gegen den Augenschein nicht aufgibt, sie nähren sich von diesen Himmelserscheinungen und haben sich tief in die Seele der Menschheit eingegraben und in den Mythen ihren Ausdruck gefunden. So wird in fast allen Völkern auch das Fest der Wintersonnenwende begangen, der Tag, der, wenn auch noch so dunkel, die Wende zu neuem Licht, neuer Fruchtbarkeit, neuem Leben ankündigt. Es hat nichts mit historischen Daten, sondern mit dieser Symbolik zu tun, daß die Geburt des göttlichen Kindes, dann des Christus, zur Zeit der Wintersonnenwende gefeiert wird. Heilig ist diese Nacht, weil in ihr das Lichtkind erscheint, das, wenn auch noch so klein und schwach, sich doch ganz gewiß machtvoll durchsetzen wird gegen die Mächte der Finsternis.

Aber Finsternis ist nicht allein in bestimmten Jahreszeiten herrschend. Sie zeigt sich sehr real in geschichtlichen Epochen, in denen Gewalt und Ungerechtigkeit überhandnehmen, und sie zeigt sich bedrohlich in den destruktiven Neigungen im Menschen selbst. Der Mythos vom göttlichen Kind erzählt von einer Hoffnung, die auch diesen Erscheinungen gewachsen ist. „Immer aber, wenn Verbrechen sich erhebt und Frömmigkeit zu wanken droht, erschafft Gott Vishnu sich erneut und geht durch seine Wunderkraft Maya in einen Mutterschoß ein", heißt es in der Bhagavadgita[6]. Vishnu wird als Krishna geboren.

In epischer Breite erzählt der indische Mythos von der erstaunlichen Geburt des Krishna. Mutter Erde setzt das Geschehen in Gang. Sie konnte die Last der Dämonen, die als Könige auftraten und sich an die Stelle der Götter setzten, nicht länger ertragen und flehte Brahma um Hilfe an. Brahma leitete sie an das Ufer des Milchozeans. Auf einer Insel des Milchozeans lag Gott Vishnu in göttlicher Ekstase. Als er von der Not hörte, ließ er wissen, er selbst werde auf Erden erscheinen und sie von der Last der Dämonen befreien.

Auf der Erde wuchs inzwischen die Gestalt der Dämonen noch einmal an, verdichtet in der Gestalt des Königs Kansa, der brutaler war als seine Vorgänger. Wahrsager kündigten Kansa seinen Sturz an durch den achten Sohn der Devaki. Er ließ Devaki und deren Mann Vasudeva ins Gefängnis setzen, fesseln und bewachen. Trotzdem konnte er die Geburt Krishnas nicht verhindern.

„Als nun die glückverheißende Zeit für das Erscheinen des Herrn gekommen war, durchdrangen alle Eigenschaften der Tugend, Schönheit und des Friedens das gesamte Universum... Dann — in der tiefen Dunkelheit der Nacht — erschien die höchste Persönlichkeit Gottes, Vishnu, der sich im Innersten des Herzens eines jeden befindet, aus dem Herzen Devakis wie der Vollmond, der am östlichen Horizont aufgeht."[7] Vasudeva kann den Sohn an den schlafenden Wächtern vorbei zu seinem Freund Nanda und dessen Frau Yashoda in ein Hirtendorf bringen, wo er aufwachsen wird. Er bringt die neugeborene Tochter Yashodas mit ins Gefängnis zurück, um Kansa zu täuschen. Als Kansa kommt, um das Mädchen gegen einen Felsen zu schmettern, verwandelt es sich in die Göttin Maya. Sie ruft ihm zu: „Tor! Was nützt es dir, wenn du mich tötest? Wisse, geboren ist der, der deinem Leben ein Ende bereitet! Er ist überall gegenwärtig, darum morde nicht unschuldige Kinder!"[8] Trotzdem läßt Kansa alle neugeborenen Knaben in der Umgebung töten, Krishna aber bleibt verschont, Yashoda zieht ihn wie ihr eigenes Kind auf, und er ist ein Schelm und Lausbub wie alle Hirtenjungen. Eines Tages verpetzten ihn seine Spielkameraden, er habe Lehm gegessen. Mutter Yashoda stellte ihn zur Rede: „Warum tust du das?" Aber der Junge behauptete, er habe keinen Lehm gegessen, seine Kameraden schwindelten. Da verlangte Yashoda, er solle seinen Mund öffnen. Er tat es wie ein gehorsames Kind, und die Mutter sah in seinem Munde die gesamte Fülle der Schöpfung, das riesengroße Universum, den Weltenraum, die Sterne, die Planeten, Sonne und Mond, die Kontinente, die Gebirge und Meere[9].

Als Krishna größer geworden war, spielte er in der Mondnacht auf seiner Flöte. Die Hirtinnen wurden alle liebeskrank, es zog sie unwiderstehlich zu ihm hin. Jede tanzte mit ihm, als sei er ihr alleiniger Liebhaber. In Wirklichkeit blieb er in der Mitte mit seinem Flötenspiel, und die Hirtinnen tanzten um ihn herum — wie um den neuen Mittelpunkt der Welt[10]. Kansas Tage waren nun gezählt. Mitten in seiner Residenz stürzte Krishna ihn endlich von seinem Thron. Da erdröhnte die Luft von himmlischen Trommeln, und Brahma, Schiva und die übrigen Himmlischen ließen einen Regen von Blumen auf Krishna herabkommen und sangen sein Lob[11].

Krishna als Inkarnation Vishnus gilt als Sagenheld, um den sich unzählige Legenden ranken, die ihn als ebenso kraftvollen wie heiteren Liebling der Götter und der Menschen schildern.

Die Ähnlichkeit vieler Motive zur biblischen Geburtsgeschichte fällt ebenso auf wie die Unterschiede. Bemerkenswert ist die Rolle, die im Krishnamythos Mutter Erde und die Göttin Maya spielen. Mutter Erde, welche die Last nicht mehr ertragen kann, bringt mit ihrem Hilferuf die Himmlischen in Bewegung, und es ist seine Mayakraft, durch die Vishnu Mensch wird. Es ist Maya, die Kansa das Geschehen deutet. Maya ist nach indischer Vorstellung das Gewebe der Schöpfung, die Welt der Erscheinungen, die Gestalt gewordene Schöpfung. Sie ist das Medium, durch das Göttliches an Menschliches vermittelt wird, Beziehungen möglich werden.

Wie Vishnu sich durch seine Mayakraft inkarniert, so weckte
Mutter Erde durch ihre Mayakraft Vishnu aus seiner göttlichen
Ekstase. Jeder Mensch muß etwas von dieser Mayakraft haben,
es ist seine Imaginationsfähigkeit, seine Phantasie. Wie sonst
könnte der Mythos behaupten, daß Vishnu sich im Innersten des
Herzens eines jeden befindet? Mayakraft ist es denn wohl auch,
die in den Archetypen wirksam ist, welche die Mythen hervor-
bringen, unter ihnen den Mythos von einem göttlichen Kind,
durch das in eine finstere Welt Licht und heilende Kraft geboren
werden.

Man hat, insbesondere in der protestantischen Theologie der
Nachkriegszeit, die Armut des Kindes in der Krippe hervorgehoben und daß es von Anfang an ein Flüchtlingskind gewesen sei.
Doch das ist es nicht, was das göttliche Kind auszeichnet, das
sind nur die Hüllen, die es braucht, um im Verborgenen aufwachsen zu können, unauffindbar für einen Kansa oder einen Herodes.
Ob es ein Hirtendorf ist, ob Ägypten, wohin Maria und Josef
fliehen, ob ein Palmgarten, immer braucht dieses Kind für gewisse Zeit einen abgelegenen Ort, wo es aufwachsen kann. Doch
seine Unscheinbarkeit und Verborgenheit ändern nichts daran,
daß mit ihm ein sieghaftes Lachen in die Welt kommt, schöpferische Fülle, Licht und Befreiung für alle. Denn der wahre Geburtsort ist weder ein Turm noch ein Gefängnis, ist weder Höhle
noch Stall, der wahre Geburtsort ist die Seele des Menschen, in
der es in glückverheißender Zeit aufscheint wie der Vollmond am
östlichen Horizont. Die Mythen in ihren vielfarbigen Schilderun-
gen sind immer Symbole für seelisches Geschehen.

Die Nachricht von der Geburt des göttlichen Kindes weckt
nicht nur ein Geflecht von Assoziationen im Hörenden, sondern
auch seine eigene Kreativität. Kein Mythos ist lebendig, der
nicht im Ritus begangen wird. Im Fest wird der Mythos entfaltet,
andächtig vertieft, gespielt, gesungen, getanzt, gemalt. Die Lie-
der, Geschichten, Spiele und Gemälde, die um die Weihnachtsgeschichte entstanden sind, sind unzählbar. Sie sind lebendiger
Ausdruck dafür, daß dieses göttliche Kind in jedem Menschen
geboren wird und in ihm zu singen und zu spielen beginnt. Im

Spiel der Gestalten der Weihnachtsgeschichte findet jeder seine
Identifikationsgestalt und wird so Teilnehmer des großen My-
steriums.

Womöglich hat schon Lukas seine Erzählung nach einem
solchen Ritus gestaltet, angefangen beim einsamen Wachen eines
Zacharias im Tempel, über die Verkündigung des Engels an
Maria, die Begegnung von Elisabeth und Maria und ihren Lob-
gesang bis zu jener Nacht in der Höhle von Bethlehem und die
Ausbreitung der Nachricht durch die Hirten — ein Ritus, der zum
Vorbild vieler Christgeburtsspiele geworden ist, bis hin zu den
Oratorien großer Komponisten. Die Lobgesänge des Zacharias
und der Maria, die Verkündigungsworte des Engels Gabriel und
der himmlischen Heerscharen an die Hirten — sie alle sind
feiernde Deutung des Wunders. Denn Poesie vermag mehr
mitzuteilen als rationale Erklärungen. Engelbotschaft und
menschliches Lob vereinen sich zur Anbetung.

„Sei gegrüßt, du Begnadete, der Herr ist mit dir. Sie aber
erschrak über das Wort und dachte darüber nach, was das für ein
Gruß sei. Da sprach der Engel zu ihr: Fürchte dich nicht, Maria,
denn du hast Gnade bei Gott gefunden. Und siehe, du wirst
schwanger werden und einen Sohn gebären, und du sollst ihm
den Namen Jesus geben. Dieser wird groß sein und Sohn des
Höchsten genannt werden, und Gott der Herr wird ihm den
Thron seines Vaters David geben, und er wird König sein über
das Haus Jakob in Ewigkeit und seines Königtums kein Ende sein.
Maria aber sagte zu dem Engel: Wie soll das zugehen, da ich von
keinem Manne weiß? Und der Engel antwortete und sprach zu
ihr: Der Heilige Geist wird über dich kommen und die Kraft des
Höchsten wird dich überschatten, daher wird auch das Heilige,
das gezeugt wird, Sohn Gottes genannt werden ... Maria aber
sprach: Siehe, ich bin des Herren Magd, mir geschehe, wie du
gesagt hast" (Lukas 1,28 ff.).

Mit historischer Berichterstattung haben diese Worte nichts
gemeinsam. Sie aktualisieren ein mythisches Muster. Was einmal
ein „Niemandssohn" geheißen hat, ein andermal Vishnu, der sich
im Innersten des Herzens eines jeden befindet, trägt hier den

Namen Engel Gabriel oder die Kraft des Höchsten, die Maria überschattet. In diesem Kontext bekommen die Worte ihren Sinn. Die gesamte Kirchengeschichte hindurch hat man über die Jungfräulichkeit Marias gerätselt. Bis in die Gegenwart machen sich katholische Theologen Gedanken darüber, ob die moderne Gentechnik nun den Beweis erbringen könne, daß so etwas wie Parthenogenese, wie Jungfrauengeburt, wirklich möglich sei. Man hat die Grammatik der Seele durch die Logik der Biologie zu ersetzen gesucht, damit aber nur Verwirrung gestiftet und denkende Menschen beleidigt.

Nach dem Kontext des Mythos ist es nun einmal eine Jungfrau, die das göttliche Kind empfängt und gebiert (der Krishna-Mythos bildet da eine Ausnahme). Jungfrau ist hier Titel und Symbol, hat mit biologischen Fragen nichts zu tun. Wie alle Mythen zeigen, ist die Jungfrau die Gegengestalt zu Enmekar, Kansa und Herodes. Sie ist nicht ideologisch überfremdet, nicht besetzt, nicht korrumpiert durch die herrschende Macht. Was sie auszeichnet, ist ihre geistige und seelische Unabhängigkeit von den Männern, die sich Herren der Welt nennen. Diese Unabhängigkeit aber macht sie empfänglich für ganz andere Impulse, für den Einbruch des Göttlichen in die Seele.

Das Magnifikat Marias ist ein genaueres Zeugnis für diese Jungfräulichkeit als ihr Wort, sie wisse von keinem Mann.

„Meine Seele erhebt den Herrn,
und mein Geist frohlockt über Gott, meinen Heiland,
daß er hingesehen hat auf die Niedrigkeit seiner Magd;
denn siehe, von jetzt an werden mich
seligpreisen alle Geschlechter.
Denn Großes hat mir der Mächtige getan,
und heilig ist sein Name,
und seine Barmherzigkeit währt
von Geschlecht zu Geschlecht
über die, welche ihn fürchten.
Er hat Macht geübt mit seinem Arm;
er hat zerstreut, die hochmütig sind

in ihres Herzens Sinn;
er hat Gewaltige von den Thronen gestoßen
und Niedrige erhöht.
Hungrige hat er mit Gütern gefüllt
und Reiche leer hinweggeschickt.
Er hat sich Israels, seines Knechtes, angenommen,
zu gedenken der Barmherzigkeit,
wie er geredet hat zu unseren Vätern,
gegenüber Abraham und seinen Nachkommen in Ewigkeit."

Lukas 1,46 ff.

Dieses Lied klingt revolutionär, weil es eben das Lied einer Jungfrau ist, keines törichten, gehorsamen Mädchens. Es ist ein Lied, das die Unabhängigkeit und Unerschrockenheit gegenüber einem Herodes und seinesgleichen zeigt, indem es sich auf die Kraft aus der Höhe beruft. Denn es geht bei der Geburt eines göttlichen Kindes um nicht weniger als die Umkehrung aller Verhältnisse, die den Menschen zu einem Elenden, Unterdrückten, Ausgebeuteten und Entfremdeten machen. Seine Bestimmung ist, die dämonischen Machthaber zu entmachten. Und die Jungfrau ist diejenige, in der dieser Geist des Heils schon wach ist und die deshalb zur Mutter dieses göttlichen Kindes wird.

Man hat in der Theologiegeschichte das Mädchen Maria zu einem passiven leiblichen Gefäß göttlichen Zeugens gemacht. „Siehe, ich bin des Herrn Magd, mir geschehe, wie du gesagt hast." Die Theologie stellte sich damit in eine Reihe mit Apoll, der in den „Eumeniden" des Aischylos sagt:

„Die Mutter ist nicht Ursprung ihres Kinds,
wie mancher glaubt, sie nährt nur seinen Keim.
Wer zeugt, erschafft; sie hegt ein fremdes Pfand,
bewahrt den Sproß, den Gott erhalten will."[12]

Apolls Argument diente im Gerichtsprozeß dazu, Orest, der seine Mutter ermordet hatte, freizusprechen. Nur dem Vater

gegenüber hat der Sohn eine Treuepflicht, nicht gegenüber seiner Mutter. Dieses Zitat gilt als klassische Stelle für die Ablösung
des Mutterrechts durch das Vaterrecht, das Patriarchat. Unwillkürlich hat die Theologie damit Gott zu einem Mann gemacht,
der mit Maria einen Sohn zeugte — eine Vorstellung, die Juden
und Moslems bis heute empört. Was die Gottessohnschaft Jesu
dogmatisch sichern sollte, führte zu einer Kette von theologischen Auswegen losigkeiten.

Der Mythos kennt solche Probleme nicht, auch die Riten
nicht, die ihn feiern. Denn die Jungfrau, die den göttlichen Sohn
zur Welt bringt, bedarf keines zeugenden Mannes. Die mythische Gestalt der jungfräulichen Göttin reicht in matriarchale
Zeiten zurück, in denen man von der Beteiligung des Mannes an
der Entstehung von Kindern noch nichts wußte. Die Jungfrau
war ein Aspekt der großen Göttin des Lebens, der Fruchtbarkeit,
des Sterbens und Neuwerdens. Sie war Symbolgestalt des Früh-
lings, des wiedererwachenden Lebens in der Natur. Artemis und
Diana, zwei ihrer Namen, waren die Göttinnen, die als Jägerin-
nen und Herrinnen der Tiere auch alle Neugeborenen, die der
Tiere und die der Menschen, schützten. Sie symbolisierten das
Leben, das sich selbst regeneriert, so wie die Göttin als Mutter
allen Lebens galt. Kein Mann, sondern der Geist, der Mond oder
andere numinose Mächte waren es, die sich in den Leib einer Frau
inkarnierten und sie schwanger machten. Ebenso war jedes Kind
göttlicher Art. Die Erinnerung an diese Epoche hat bei der
Gestaltung des Mythos vom göttlichen Kind mitgewirkt. Neues
Leben, Heil für alle kommt durch die Jungfrau in die Welt. Es ist
bezeichnend, daß dieser Mythos eine Hoffnung artikuliert, die
sich immer gegen die Übermacht eines männlichen, man könnte
sagen patriarchalen Herrschers richtet, der nicht zum Wandel
bereit ist, der nicht sterben will, sondern tötet, um seine Macht
zu erhalten. Wandel statt Erstarrung, Sterben statt Rechthaberei,
Neuwerden aus dem Tod waren die Rhythmen weiblicher Le-
bensordnung. Diesem Rhythmus wieder Geltung zu verschaffen
ist der Sinn des Mythos vom göttlichen Kind.

Auch wenn in der bisherigen Theologiegeschichte dieser Mythos nicht erkannt wurde und man sein großes Thema zu einem biologischen Kuriosum verdarb, gibt die lukanische Weihnachtsgeschichte Frauen heute die Möglichkeit, in Maria diese jungfräuliche Göttin wiederzuerkennen. Zwar hat man Maria zu einem Symbol der Sterilität anstelle der Kreativität gemacht, zu einer asexuellen Figur, an der sich das schlechte Gewissen aller entzündet, die „in Sünden", das heißt durch geschlechtliche Zeugung und Empfängnis, geboren sind. Aber das falsche, krank machende Symbol kann durch das wahre ersetzt werden. Dies ist um so nötiger, als durch das Lob der sexuellen Keuschheit das Lob der geistigen und seelischen Jungfräulichkeit in den Hintergrund getreten ist und Christen aller Epochen daher in Versuchung gerieten, sich gegenüber allen möglichen politischen und wirtschaftlichen Ideologien durchaus nicht spröde-jungfräulich, sondern hurenhaft-willig zu gebärden. Herodes und seine Nachfolger hatten mit der Kirche oft ein allzu leichtes Spiel. Sie überließen ihr gern die Sorge um die Sexualmoral und konnten im übrigen rauben, morden und plündern, ohne von Christen allzuviel Widerspruch zu hören. Wenn Christen in Südamerika dagegen Maria zur Kronzeugin ihres Widerstandes gegen Ausbeutung, Unterdrückung und Überfremdung erwählen, sind sie dem, was die Jungfräulichkeit Marias bedeutet, am nächsten.

Erfahrung, die verwandelt

Der Evangelist Matthäus erzählt, Josef habe Schwierigkeiten gehabt, das Neue wahrzunehmen, das in Maria heranwuchs. Er sah in ihrer Schwangerschaft offensichtlich nur die Wiederholung einer alten, leidigen Geschichte, die der Untreue, und wollte sie heimlich verlassen. Da erschien ihm ein Engel im Traum und sagte ihm: „Josef, Sohn Davids, scheue dich nicht, Maria, dein Weib, zu dir zu nehmen, denn was in ihr gezeugt ist, das ist vom heiligen Geiste" (Matthäus 1,20). Wo Josef nur das Ende seiner Geschichte mit Maria sah, bedeutete der Engel ihm den Anfang, die Geburt von ganz Neuem. In die alte Welt inkarniert sich eine neue Schöpfung und bringt mit sich die Umwertung alter Werte. Sie fordert die Änderung des Verhaltens nicht nur, sondern auch des Denkens und Urteilens, denn alles Bisherige ist nun in ein anderes Licht getaucht.

Es sind heute besonders die sensiblen und nachdenklichen Christen, die sich manchmal heimlich davonstehlen wollen wie Josef. Zu erdrückend sind die täglichen Nachrichten von Unrecht, Zerstörung, Gewalt, Umweltvergiftung, Terror und menschlichem Unverstand, als daß neben den Zukunftsbildern von Tod, Untergang der Menschheit und Sterben allen Lebens auf der Erde Christus noch Platz hätte. Vielen erscheint es als Flucht vor dieser Wirklichkeit, sich mit Symbolen und Mythen und gar mit seelischem Erleben zu befassen. Naives Gottvertrauen gar wirkt geradezu peinlich angesichts der gegenwärtigen Kette von großen und kleinen Katastrophen. Oft scheint es, als versagten sich solche Menschen den Blick auf die Realitäten und seien zu feige, den unumstößlichen Tatsachen ins Auge zu sehen, sich von ihnen betreffen und erschüttern zu lassen.

Wenn aber ausgerechnet die wachen Menschen angesichts der heutigen Realität resignieren, verringern sie noch das ohnehin geringe Hoffnungspotential der Menschheit. Sie zerstören vor allem in sich selbst die Kräfte, aus denen Erneuerung wachsen kann.

Statt sich lähmen zu lassen, ist es notwendig, von Zeit zu Zeit zurückzutreten aus dem Lärm des Alltags und des Weltgeschehens, nicht um aus der Wirklichkeit zu fliehen, sondern um sie im Gegenteil vollständiger wahrzunehmen. Die Mythen bieten dazu eine Hilfe an. Ihr Kern ist nicht bloßes Wunschdenken, in ihnen verdichtet sich vielmehr die Erfahrung vergangener Generationen, die sich auch schon Gedanken gemacht haben über das Weltgeschehen und den Menschen. Im Unterschied zum heutigen, einseitig rational orientierten Menschen haben die Mythen ein vollständiges Bild von der Wirklichkeit, sie beziehen jene Bereiche, die heute als irrational, jenseitig und damit als irrelevant gelten, mit ein. Während zum Beispiel das heutige Denken auf Tod und Untergang fixiert ist, erinnert der Mythos vom göttlichen Kind daran, daß auch Geburt zum Leben gehört, daß die Schöpfung fortdauert und Kräfte in diese Welt hineinwirken, über die selbst der übermächtig scheinende Mensch von heute noch nicht verfügt. Schon eine solch kleine Korrektur der Wahrnehmung kann sehr viel verändern. Der Mythos vom göttlichen Kind leugnet die Macht der Destruktion keineswegs, er gibt ihr einen Namen: Enmekar, Kansa, Herodes, erzählt aber zugleich von der Gegenbewegung, die ihr Regiment bestreitet, zuletzt beendet. Selbst wer sich scheut, mythisches Geschehen ohne weiteres auf heutiges Weltgeschehen zu übertragen, hat doch wie Josef die Wahl, ob er über sein eigenes Leben allein die Herodesmächte herrschen lassen oder der Stimme des Engels trauen will, ob er den Herren dieser Welt oder diesem Kind seine Kraft zur Verfügung stellen will. Wandlung, auch davon erzählen die Mythen, beginnt klein und unscheinbar, wie ein neugeborenes Kind. Im Traum, in der Vision eines Josef und einer Maria, so sagt das Neue Testament, bahnt sich die neue Schöpfung an.

Dieser Advent ist ein Muster auch für das, was sich in der Gegenwart neben allen Erscheinungen, die einen nahen Untergang fast zur Gewißheit machen, auch ereignet, ein Bewußtseins-

wandel, der sich in vielen einzelnen vollzieht. Wissenschaftler
sprechen von einem Paradigmawechsel. Paradigma heißt Beispiel, Modell. Der Wechsel von einem alten zu einem neuen
Modell des Wahrnehmens ermöglicht es, weitere Bereiche der
Wirklichkeit zu erfassen, um ein zutreffenderes Bild von der Welt
und vom Menschen zu bekommen. Vereinfacht gesagt, werden
heute Phänomene, die bisher übersehen oder bewußt ignoriert
wurden, weil sie als irrational oder mystisch galten, als wesentliche Faktoren der Wirklichkeit anerkannt und ins Denken und
Planen einbezogen. Am sichtbarsten ist der Paradigmawechsel
im Hinblick auf die ökologischen Folgen der industriellen Wirtschaft. Die Umweltzerstörung galt noch Anfang der siebziger
Jahre als Nicht-Tatsache. Nur wehleidig-romantische Spinner
und Narren sprachen von ihr. Inzwischen ist in vielen Menschen
die Sensibilität für die Umweltzerstörung gewachsen, und Um-
weltschutz ist zu einem der wichtigsten Themen der Öffentlichkeit geworden.

Bei ihrer Erforschung des natürlichen ökologischen Gleichge-
wichts des Lebens erkennen Naturwissenschaftler heute, daß die
Mystiker der Vergangenheit von Europa bis Indien und China
schon vor Jahrhunderten ein zutreffenderes Bild von der Welt
hatten als die Naturwissenschaft des 19. Jahrhunderts. Die Mystikerinnen und Mystiker erfaßten intuitiv, daß das Leben auf
diesem Planeten in all seinen Gestalten doch ein einziges Ganzes,
ein großes Netz von Schwingungen ist.

Vision, Intuition, Traum und Ahnung sind offensichtlich
menschliche Fähigkeiten der Welterfassung, die dem exakten
Denken keineswegs unterlegen sind. Zum Paradigmawechsel
gehört, daß diese Fähigkeiten nicht länger als nebensächlich
angesehen, sondern als Wege zur Erkenntnis ernst genommen
werden. Dabei geht es nicht darum, an die Stelle des Alten etwas
Neues zu setzen, sondern das Alte und bisher Gültige in ein
größeres Ganzes einzubeziehen, in dem es seinen zwar berech-
tigten, aber begrenzten Rang behält.

Das ganze Neue Testament kann als Dokument eines solchen
Paradigmawechsels gelesen werden. Es erzählt von der Ankunft

des Reiches Gottes in Jesus, dem Christus, und damit von einem neuen Weltbild, das ein neues Gottesbild und ein neues Menschenbild einschließt. „Das Reich Gottes ist nahe herbeigekommen, darum ändert euren Sinn", sagte Jesus. Und: „Wer Ohren hat zu hören, der höre." Sinnesänderung, das wird immer wieder übersehen, ist nicht das Ergebnis moralischer Anstrengung, sondern sie ergibt sich spontan durch eine neue Wahrnehmung und eine neue Erkenntnis. Die neue Wahrnehmung für Josef war: „Was in Maria gezeugt ist, das ist vom heiligen Geist." Daraus folgte seine Sinnes- und Verhaltensänderung. Das Neue Testament erzählt von vielen solchen Wahrnehmungs- und damit Verhaltensänderungen, von den Erfahrungen, die Menschen mit Jesus, mit dem auferstandenen Christus gemacht haben.

Die Theologie hat in den letzten Jahrzehnten von Erfahrung nichts gehalten. Insbesondere Karl Barth und in seinem Gefolge ganze Theologengenerationen haben der Erfahrung mißtraut, sie geradezu für Sünde erklärt. Allein das Wort des Theologen sollte aus Ungläubigen Gläubige machen.

Allein die Schrift, allein das Wort, allein der Glaube – das ist das Paradigma, das Modell der protestantischen Theologie. Es hatte zur Zeit der Reformation seinen guten Sinn. Damals diente es dazu, den einzelnen aus der Bevormundung durch die kirchliche Hierarchie zu befreien und ihm einen eigenen Zugang zu Gott zu eröffnen. Aber der Druck einer entmündigenden kirchlichen Hierarchie ist heute nicht mehr das Hauptproblem der Menschen. Darum hat dieses Paradigma nur noch in Grenzen Sinn.

Der Versuch der letzten Jahrhunderte, das Ganze der Wirklichkeit auf einen zentralen Punkt zurückzuführen und aus ihm her dann das Ganze zu erklären, erweist sich heute als ungeeignet, die Wirklichkeit zu erfassen, ja sogar als gefährlich. Sagte die Theologie: allein die Schrift, allein der Glaube, so behauptete die Naturwissenschaft: allein die Materie. Descartes verkündete: allein das Denken, die Wirtschaft meinte: allein das Geld, Karl Marx hielt dagegen: allein die Arbeit, und Sigmund Freud endlich stellte fest: allein die Libido, die Sexualität. Die Wirklichkeit zerfiel unter diesen vielen unvereinbaren Alleinaussagen in lauter Splitter, der Mensch wurde selbst zersplittert in lauter verschiedene Rollen, wie die Soziologen feststellten.

Paradigmawechsel bedeutet: Es ist sinnlos, das Ganze der Wirklichkeit auf *eine* Ursache zurückführen zu wollen. Dieses reduktionistische Denken ermöglicht zwar eine klare Theorie, verliert aber die Wirklichkeit aus den Augen, die ein komplexes Geflecht ist. Glaube, Materie, Denken, Geld, Arbeit, Libido – sie alle sind Teile in einem Netz von Kräften, und ein Modell kann zeigen, wie sie zusammenwirken, sich gegenseitig beeinflussen, aber kein Teil ist die Ursache von allen.

Zu den ausgeblendeten und verachteten Bereichen der Wirklichkeit gehörten lange Zeit die Frauen und alle ihre Erfahrungen. Sie wurden in der gesamten Kultur, insbesondere aber auch in Kirche und Theologie als nicht von Bedeutung oder gar als störend und gefährlich angesehen. Wird aber die Hälfte der Menschheit übersehen und nicht gehört, kann das Bild vom Menschen keineswegs vollständig sein. Wenn Josef gesagt wird: „Scheue dich nicht, Maria, dein Weib, zu dir zu nehmen, denn was in ihr gezeugt ist, das ist vom heiligen Geist", wurde damit seine einseitig männliche Wahrnehmung aufgebrochen, und er bekam Anteil an der Erfahrung Marias.

Es ist Zeit für einen Paradigmawechsel in der Theologie. Dazu gehört vor allem das Ernstnehmen der religiösen Erfahrung. C. G. Jung hat einmal gesagt, es sei geradezu Gotteslästerung, zu behaupten, Gott könne sich überall offenbaren, nur nicht in der menschlichen Seele. Die protestantische Theologie hat in der Vergangenheit oft so getan, als sei allein das Denken fähig und berufen, das Wort Gottes aufzunehmen, als sei der Glaube eine Äußerung allein des Ich, des Bewußtseins. In der Folge wurde das protestantische Christentum vielfach zu einer reinen Kopfangelegenheit. Der Glaube wurde verkürzt zur bürgerlichen Moral, die Beschäftigung mit der Bibel wurde reduziert auf die historisch-kritische Exegese, und das Reden von Gott gerann endlich zur bloßen Wiederholung von Begriffen, unter denen niemand sich etwas vorstellen konnte. Sich etwas vorzustellen galt als unnütz.

Kein Wunder, daß immer mehr Menschen eine solche Theologie langweilig finden und der Kirche den Rücken kehren. Von abstrakten Begriffen kann niemand leben.

Abstrakt wird die Theologie, wenn Jesus zu einer rein historischen Gestalt wird und daneben der auferstandene Christus verblaßt. Die historisch-kritische Exegese hat ihre großen Verdienste. Sie hat gelehrt, die biblischen Schriften aus ihrer Zeit heraus zu verstehen, vor allem aber hat sie davon befreit, offenbare Widersprüche einfach deshalb zu „glauben", weil sie in der Heiligen Schrift stehen. Wird aber das Historische absolut gesetzt, dann wird die Bibel zum Dokument einer einmaligen Offenbarung Gottes, gegenüber der alle heute lebenden Menschen nur arme Nachkommen sind. Dann reißt ein garstiger Graben auf zwischen denen, die Jesus selbst erlebt haben, und denen, die heute nur von ihm hören. Dann wird die Predigt zu einem krampfhaften Versuch, Vergangenes in Gegenwart zu übersetzen. Aktuelle Fragen von heute sollen dann durch Antworten aus der Schrift beantwortet werden. Wer in Kirche und Theologie zu Hause ist, für den ist diese Bindung an die Schrift so selbstverständlich, daß er das Groteske und Komische daran nicht einmal wahrnimmt, er ist Gefangener seines Paradigmas „allein das Wort, allein die Schrift".

Ganz gewiß ist und bleibt die Bibel eine einmalige geschichtliche Quelle, und es ist wertvoll, sich an ihr zu orientieren, allein schon, um in das eigene Nachdenken eine Tiefendimension aufzunehmen und damit vor der Eindimensionalität hastiger Gegenwartsurteile geschützt zu sein. Aber sie bliebe doch toter Buchstabe ohne den Geist, der lebendig macht, der in der Gegenwart wirkt. Jesus ist, nur historisch betrachtet, ein gescheiterter Prophet, wäre er nicht der auferstandene, der lebendige Christus. Die Beschäftigung mit der Bibel bliebe reine Archäologie, offenbarte sich Gott nicht heute ebenso wie damals. Eine Theologie, die allein Gehorsam gegenüber der Schrift fordert, bindet an einen toten Buchstaben und entmündigt den Menschen. Ein Paradigmawechsel in der Theologie steht an, der den Glauben aus dem Gefängnis der Historie befreit und den Menschen aus der Gefangenschaft des rationalen Denkens. Das Denken ist ein unverzichtbares Instrument der Vergewisserung, aber nicht der Maßstab für Gottes Offenbarung. Organ der religiösen Erfahrung ist die Seele. Sie ist nicht an Zeit und Raum gebunden. Für die Seele ist Christus heute der Lebendige und Gegenwärtige. Das ist nicht Ausdruck naiver Frömmigkeit, sondern Hinweis darauf, daß die Theologie ihren Wirklichkeitsbegriff, ihr Menschen- und Gottesbild zu eng gefaßt hat, seit sie sich sklavisch an ein rationales Weltbild angepaßt hat. Es bedurfte der Tiefenpsychologie, um im christlichen Abendland die Wirklichkeit der Seele und ihrer Bilder wieder in Erinnerung zu bringen. Es bedarf noch heute der Hinwendung vieler Europäer zu östlicher Spiritualität, um die geistige Armut der heutigen Theologie sichtbar zu machen.

Die Seele auch des Europäers von heute träumt in archaischen Bildern. Träume, Märchen und Mythen sind ihre Sprache. Wer mit der Seele eines anderen kommunizieren will, muß die Sprache der Symbole kennen. Diese Sprache ist nicht eindeutig, denn die Seele ist schöpferisch und bringt immer neue Bildkombinationen hervor, Bilder, die nicht im biblischen Kanon stehen. Aber wer diese ungewohnten Bilder verwirft, verwirft womöglich die Offenbarung des lebendigen Gottes an die Seele des heutigen Menschen.

Allzulange glaubten Theologen im Gefolge Rudolf Bultmanns, sie müßten mythische Bilder in rationale Begriffe übersetzen. Aber das hat in eine Sackgasse geführt. Der Mensch ist ein komplexes Wesen, das nicht aus Ratio allein besteht. Vor allem aber verteidigt die Ratio allzu stur ihre Alleinherrschaft, sie orientiert sich, das ist ihre Struktur, an Bekanntem, an Vergangenem und hat darum keinen Sinn für ein göttliches Kind, das auf unerklärliche Weise empfangen wird.

Es ist noch zu lernen, daß der Advent, von dem das Neue Testament erzählt, der Anfang einer Bewegung ist, die den Menschen nicht allein zur Frömmigkeit, sondern zur Erkenntnis, zur Bewußtwerdung leiten will. Mit Christus kam ein neues Menschen- und Gottesbild. Die Verehrung des Gottessohnes in

Andacht, in Liedern und Betrachtungen ist aber erst ein Weg der Vorbereitung zum Erwachen des Gottessohnes in jedem Menschen selbst.

Der Heilige Geist ist ein religiöser Name für den Geist, der den ganzen Menschen ergreift und verwandelt, seine Seele, sein Bewußtsein, sein Verhalten, so daß er nicht länger eingegrenzt bleibt auf sein alltägliches Denken und Tun, sondern sein Bewußtsein sich ausdehnt in alle Dimensionen der Wirklichkeit hinein. Keim dafür ist das Kind, das in Maria gezeugt wurde. Von Josef her gesehen, kann Maria als Symbolgestalt seiner Seele, aber auch der Menschheit und der Erde bezeichnet werden. Hätte er sich gescheut, sie anzunehmen, könnte er weiter als fromm und auch als vernünftig gelten, aber er hätte das Entscheidende versäumt: teilzunehmen am Advent Gottes. Der Engel übertrug Josef eine Aufgabe: die Sorge für eine schwangere Frau und ihr noch ungeborenes Kind. Er hat sich nicht heimlich davongestohlen, sondern diesen Auftrag angenommen, auch wenn er ihn in die Flucht vor Herodes trieb. Aber es ist ein Unterschied, ob jemand sich heimlich davonschleicht in die Resignation, oder ob er wie Josef vor einer Übermacht flieht, um die Hoffnung der Welt zu bewahren und zu schützen.

Der Stern der Magier

Als aber Jesus in den Tagen des Königs Herodes zu Bethlehem
in Judäa geboren war, siehe, da kamen Magier aus dem Morgenland nach Jerusalem, die sagten: Wo ist der neugeborne König
der Juden? Wir haben nämlich seinen Stern gesehen im Aufgang
und sind gekommen, ihm zu huldigen. Als jedoch der König
Herodes das hörte, erschrak er und ganz Jerusalem mit ihm"
(Matthäus 2,1-3).

Träume, Engelerscheinungen, und nun auch noch Astrologie
in der Geschichte von der Geburt Jesu! Und die Heiden wissen es
früher als die Juden, wer da in Bethlehem geboren wurde. Die
erhabene Fremdheit der Weisen aus dem Morgenland ist durch
Legenden und Mysterienspiele so farbig umkleidet worden, daß
die Bedeutung ihres Erscheinens kaum mehr bedacht wird. Der
Evangelist Mattäus, wahrscheinlich ein Judenchrist, hat aber mit
seiner Erzählung neben dem Mythos auch die Esoterik ins Spiel
gebracht und noch dazu einen Bewußtseinswandel angedeutet,
der das ganze Römische Reich ergreifen sollte.

Erstaunlicherweise findet sich aber nicht einmal in den Schriften der Kirchenväter ein entsprechendes Echo auf diese Tatsachen. Sie haben zahlreiche tiefsinnige Betrachtungen über die
Gaben Gold, Weihrauch und Myrrhe angestellt und aus den drei
Gaben geschlossen, daß es sich um *drei* Weise gehandelt haben
müsse. Schon sie sprachen von Königen statt von Magiern. Bei
dieser Deutung haben offensichtlich alttestamentliche Textstel-
len eine Rolle gespielt, zum Beispiel die beim Propheten Jesaja:
„Siehe, Finsternis bedeckt die Erde und Dunkel die Heidenvölker,
doch über dir, Israel, strahlt auf der Herr, und seine Herrlichkeit
erscheint über dir, und Heidenvölker strömen zu deinem Lichte
und Könige zu dem Glanz, der über dir aufstrahlt. Die Menge der
Kamele wird dich bedecken, die Dromedare von Midian und

Epha; die Sabäer werden kommen und Gold und Weihrauch bringen" (Jesaja 60,2-4.6). Augustin gab der Geschichte schließlich eine Deutung, die sich durchgesetzt hat: Die drei Weisen seien die „Erstlinge der Heiden", die Christus verehrten, denn der Messias der Juden sei der Heiland der ganzen Welt. Epiphanias, das Fest der Erscheinung, sei der Geburtstag der Heidenkirche. Der Stern, den die Weisen gesehen hatten, habe nur einmal aufgeleuchtet, sei danach nie wieder gesehen worden und habe alle Berechnungen und Weissagungen der Sterndeuter zunichte gemacht, denn der Stern wurde von Gott extra geschaffen, um die Geburt Christi anzuzeigen. — Mit dieser schönen Deutung des Wunders gab man sich für Jahrhunderte zufrieden.

Im Jahr 1604 aber überraschte Johannes Kepler, Astronom und Astrologe, seine Zeitgenossen mit der These, der Stern von Bethlehem könne eine Konjunktion von Jupiter und Saturn gewesen sein. Wenn beide Planeten nahe beieinanderstehen, erscheinen sie wie *ein* großer Stern. Neuerdings hat der Leipziger Historiker und Jesuit Gerhard Kroll sich der Keplerschen These wieder angenommen[13]. Der Bericht von Matthäus 2 enthalte mehrere astronomische Fachausdrücke, die belegten, daß es sich hier um mehr als eine Legende handle. In den meisten deutschen Übersetzungen heißt es zum Beispiel: „Wir haben seinen Stern im Morgenland gesehen." Korrekt übersetzt müßte es lauten: Wir haben seinen Stern „im Aufgang" gesehen, das bedeutet in der Morgendämmerung und an derselben Stelle, an der kurz darauf die Sonne aufgeht. Der Ausdruck, den die Magier für „Stern" gebrauchen, war damals gleichbedeutend mit Jupiter, dem astrologischen Symbol für den Weltenherrscher. Auch die Wendung, daß der Stern über dem Ort der Geburt in Bethlehem „stillstand", ist ein astronomischer Fachausdruck. Bekanntlich waren die Babylonier, auch Chaldäer genannt, die ersten Astronomen und Astrologen. Die Keilschrifttafeln der Sternwarte von Sippar am Euphrat liefern exakte astronomische Kalender, die mit heutigen Berechnungen übereinstimmen. Danach war im Jahr 7 v.Chr. dreimal eine Konjunktion von Jupiter und Saturn im Zeichen der Fische zu beobachten: am 29. Mai, am 3. Oktober und am

13. November, ein Ereignis, das die Astronomen von Sippar für ebenso bedeutend hielten wie die Tatsache, daß am 16. März des selben Jahres Jupiter „im Aufgang" zu sehen war, ebenfalls im Zeichen der Fische. Dies deutete für Astrologen auf die Geburt eines Heilskönigs hin. Saturn galt ihnen als Stern der Juden. Eine Konjunktion zwischen Jupiter und Saturn legte darum nahe, den Heilskönig und Weltenherrscher bei den Juden zu suchen. Ähnlich wie man heute vom aufkommenden Wassermannzeitalter spricht, an das sich viele Hoffnungen knüpfen, versprach man sich damals eine Zeitenwende vom Fischezeitalter, und so wiesen die Konstellationen im Sternbild der Fische noch einmal auf diese Zeitenwende hin. So ergibt sich für die Suche der Magier in Jerusalem ein astrologisch schlüssiges Bild. Gerhard Kroll verfolgt mit astronomischen Daten sogar den Weg der Magier in den Monaten Mai bis November, bis der Stern bei der dritten Konjunktion über Bethlehem „stillstand". (Daß Jesus nicht im Jahr Null unserer Zeitrechnung, sondern im Jahr 7 v. Chr. geboren wurde, wird auch nach ganz anderen historischen Quellen für wahrscheinlich gehalten.)

Diese astrologischen Betrachtungen sind durch religionsgeschichtliche Überlegungen zu ergänzen. Die Sterndeuter suchten einen König, zweifelten aber offenbar nicht an ihrer Entdeckung, als sie das Kind nicht in Jerusalem, sondern in einem Stall in Bethlehem fanden. Astrologisch gedeutet, zeigt sich in dieser Anerkennung des Unscheinbaren der damalige Bewußtseinswandel vom Widder- zum Fischezeitalter an.

Ernst Bloch hat einmal bemerkt: „Wären statt der Heiligen drei Könige Konfuzius, Laotse, Buddha aus dem Morgenland zur Krippe gezogen, so hätte nur einer, Laotse, diese Unscheinbarkeit des Allergrößten wahrgenommen, obzwar nicht angebetet."[14] Nicht erwähnt hat Bloch unter den großen Religionsstiftern Zoroaster. Von ihm aber, beziehungsweise von den Parthern und ihrer Religion muß im Zusammenhang mit den Magiern die Rede sein. Das Morgenland war damals von Jerusalem aus gesehen das Reich der Parther. Es umfaßte vom 3. Jahrhundert vor bis zum 3. Jahrhundert nach Christus Kleinasien, Iran, Mesopotamien und Afghanistan. Hauptstadt dieses mächtigen Reiches war Ktesiphon, südlich des heutigen Bagdad am linken Tigrisufer gelegen. Die „Magier" waren im Reich der Parther die Priesterkaste. Vom Partherreich ausgehend, eroberte damals eine neue Religion, ein neuer Gott das Römische Reich: Mithras. 270 n. Chr. wurde der Mithraskult in Rom zur Staatsreligion erklärt, getragen vor allem von den Legionären, die Mithrasheiligtümer bis an den Rhein gebracht haben. Mithras war der mächtigste Gegenspieler des Christentums bis ins 4. Jahrhundert hinein, auch er ein Lichtbringer, ja die Sonne selbst, ein Mittler zwischen göttlicher und menschlicher Sphäre, Vertreter des wahrhaftigen Rechts und der echten Gottesoffenbarung, ein König, in dem heiliger Geist wohnt und der sich für die Seinen in Gestalt eines Stieres opfert. Geprägt vom dualistischen Denken Zoroasters, sahen die Parther in Mithras den endzeitlichen Kämpfer des Lichts gegen die Mächte der Finsternis. Auf weißem Pferde ritt er aus gegen den bösen Drachen. Mit dem Blut des sich opfernden Mithras-Stieres weihten sich die Männer zu Kämpfern des Lichts. Darum fand der Kult besonders viele Anhänger unter den römischen Legionären, Frauen waren davon ausgeschlossen[15]. Daß unser Weihnachtsfest am 25. Dezember gefeiert wird, ist darin begründet, daß dieser Tag in Persien als Geburtstag des Mithras begangen wurde und später dann in Rom ebenso, wo Mithras auch den Namen „sol invictus", unbesiegte Sonne, trug.

Das Datum der Geburt des Mithras führt nach Schîz, dem heutigen Tacht-i-Suleiman in Aserbeidschan am Kaspischen Meer. Schîz war die Krönungsstadt des Partherreiches. Wer in Ktesiphon herrschen wollte, mußte sich in Schîz weihen und krönen lassen. Denn der König der Parther war der sichtbare Repräsentant des Mithras, und in einer Höhle des Siegesberges bei Schîz war die Geburtsstätte des Mithras. Auf diesem Berg stand eine Sternwarte, auf der die Magier Ausschau hielten nach himmlischen Zeichen und jährlich in feierlichem Ritual die Geburt des Mithras begingen. „Der Weltkönig und Weltheiland steigt in Feuergestalt als ein leuchtender Stern auf einen Berg,

den ,Siegesberg', nieder und wird dort in einer Höhle als ein
Lichtwesen geboren. Das ist der ,große König', der am Ende der
Zeiten in die Welt kommt. Dieser König, von einer irdischen
Mutter geboren, aber doch durch den Stern und das Blitzfeuer
auf die Erde gebracht, ist der reinkarnierte Mithras, der immer in
der Höhle geboren wird. Die Magier warten jedes Jahr nach
rituellen Waschungen und leisem Gebet während dreier Tage auf
die Geburt des Erlöserkönigs und spähen am Himmel umher, um
sein Zeichen, den hell leuchtenden Stern, zu erblicken. Wenn er
geboren ist, treten sie in die Höhle, die ,Schatzhöhle', ein und
bringen ihm als Huldigungsgaben ihre Kronen, die sie unter
seine Füße legen."[16] Die Krönungszeremonie in Schîz wurde als
Geburt des Mithras begangen.

Eine syrische Schrift aus dem frühen Christentum, die „Chro-
nik von Zuquin", verbindet die Traditionen von Schîz mit der
Erzählung, wie die Magier dort den Auftrag erhielten, den
wahren Weltheiland in Bethlehem zu suchen. Dieser wahre Weltheiland ist weder Herrscher des Partherreiches noch Kaiser von
Rom, sondern ein König ganz anderer Art. Irdische Macht und
die Macht des Heilskönigs sind von nun an nicht mehr dasselbe.
Der Weltheiland stützt sich weder auf die Kraft parthischer noch
römischer Legionäre, sondern findet seine Nachfolger bei den
Armen und Machtlosen, besonders auch unter den Frauen. Diese
Bedeutung der Geschichte von den Magiern ist in der Folgezeit
intuitiv aufgenommen worden, indem die Tradition aus den
Magiern Könige machte, die ihre Kronen an der Krippe niederle-
gen – ein schönes Symbol, das freilich in der Realität weder von
den Mächtigen der Politik noch von den Mächtigen der Kirche
ernst genommen worden ist.

Aber der Traum, der den Magiern gebot, das Kind von
Bethlehem nicht an König Herodes zu verraten, dieser Traum ist
weitergeträumt und von den wirklich Weisen auch immer wieder
befolgt worden. Viele andere Wege haben sie gesucht und
gefunden, um die Brüder und Schwestern des Kindes von Bethlehem nicht an ihre Mörder ausliefern zu müssen. Die Magier aus
dem Morgenland sind die ersten, die passiven Widerstand gelei-

stet haben und subversiv waren. Sie orientierten sich nicht länger am Glanz von Königsthronen, sondern an dem Stern, der ihnen aufgegangen war. Darin fanden sie Nachfolger bei den Mystikern und allen, welche die Zeichen der Zeit nicht an den Erklärungen der Mächtigen, sondern an den Sternen ablasen, die ihnen am Himmel oder in ihrer Seele erschienen. „Wie oben so unten", lautet das geheimnisvolle Gesetz der Esoterik. Nicht die Sterne lenken die Geschicke der Menschen, wie es eine primitive Astrologie sagt, sondern die Konstellationen der Gestirne sind Abbilder von Kräften, die Seele und Geist des Menschen bewegen und lenken – Sternenbahnen gleichen Menschenwegen.

Das Erwachen des Menschen

Die Taufe

In der Auslegungs- und Denktradition der evangelischen Theologie waltet das Prinzip des Schriftbeweises. Läßt sich ein Wort aus dem Neuen Testament auf eine Stelle des Alten Testaments zurückführen, hält der Ausleger den größten Teil seiner Arbeit für getan. Die innere Kontinuität der beiden Testamente ist damit belegt, mehr bedarf es nicht. Schon bei den Evangelisten ist dieses Bemühen zu beobachten. Johannes des Täufers Auftreten wird auf das Prophetenwort vom Rufer in der Wüste zurückgeführt und erhält dadurch Legitimität und Heilsnotwendigkeit. Wenn der Evangelist für seine aus dem Judentum stammenden Leser so verfuhr, hatte dies missionarischen Sinn. Für einen Heiden sind die Worte des Propheten zunächst ebenso fremd wie Johannes.

Die Kontinuität der beiden Testamente ist aber ebenso deutlich wie die Diskontinuität. Doch das theologische Denkprinzip bewegt sich immer im selben Gleis. Geht es zum Beispiel um eine aktuelle ethische Frage, erscheint es als wichtigstes theologisches Anliegen, ein Bibelwort zu finden, das darüber Auskunft geben soll. Oder ging es darum, das Christentum aus Europa in andere Kontinente zu bringen, nahm die Mission Augustin, Luther und Calvin als gültige Ausleger der Bibel mit und exportierte oft ebensoviel oder mehr europäisches Gedankengut als christlichen Glauben. Die Schriften sollten Gewähr für Wahrheit und Rechtgläubigkeit geben. Manchmal scheint es so, als schaffe sich die Theologie die Probleme selbst, die sie bearbeitet. Fragen der Schriftauslegung werden aufgeworfen, beantwortet, bestritten, neu aufgenommen, erneut bearbeitet, widerlegt, gerechtfertigt, durche neue Thesen in anderer Perspektive gesehen − und so weiter. Generationen von Theologen sind damit beschäftigt, die Probleme zu bearbeiten, welche die Theologie sich selbst geschaffen hat. Die Wirklichkeit, die Menschen, die aktuellen Fragen der Zeit bleiben vor der Tür. Das ängstliche Sichklammern an die Schrift erschwert die Kommunikation nicht nur, es läßt die Theologie zunehmend als unfähig erscheinen, zu den Fragen der Zeit Wegweisendes zu sagen. Schriftauslegung und Schriftbeweis sind zu einem Denkgefängnis geworden, das neue Fragen nur so weit zuläßt, wie sie in dieses Schema passen. Erlebnisse und Erfahrungen von heute gelten als irrelevant gegenüber der einmal offenbarten Wahrheit, wie sie in der Schrift geschrieben steht.

Diese absichtlich überzeichnete Darstellung theologischen Denkens ist wohl trotzdem mehr als nur eine Karikatur. Die Kontinuität der beiden Testamente, die Kontinuität der Schriftauslegung, der theologischen Denkfiguren und der Dogmen sind ein allgemein anerkanntes theologisches Prinzip, ein Axiom geradezu.

Aber zwischen den beiden Testamenten ereignet sich die Taufe Jesu. Zwischen einem Juden und einem Christen steht die Taufe und ebenso zwischen einem Heiden und einem Christen. Es gibt keinen anderen Weg. Und die Taufe ist nicht ein gerader Weg, sondern sie bedeutet, menschlich gesehen, ein Sterben, geistlich gesehen Wiedergeburt und Auferstehung. Zwischen dem Ungetauften und dem Getauften gibt es gerade keine Kontinuität, sondern einen Bruch, das Sterben in die Taufe hinein, die Initiation nicht nur in ein neues Leben, sondern auch in einen neuen Geist. Dieser Bruch wird im theologischen Denken nicht ernst genommen, wie überhaupt die Taufe, zumindest in der gegenwärtigen Theologie, kaum ein Thema ist und schon gar nicht im Zusammenhang gesehen wird mit dem, was einer denkt. Das Denken scheint über die Taufe erhaben, als bedürfe es ihrer nicht. Eine Kirche aber, die ihre Traditionen für wichtiger hält als den Heiligen Geist, ist der Taufe ausgewichen.

„Wie kann ein Mensch geboren werden, wenn er alt ist? Kann er etwa zum zweiten Mal in den Leib seiner Mutter eingehen und geboren werden?" fragte Nikodemus. – „Du bist ein Lehrer in Israel und verstehst das nicht?" fragte Jesus zurück (Johannes

3,4.9f.). Nein, ein Lehrer in Israel konnte dies nicht verstehen, aber ein Christ sollte es nicht nur verstehen, sondern erfahren haben, auch wenn die Taufe sich nicht aus dem Alten Testament herleiten läßt. Denn der Ursprung der Taufe ist bei den „Heiden". Und indem Jesus sich taufen ließ, inkarnierte er sich auch in die Vorstellungen, die mit der Taufe verbunden sind.

Die Taufe mit Wasser ist ein Brauch, der aus den Initiationsriten stammt, die aus allen Völkern der Erde bekannt sind. Am bekanntesten sind die Initiationsriten für die jungen Männer in der Pubertät. Als Kinder gingen sie hinein, als erwachsene Männer kamen sie aus ihnen hervor. Der Ritus begann mit Fasten, Einsamkeit, oft auch Torturen: Das Kind mußte sterben. Höhepunkt und Zentrum des Ritus war eine symbolische Rückkehr in den Mutterleib — dargestellt als Höhle, als Krokodil, als riesiger Fisch —, aus dem der Initiand als Neugeborener, als Erwachsener hervorkam. Mit diesen Riten verbunden war die Einweihung in die Kenntnisse, die ein erwachsener Mann haben mußte, und oft auch Visionen, die der Fastende in der Einsamkeit hatte und die ihm einen individuellen Zugang zu den Geistern und Göttern seines Volkes eröffneten. Er wurde zu einer unverwechselbaren Persönlichkeit, bekam einen neuen Namen.

Das Untertauchen ins Wasser war einer der Riten, welche die Rückkehr in den Mutterleib und die Wiedergeburt darstellten. Das Kind geht noch einmal in den Embryonalzustand im Fruchtwasser des Mutterleibes zurück, um aus ihm zum zweiten Mal geboren zu werden. Das Wasser ist Symbol des Todes und des Lebens zugleich. In dieser Ambivalenz ist es das weit verbreitete Symbol für die große Göttin des Lebens, die das Lebendige verschlingt und wiedergebiert. Um als erwachsen gelten zu können, mußten die jungen Männer gerade auch in die weiblichen Mysterien des Lebens eingeweiht werden; Aufklärung über die Vorgänge von Zeugung, Schwangerschaft und Geburt war gewiß ein Teil der Einweihung, die der Initiand erfuhr.

In vielen Völkern gab es neben den Pubertätsriten aber auch Riten zur Aufnahme etwa in einen besonderen religiösen Bund. Stets hatten sie dasselbe Muster: Sterben dem bisherigen Leben,

Einweihung in die neuen Geheimnisse, die von nun an verbindlich wurden, Neugeborenwerden zu einem Mitglied der Gemeinschaft. Ein Vorhang des Schweigens trennte die Eingeweihten von den Nichteingeweihten. Das geheime Wissen wurde nur dem zuteil, der sich der neuen Gemeinschaft verschwor. Eine Rückkehr gab es nicht. Wer die Gesetze des Bundes verletzte, dem drohte die Todesstrafe.

In neutestamentlicher Zeit waren Einweihungsriten dieser Art in allen Mysterienreligionen rings um das Mittelmeer gebräuchlich. Die Mysten haben sich so strikt an das Schweigegebot gehalten, daß die Wissenschaft bis heute nur ungefähre Vorstellungen von dem hat, was bei den Mysterien wirklich geschah. Der antike Schriftsteller Apuleius zum Beispiel, der in die Isismysterien eingeweiht wurde, schreibt darüber: „Nun war der Tag der Einweihung da. Sobald sich die Sonne gen Abend neigte, flossen von allenthalben her die Leute zusammen und verehrten mir, nach altem, gottesdienstlichem Brauche, allerhand Geschenke. Darauf mußten sich alle und jegliche Profanen entfernen. Ich wurde mit einem groben, leinenen Gewande angetan, und der Hohepriester führte mich bei der Hand in das innerste Heiligtum des Tempels ein.

Vielleicht fragst du hier neugierig, geneigter Leser, was nun gesprochen und vorgenommen worden? – Wie gern wollte ich's sagen, wenn ich es dir sagen dürfte! Wie heilig solltest du es erfahren, wenn es dir zu hören erlaubt wäre! Allein Zunge und Ohr würden gleich hart für den Frevel zu büßen haben!

Doch es möchte dir schaden, wenn ich deine fromme Neugier so auf die Folter spannte; so höre denn und – glaube, traue! Es ist wahrhaftig.

Ich ging bis zur Grenzscheide zwischen Leben und Tod. Ich betrat Proserpinens (Göttin der Unterwelt) Schwelle, und nachdem ich durch alle Elemente gefahren, kehrte ich wiederum zurück. Zur Zeit der tiefsten Mitternacht sah ich die Sonne in ihrem hellsten Lichte leuchten; ich schaute die unteren und oberen Götter von Angesicht zu Angesicht und betete sie in der Nähe an.

Siehe! Nun hast du alles gehört: aber auch verstanden? Unmöglich!"[1]

Sterben, Erleuchtung „zur Zeit der tiefsten Mitternacht" und Hervorkommen am nächsten Morgen als ein anderer Mensch, für den es keine Rückkehr zum Vergangenen mehr gibt, das war nicht nur äußerer Ritus, sondern offenbar auch innere Erfahrung der Mysten.

Die Johannestaufe gleicht einem Aufnahmeritus in einen Geheimbund, in den Bund derer, die allem Vergangenen abgesagt haben und auf das nahe bevorstehende Reich Gottes warten. Die theologische Forschung hat über die nähere Herkunft der Johannestaufe nichts herausgefunden. Weder die Bäder der Essener von Qumran noch die jüdische Proselytentaufe, die erst im 1. Jahrhundert n. Chr. üblich wurde, sind mit ihr zu vergleichen. Unzweifelhaft hat Johannes den Taufritus aus jenen Traditionen der Aufnahme in einen besonderen Bund übernommen wie die Mysterienreligionen auch. Was eine Taufe war, was sie beinhaltete und für Konsequenzen hatte, das war dem antiken Menschen bewußt. Innerhalb des Judentums aber war Johannes zweifellos ein Häretiker, ein Sektierer, der den Essenern näherstand als der Priesterschaft am Tempel von Jerusalem.

Aber in einem noch anderen Zusammenhang spielte die Taufe in den religiösen Vorstellungen des Orients eine Rolle: beim Inthronisationsritual des Königs. Das Muster der Zeremonien wird von Leo Widengren so zusammengefaßt:

1. Ein Scheinkampf, aus dem der König als Sieger hervorgeht, symbolisiert seinen Sieg über die Chaosmächte.
2. Der König wird zum Herrn der Welt proklamiert.
3. Der König wird ermahnt, mit Gerechtigkeit zu regieren, und gelobt das.
4. Der König wird mit einem symbolischen Gewand und anderen Insignien bekleidet.
5. Der König erhält Speise und Trank, die die Speise der Unsterblichkeit symbolisieren, wird mit Wasser getauft, mit Öl gesalbt.
6. Der König wird als Sohn des Hochgotts proklamiert.

7. Der König wird auf den Thron der Gottheit erhoben und erhält einen Thronnamen.
8. Der König feiert die heilige Hochzeit, den hieros gamos.[2]

Anfang der Krönungszeremonien ist demnach der Sieg über die Chaosmächte. Chaosmächte aber waren vielfach die Ungeheuer der Meerestiefe. Ob der Held sie im Kampf besiegte oder wie Jona von ihnen verschlungen und wiedergeboren wurde, das sind zwei Betrachtungsweisen desselben Symbols. Sie bedeuten immer Todesüberwindung und Wiedergeburt. Da er aber den Tod überwunden hatte, wurde er nun zum Herrn der Welt nicht allein, sondern auch des Kosmos erklärt, Sohn Gottes genannt. Die Zeremonien aber vollendeten sich in der heiligen Hochzeit, von der im Zusammenhang mit der Passion noch die Rede sein wird.

Auf dem Hintergrund der verschiedenen Bedeutungen, die eine Taufe haben konnte — Initiation in der Pubertät, Aufnahme in einen Bund, Einweihung in Mysterien, Inthronisation —, wird unmittelbar einleuchtend, daß die Taufe Jesu am ehesten dem Ritus der Königsinthronisation nahekommt. Jesus hat sich oft die Selbstbezeichnung „der Sohn des Menschen" oder „Menschensohn" gegeben. Diese Bezeichnung kann im Wortsinn verstanden werden, hat aber durch den Propheten Daniel einen anderen Sinn. Daniel erzählt von einer Vision:

„Ich schaute: da wurden Throne aufgestellt, und ein Hochbetagter setzte sich nieder. Sein Gewand war weiß wie Schnee, und das Haar seines Hauptes rein wie Wolle; sein Thron war lodernde Flamme und die Räder daran brennendes Feuer ... Ich schaute: da wurde das Tier getötet, sein Leib vernichtet und dem Feuerbrand übergeben. Und den anderen Tieren ward ihre Macht genommen und ihre Lebensdauer auf Zeit und Stunde bestimmt. Ich schaute in den Nachtgesichten, und siehe, mit den Wolken des Himmels kam einer, der einem Menschensohn glich, und gelangte bis zu dem Hochbetagten, und er wurde vor ihn geführt. Ihm wurde Macht verliehen und Ehre und Reich, daß die Völker aller Nationen und Zungen ihm dienten. Seine Macht ist eine ewige Macht, die niemals vergeht, und nimmer wird sein Reich zerstört" (Daniel 7,9 ff.).

Es ist, als schaue Daniel aus himmlischer Warte der Inthronisation eines Königs auf Erden zu. Der irdische König wird zum Herrn des Kosmos proklamiert und vom höchsten Gott bestätigt. Im Himmel, am Thron des Hochbetagten, sieht das dann so aus, daß mit den Wolken ein Menschensohn kommt, vor dem Thron erscheint, und daß seine Herrschaft auf Erden bekräftigt wird. Diesem Vorgang geht die Tötung eines Tieres voraus, das Symbol für die Chaosmächte ist.

Die Hoffnung auf den Messias, den König der Endzeit, hatte sich in der Epoche vor der Geburt Christi in die Vorstellung von einem solchen Menschensohn, der mit den Wolken des Himmels kommt, gewandelt.

Daniel sah, wie mit den Wolken des Himmels einer in den Thronsaal vor den Hochbetagten kam, der einem Menschen gleich war. Ein Mensch wird erhöht, durchbricht die Grenze zwischen dem irdischen und himmlischen Bereich, zwischen Diesseits und Jenseits.

Bei der Taufe nun heißt es, daß der Himmel zerriß und der Geist wie eine Taube herabkam. Es geht dabei um mehr als die Geistverleihung an Jesus. Das Zerreißen des Himmels bedeutet eine Aufhebung der Grenze, und der Geist, der wie eine Taube herabkommt, meint die Gegenwart Gottes selbst. „Aber es ist fast unmöglich, begreiflich zu machen, wie solch ein ,heidnischer' Zug in die Taufgeschichte Jesu eingedrungen sein könnte und was er in ihr bedeuten solle; denn solche Mythologeme sind stracks wider die Grundzüge jüdisch-religiösen Denkens, für die das Verbot, kein Bildnis oder Gleichnis zu machen, auch in diesem Sinne gilt", urteilt Ernst Lohmeyer in seinem Markus-Kommentar[3].

Was dem Exegeten Anlaß zum Befremden gibt, obwohl er genau sieht, was zu sehen ist, ist seine Meinung, das Neue Testament müsse im Vorstellungshorizont des Alten Testamentes verharren. Die radikalere Frage, welche Gottheit es ist, die hier in Gestalt einer Taube sagt: „Du bist mein geliebter Sohn, an dir habe ich Wohlgefallen gefunden", wird von Lohmeyer nicht gestellt.

Höhepunkt und Abschluß der Thronbesteigungsriten bildete die heilige Hochzeit mit der Göttin, der das Land gehörte, über das der König herrschen sollte. Die Priesterin, die den König als Vertreterin der Göttin empfing, begrüßte ihn mit eben der Anrede: „Du bist mein geliebter Sohn, an dir habe ich Wohlgefallen gefunden." Symbol der Göttin Ischtar aber war die Taube. Und die Taube wurde in der Weisheitsliteratur zum Symbol der Weisheit, der Sophia.

Die Taufe Jesu meint nicht weniger als seine Inthronisation zum endzeitlichen König, der zugleich Herr des Kosmos ist und mit Sophia heilige Hochzeit gefeiert hat. Auch hier wieder wird deutlich, daß erst vom Glauben an die Auferstehung her der Taufe Jesu am Jordan dieser „mythische" Charakter gegeben werden konnte, der aber wie keine andere Sprache die Wahrheit über Jesus, den Christus, mitteilen konnte.

Die frühchristliche Taufe in Syrien und die der Mandäer wurde nach folgendem Ritus gefeiert:

1. Das Eintauchen in fließendes Wasser
2. Die Handauflegung mit Salbung und Gebet um Ausgießung des Geistes
3. Das Bekleiden mit dem weißen Taufkleid
4. Das Aufsetzen eines Kranzes
5. Das Austeilen des Abendmahlssakraments[4]

An diesem Ritus ist das Krönungsritual deutlich abzulesen. Das Aufsetzen des Kranzes ist ein Hochzeitsritus, der sich im Abendmahlssakrament fortsetzte. Der Täufling sollte Christus gleichgestaltet werden; ebenso wie er mit ihm in den Tod ging, wurde er mit ihm verherrlicht, ja geradezu zum Mitregenten erhoben.

Die weit verbreitete Vorstellung, die Taufe sei ein „Abwaschen von Sünden", greift entschieden zu kurz. Die christliche Taufe bedeutet demnach sogar mehr als eine Initiation, sie schließt dies alles mit ein, zielt aber auf Gleichgestaltung mit Christus. Aus dem Alten Testament läßt sich dieses Taufverständnis auf keine Weise ableiten. Es ist etwas völlig Neues, das in seiner Tragweite gerade erst vor dem mythischen Hintergrund heidnischer Riten begreiflich wird.

Jesus selbst hat nicht getauft. Johannes sagte von ihm: „*Ich taufe euch mit Wasser zur Buße, der aber nach mir kommt, ist stärker als ich, und ich bin nicht würdig, ihm die Schuhe zu tragen. Er wird euch mit dem heiligen Geist und mit Feuer taufen*" (Matthäus 3,11). Die Feuertaufe erscheint auf den ersten Blick als ein Widerspruch in sich selbst. Aber es gibt einen Initiationsritus, der als Feuertaufe bezeichnet zu werden verdient: die schamanische Initiation. Sie hat mit den Pubertätsriten eine gewisse Verwandtschaft, zu denen neben dem symbolischen Sterben auch Visionen gehörten, wie sie dann zum Beispiel Apuleius schilderte, aber die schamanische Initiation ist von ungleich größerer Härte. Von vielen Propheten des Alten Testaments wird berichtet, daß sie durch das Feuer initiiert wurden, von Mose, von Jesaja. Elia, der mächtigste Prophet nach Mose, beherrschte es sogar. Wahrscheinlich sind Mose und die Propheten religionsgeschichtlich am ehesten den Schamanen zuzuordnen, und das hat Bedeutung für die Frage, wer Jahwe wohl gewesen ist.

Der Gott Israels

Der Jahwe-Glaube ist, gemessen an der Geschichte des Orients, eine sehr junge religiöse Bewegung, beginnend etwa in der zweiten Hälfte des zweiten Jahrtausends v. Chr.

Im achten Jahrtausend v. Chr. schon wurde Jericho gegründet, David aber wurde König in Israel und Juda um 1000 v. Chr. Im dritten Jahrtausend blühten in Mesopotamien die Reiche von Sumer und Akkad, in Ägypten das Alte Reich. Als in der ersten Hälfte des zweiten Jahrtausends die aramäische Wanderung einsetzte, in die Abrahams Wanderung aus Ur in Chaldäa nach Haran und Hebron eingeordnet wird, war die minoische Kultur Kretas in ihrer höchsten Blüte, und die Kreter beherrschten mit ihren Schiffen das Mittelmeer. Ihnen folgten die seefahrenden Phönizier, deren Stadt Ugarit von reicher Kultur, von Handel und Kommunikation bis tief nach Asien hinein zeugt.

Der Auszug Israels aus Ägypten wird um 1300 oder 1200 v. Chr. datiert. Aus dem Sinai brachten die Josefsstämme den Jahweglauben mit.

So wie die Hebräische Bibel heute vor uns liegt, ist sie das Dokument einer religiösen Geschichte von mehreren Jahrhunderten, in denen der ursprüngliche Jahweglaube bereits viele Wandlungen erfahren hat. Der Heilige vom Sinai übernahm nach der Landnahme manche Züge und Eigenschaften, die ursprünglich den kanaanäischen Gottheiten zugeschrieben wurden. Unangefochten scheint der Jahweglaube nur selten gewesen zu sein. Die Propheten, deren Schriften einen großen Teil des Alten Testaments ausmachen, standen immer im Widerspruch zur Haltung des Volkes, ihre Worte sagen weniger über das Ist als über das Soll aus. Eine gängige Meinung ist, daß der patriarchale Jahweglaube auf die matriarchale kanaanäische Religion traf und dies ihren Gegensatz ausmachte. Aber das ist zu vereinfachend.

Ursprünglich war Jahwe wohl nicht patriarchal. Die alttestamentliche Wissenschaft vermutet, daß er der Wege-Gott der Midianiter, der Kamel-Nomaden vom Sinai war. Mose wurde Schwiegersohn des midianitischen Priesters Jethro. Auch die Keniter
gelten als Jahwe-Verehrer. Die Versuche, ihm einen matriarchalen
Ursprung zuzuschreiben, scheinen bisher zumindest eher hypo-
thetisch. Nicht einmal die Bedeutung seines Namens ist bekannt.
Die alttestamentliche Stelle, wo er sich Mose im brennenden
Dornbusch vorstellt: „Ich bin, der ich bin" oder: „Ich werde sein,
der ich sein werde" (3. Mose 3,14), gilt als spätere Deutung
seines Namens. Vielleicht war er auch ein Sturm- und Gewitter-
gott und wurde an einem Berg des Sinai verehrt, an welchem
Berg genau weiß niemand.

Für Israel ist Jahwe der, der aus dem brennenden Dornbusch
Mose berief, das Volk aus Ägypten führte und sich mit ihm in der
dramatischen Offenbarung am Berg Sinai verbündete. Wer
immer Jahwe für die Midianiter gewesen sein mag, seit Mose hat
er einen ganz bestimmten, unverwechselbaren Charakter. Mose
ist weniger der Priester eines schon älteren Kults, sondern eher
ein Religionsstifter eigener Prägung.

Es scheint so, als sei Jahwe überhaupt immer nur von einigen
wenigen Erwählten wirklich gehört und gültig vertreten worden.
Das Alte Testament hallt wider von immer neuer Kritik seiner
Propheten an dem Volk, das ihm nie so gehorchte, wie er es
gefordert hatte:

„Israel hatte Dinge getrieben, die nicht recht sind, wider den
Herrn, seinen Gott: sie bauten sich Höhen in allen ihren Ort-
schaften, vom Wachtturm an bis zur befestigten Stadt, errichteten sich Malsteine und Ascheren auf jedem hohen Hügel und
unter jedem grünen Baum, opferten dort wie die Völker, die der
Herr vor ihnen weggeführt, und taten schlimme Dinge, durch die
sie den Herrn erzürnten: sie trieben Götzendienst, wovon der
Herr ihnen gesagt hatte: Ihr dürft solches nicht tun! Und ob auch
der Herr durch alle Propheten und alle Seher Israel und Juda
verwarnen und ihnen sagen ließ: Kehret um von euren bösen
Wegen und haltet meine Gebote und Satzungen genau nach der

Weisung, die ich euren Vätern gegeben habe, sie gehorchten nicht, sondern waren halsstarrig wie ihre Väter, die nicht auf den Herrn, ihren Gott vertrauten" (2. Könige 17,9-14).

Seher, Propheten und Gottesmänner spielen im Alten Testament eine entscheidende Rolle. Wenn aber deutlich werden soll, wer Jahwe ist, gerade auch im Gegensatz zur religiösen Umwelt Syriens, müßte es an ihnen erkennbar werden. Der Religionstyp, der ihnen entspricht, ist von Mircea Eliade Schamanismus genannt worden. Eliade übernahm diese indische Bezeichnung, um Ausdrücke wie Zauberer oder Medizinmann zu vermeiden.

„Der Schamane, eine mystische, priesterliche und politische Institution, die zur Zeit des Oberen Paläolithikums auftaucht und vielleicht bis auf die Zeit des Neandertalers zurückreicht, hat nicht nur eine spezielle Funktion als Kenner der menschlichen Seele, sondern auch eine generelle, deren sakrale wie soziale Aspekte sich über einen außerordentlich weiten Tätigkeitsbereich erstrecken können. Die Schamanen sind Heiler, Seher und Visionäre, die den Tod bezwungen haben. Sie stehen mit der Welt der Götter und der Geister in Verbindung. Sie sind Dichter und Sänger, sie tanzen und schaffen Kunstwerke. Sie sind nicht nur geistige Führer, sondern auch Richter und Politiker, Hort des geschichtlichen Wissens ihrer Kultur, des heiligen wie des weltlichen... Die Einweihung des Schamanen, ob in einer Höhle, auf einem Berg, auf einer Baumspitze oder dem Feld der Seele, beinhaltet die Erfahrung von Tod, Wiederauferstehung und der Erkenntnis und Erleuchtung... Die Initiationskrise des Schamanen muß daher als eine religiöse Erfahrung bezeichnet werden, eine Erfahrung, die es wenigstens seit paläolithischen Zeiten gibt und die wahrscheinlich so alt wie das menschliche Bewußtsein ist, also zurückreicht bis zu jener Zeit, als sich die ersten Gefühle ehrfürchtiger Scheu und Verwunderung zu regen begannen."[5]

Schamanismus findet man heute unter den Eskimos, bei den Indianern, in Sibirien und Australien, auch in Südafrika. Spuren des Schamanismus gibt es überall auf der Erde, selbst in europäischen Märchen. Die Schamaninnen und Schamanen waren und sind die großen Einzelnen; von einer inneren Stimme getrieben,

ziehen sie hinaus in die Wildnis, in die Einsamkeit und begegnen
dort den Geistern. Sie sehen und hören, was anderen verborgen
bleibt. Der lautlose Gesang von Wüsten, Bergen und Hocheben-
en weckt in ihnen innere Stimmen. Wenn ein Schamane seinen
Gesang, sein Lied gefunden hat, ist er eins geworden mit der
Wildnis in ihm und um ihn her[6].

Die Initiation ist eine Krise, die bei einigen auch mit gefährlichen Erkrankungen verbunden ist. Was den Schamanen von
einem psychisch Kranken unterscheidet, ist, daß er die Kraft hat,
„zurückzukehren" und die Geister zu beherrschen, sie sich zu
Helfern zu gewinnen. Schamanen haben eine besondere Beziehung zum Feuer. Das Feuer, mit dem sie sich gleichsam selbst
aufheizen, ist Symbol ihrer ungewöhnlichen Energie. Sie wird
von anderen als ein geistiges Leuchten wahrgenommen, aus dem
ihre Macht und ihr Wissen sprechen. Ein Eskimo-Schamane
erklärte das Knud Rasmussen: „Jeder wirkliche Schamane muß
eine Erleuchtung in seinem Körper spüren, im Inneren seines
Kopfes oder in seinem Gehirn, etwas, das wie Feuer glüht, das
ihm die Macht verleiht, mit geschlossenen Augen in der Dunkelheit zu sehen, tief hineinzuschauen ins Verborgene oder in die
Zukunft oder in die Geheimnisse eines anderen Menschen."[7]

Von Mose wird erzählt, daß sein Gesicht so stark leuchtete,
daß das Volk ihn nicht ansehen konnte, und das Feuer ist das
entscheidende Element bei den Offenbarungen Jahwes, so im
Dornbusch, am Sinai und bei den Berufungen der Propheten und
oft auch bei ihren Wundertaten. Die „ruah" Jahwe, die sich auf die
Propheten legt, scheint dem nahe verwandt zu sein, was Schamanen als ihren Geist beschreiben. „Wir Sioux glauben", so berichtet ein Schamane, „daß etwas in uns ist, das uns kontrolliert,
beinah so etwas wie ein zweites Ich. Wir nennen es Nagi, andere
nennen es vielleicht Seele, Geist oder Wesen. Man kann es nicht
sehen, fühlen oder schmecken. Aber jenes eine Mal auf dem
Hügel, nur dieses eine Mal, da wußte ich, daß es in meinem
Innern war. Da fühlte ich die Kraft durch mich branden wie eine
Flut. Ich kann es nicht beschreiben, aber sie erfüllte mich ganz
und gar."[8]

Diese Kraft, die unbeschreiblich ist, aber intensiv erfahren wird, beschreibt etwas Jahwe sehr Verwandtes. Man darf sich kein Bild von ihm machen, seinen Namen nicht aussprechen, aber er ist heilig-gefährlich. Schamanen nennen ihn Nagi, zweites Ich oder auch Schutzgeist. Wenn dieser Geist sie einmal ergriffen hat, sind sie ihm für immer verpflichtet, unterstehen seinem Willen, und das unterscheidet sie fortan von allen Menschen ihrer Umgebung.

Anthropologen haben in den letzten Jahrzehnten viele erstaunliche Selbstaussagen von Schamanen gesammelt. Der Schamanismus trägt auf der ganzen Erde verwandte Züge. Er ist nicht erblich. Jeder Schamane erlebt seine eigene Einweihung, auch wenn er manchmal bei Älteren Rat und Belehrung sucht. Er fühlt sich dann berufen, als Heiler, Seher, Ratgeber, Priester, Richter und Politiker seinem Stamm oder Volk zu dienen.

Was über Mose und die Propheten bekannt ist, legt die Vermutung nahe, daß Jahwe der „Schutzgeist" des Mose, des Elia und anderer gewesen ist.

Selbstverständlich hat es Schamanismus auch sonst im Orient gegeben, so zum Beispiel den Seher Bileam: „So spricht Bileam, der Sohn Beors, so spricht der Mann, des Auge aufgeschlossen ist, so spricht, der göttliches Reden vernimmt, der Gesichte des Allmächtigen schaut, hingesunken und enthüllten Auges" (4. Mose 24,3 f.). Bei der Auseinandersetzung des Mose mit den Zauberern am Hofe des Pharao handelte es sich offensichtlich um einen Schamanenwettstreit. Ähnlich bei der Auseinandersetzung Elias mit den Baalspriestern auf dem Karmel. Wessen „Schutzgeist" hat mehr Kraft, mehr Feuer? „Der Gott, der mit Feuer antwortet, ist der wahre Gott" (1. Könige 18,24), ruft Elia ihnen zu. Und dann „fiel das Feuer des Herrn herab und verzehrte das Brandopfer und den Holzstoß, die Steine und den Erdboden, auch das Wasser im Graben um den Altar leckte es auf" (1. Könige 18,38). Das ist nicht einmal ein unglaubliches Wunder, Schamanen vermögen dergleichen. Als König Ahasja Soldaten ausschickt, um Elia zu zwingen, zu ihm zu kommen, einen Hauptmann mit fünfzig Leuten, ruft der Prophet: „Wenn ich ein

Gottesmann bin, so falle Feuer vom Himmel und verzehre dich und deine Fünfzig!" (2. Könige 1,10). So geschah es, zweimal hintereinander.

Schließlich fuhr Elia im feurigen Wagen zum Himmel, und für Elisa, dem es gegeben war, das zu sehen, war dies Ereignis zugleich so etwas wie seine Einweihung, seine Initiation (2. Könige 2,9ff.).

Der griechische Mythos sagt, Prometheus habe den Göttern das Feuer gestohlen, um es den Menschen zu bringen. Jahwe kommt selbst als Feuer, ob die Menschen es wollen oder nicht. „Der Engel des Herrn erschien ihm in einer Feuerflamme, die aus dem Dornbusch hervorschlug. Und als er hinsah, siehe, da brannte der Busch im Feuer, aber der Busch ward nicht verzehrt" (2. Mose 3,2). „Der Berg Sinai aber war ganz in Rauch gehüllt, weil der Herr im Feuer auf ihn herabgefahren war. Und der Rauch stieg von ihm auf wie von einem Schmelzofen, und der ganze Berg erbebte stark" (2. Mose 19,18). „Und um die Zeit der Morgenwache schaute der Herr in der Feuer- und Wolkensäule auf das Heer der Ägypter und verwirrte ihr Heer" (2. Mose 14,24). „Das Licht Israels wird zum Feuer werden, und sein Heiliger zur Flamme, die wird zünden und Dornen und Disteln an einem Tag verzehren" (Jesaja 10,17).

Liest man von diesen Taten Jahwes und seiner Propheten, wie Mose über Ägypten schreckliche Plagen bringt, Elia über Israel Trockenheit, kommen einem diese Männer mitleidslos-unmenschlich vor. Zumindest sind sie heilig-gefährlich. Ähnliches gilt vom Gebot des heiligen Krieges, nach dem von einer eroberten Stadt nichts übrigbleiben darf, weder ist Beutemachen erlaubt, noch dürfen Frauen und Kinder geschont werden. „Unser Gott ist ein verzehrendes Feuer." Der Schrecken, der von Jahwe ausgeht, seine brennende Eifersucht sind vielfach bezeugt. Er will am Sinai seinen Geist nicht mehr nur auf einzelne legen, sondern auf ein ganzes Volk: „Ihr sollt mir ein Königreich von Priestern werden und ein heiliges Volk" (2. Mose 19,6). Jeder Israelit ein Schamane, so könnte man übersetzen. Zumindest die siebzig Ältesten werden nach der Überlieferung vom Geist Jahwes erfaßt, von seiner „ruah". Das bedeutet eine Verpflichtung auf Gebote, wie sie eigentlich nur Ausnahmemenschen gelten. Denn wer mit Heiligem jemals in Berührung gekommen ist, für den gelten andere Pflichten als für den Durchschnittsmenschen. Er kann viel tiefer fallen. Schamanen von heute berichten, daß die Übertretung auch nur eines Rituals, das der Schutzgeist ihnen auferlegte, zum Verlust seiner Kraft führt. Und sie zu verlieren, das zeigt die Geschichte Sauls, ist schrecklicher als sie nie gespürt zu haben.

Erst mit dem Königtum Davids scheint Jahwe patriarchal zu werden. David wird weder aus kultischen Gründen zum König, noch ist er ein Charismatiker; er ist ein moderner Herrscher insofern, als er sein Reich durch Eroberung gewann. Der Thronbesteigungspsalm Israels zeugt von geradezu imperialistischem Geist:

„Warum toben die Völker und sinnen die Nationen vergebliche Dinge? Könige der Erde stehen auf und Fürsten ratschlagen miteinander wider den Herrn und seinen Gesalbten: Laßt uns zerreißen ihre Bande und von uns werfen ihre Fesseln. Der im Himmel thronet, lacht, der Herr spottet ihrer. Alsdann redet er sie an in seinem Zorn, und in seinem Grimme schreckt er sie: Habe doch ich meinen König eingesetzt auf Zion, meinem heiligen Berge! Kundtun will ich den Beschluß des Herrn: er sprach zu mir: Mein Sohn bist du, ich habe dich heute gezeugt. Heische von mir, so gebe ich dir Völker zum Erbe, die Enden der Erde zum Eigentum. Du magst sie zerschlagen mit eisernem Stabe, magst sie zerschmeißen wie Töpfergeschirr. Nun denn, ihr Könige, werdet weise, laßt euch warnen, ihr Richter auf Erden! Dienet dem Herrn mit Furcht, und mit Zittern küsset seine Füße, daß er nicht zürne und euer Weg ins Verderben führe, denn leicht könnte sein Zorn entbrennen. Wohl allen, die ihm vertrauen" (Psalm 2).

Jerusalem wurde zum zentralen Kultort, Hofpropheten redeten den Königen nach dem Munde, und andere Seher wurden zu einsamen Rufern in der Wüste, schalten vergeblich auf den Verfall des Jahweglaubens. Die Kritik der Propheten an Kult und

Königtum, so befreiend sie bis in die Gegenwart klingt, hat jedoch auch immer unheimliche Klänge. So ruft zum Beispiel Amos, der ein Schafzüchter in Tekoa war und den Jahwe weggerufen hatte von seinem friedlichen Beruf, Israel zu: „Ich habe euch den Regen versagt, drei Monate schon vor der Ernte. Ich habe euch mit Kornbrand und Vergilben geschlagen, eure Gärten und Weinberge habe ich verwüstet, und eure Feigenbäume und Ölbäume hat die Heuschrecke gefressen: dennoch seid ihr nicht umgekehrt zu mir, spricht der Herr. Ich habe die Pest wider euch losgelassen wie gegen Ägypten, ich habe eure Jünglinge mit dem Schwert getötet und eure Rosse weggeführt, und den Gestank eures Lagers habe ich aufsteigen lassen in eure Nase: dennoch seid ihr nicht umgekehrt zu mir, spricht der Herr. Ich habe eine Zerstörung unter euch angerichtet, wie Gott einst Sodom und Gomorrah zerstört hat, so daß ihr waret wie ein Scheit, das man aus dem Feuer herausreißt, dennoch seid ihr nicht umgekehrt zu mir, spricht der Herr" (Amos 4,6 ff.).

Naturkatastrophen, Krankheiten, Verderben werden umgedeutet zu Strafen, die Jahwe verhängt, um sein Volk zur Umkehr zu bewegen. Doch sind es nicht nur Naturkatastrophen, es sind auch politische, die als Strafgericht Jahwes gedeutet werden: ob die Assyrer kommen, ob Babylon siegt, ob die Perser schließlich das babylonische Reich niederzwingen — im Munde der Propheten geschieht dies alles um Israels willen, um es zu strafen oder zu retten. Selbst der versöhnende Deuterojesaja sagt: „Ich, der Herr, bin dein Gott, ich, der Heilige Israels, dein Retter. Ich gebe Ägypten als Lösegeld für dich, Äthiopien und Saba an deiner Statt. Dieweil du teuer bist in meinen Augen, wertgeachtet, und ich dich liebhabe, gebe ich Länder für dich hin und Völker für dein Leben" (Jesaja 43,3 ff.). Was ist das für ein Denken, was für ein Geist, der die Geschichte der ganzen Welt um Israel kreisen läßt, um die Erwählten Jahwes? Der das Geschehen in Natur und Politik abhängig macht vom ethischen Wohlverhalten oder Nichtwohlverhalten Israels? Psychologen kennen das Phänomen des Beziehungswahns, in dem ein Mensch alles Geschehen um ihn her als gegen ihn gerichtete Bosheit oder als auf ihn bezogenes Heilsorakel versteht. Ein solcher Beziehungswahn scheint hier vorzuliegen, vornehmer ausgedrückt zumindest ein radikaler Anthropozentrismus. „Sonne stehe still zu Gibeon und Mond im Tal zu Ajalon!" befiehlt Josua, als es ihm für eine bevorstehende Schlacht so paßte – und so geschah es, behauptet das Josuabuch (Josua 10,12 ff.). Ohne Überzeichnung läßt sich sagen, daß das Alte Testament und mit ihm die jüdisch-christliche Tradition bis in die Gegenwart anthropozentrisch ist. Fragt man, wozu diese Radikalität, kommt die Antwort: Damit der Mensch Sohn Gottes werde, allein von seinem Geist geleitet. Man könnte sagen: damit er Schamane werde. Um dies zu erreichen, darf Israel keinen anderen Göttern dienen, muß sich rein halten von ihnen und ihren Kulten.

Auf der Suche nach einem Vergleich könnte man an das Genie denken. Genius ist das lateinische Wort für Schutzgeist, für schöpferische Phantasie und Zeugungskraft. Genies auf dem Gebiet der Kunst etwa gehorchen anderen Gesetzen als der normale Mensch. Auch bei ihnen dreht sich sozusagen die ganze Welt um ihr Werk. Ein Komponist zum Beispiel ist seiner Musik in einer Weise verpflichtet, daß er, verglichen mit anderen, asketisch lebt. Zum Genie gehört, gemessen an normalen Maßstäben, eine gehörige Portion Wahnsinn. Ein Genie ist entweder ein Heiliger oder ein Satan, nur ein Genie kann wirklich sündigen, der normale Mensch hat nur seine Schwächen. Ein Genie aber steht in Kontakt mit Kräften, mit einer Wirklichkeit, in der absolute Gesetze gelten, die Himmel oder Hölle bedeuten. Für den außenstehenden Beobachter ist kaum erkennbar, mit welchen Mächten ein Genie umgeht, mit welchen es kämpft oder welchen es unterliegt. – Dies wäre, strenggenommen, das Menschenbild, das Jahwe will. Wir nennen es Freiheit. Eine Freiheit von allem Irdischen, die zugleich strenger gebunden ist als irgend etwas an den Willen des Geistes, der erwählt und befiehlt.

Die Theologie sagt es mit anderen Worten: Sie spricht vom Ich und seinem Gott, von dem Menschen, der berufen ist und antworten, sich ver-antworten soll vor seinem Gott.

Mit dem „Ich" ist ein Stichwort gefallen, das den Schlüssel

zum Verständnis des Alten Testaments liefert: Die dramatische Geschichte Israels mit seinem Gott ist eines der wichtigsten Dokumente für die Entwicklung des menschlichen Ich, wie wir es heute vor Augen haben. Erforscher der Bewußtseinsentwicklung datieren die Herausbildung des Ich in die Zeit des zweiten und ersten Jahrtausends vor Christus. In der Epoche davor, die man die matriarchale nennen könnte, gab es noch nicht so etwas wie ein individuelles Ich. Nur einige wenige, eben die Schamanen, können als Prototypen dafür gelten. Die meisten Menschen waren Teile einer Sippe, deren Repräsentanten eine Priesterin war und der König, den sie erwählte. Mit der Herausbildung eines individuellen Ich ereignete sich etwas noch nie Dagewesenes, eine Transformation, deren Ergebnis die Moderne ist. Ebenso wie diese Herausbildung des Ego als größte Errungenschaft der Menschheit verstanden werden kann, wurde sie auch mit einem hohen Preis bezahlt: Mit dem Ich kamen Aggression und Arroganz, eine geradezu rachsüchtige Vernichtung und Unterdrückung des Gewesenen[9].

Das Feuer Jahwes kann als Symbol verstanden werden für jene Energie, die aus dem Unbewußten das Ich herausschleuderte, das von da an alles andere sich zu unterwerfen anschickte. Die Gefährdung des kaum geborenen Ich, die Neigung, zurückzusinken in die Geborgenheit der Sippe und der alten Kulte, kann an den eifernden Reden der Propheten abgelesen werden. Religiös gesehen, war mit dem Ich, das Jahwe wollte, vielleicht etwas anderes gemeint, als schließlich entstand. Historisch gesehen, setzte sich mit der Ichentwicklung auch das Patriarchat durch, die Inbesitznahme und Unterdrückung des Leibes, des Weiblichen, der Natur und deren rücksichtslose Ausbeutung für die Zwecke des Ego. Selbst Jahwe wurde „patriarchal": Er übernahm und beanspruchte Kräfte und Eigenschaften, die zuvor weiblichen Gottheiten zugeschrieben worden waren. Die unversöhnliche Feindschaft zwischen Juden und Heiden, die Forderung an Israel, sich rein zu halten von den Unreinen, alle diese Gebote können geistesgeschichtlich verstanden werden als Schutzwälle, die um das Ich gebaut wurden.

Dabei ist zu beachten, daß schon in alttestamentlicher Zeit andere, versöhnende und integrierende Tendenzen wirksam geworden sind. Trotzdem ist nicht zu übersehen, daß die Kluft, die in der alttestamentlichen Epoche aufgerissen worden ist, erst durch Jesus, den Christus, überwunden wurde – wenn auch die Verwirklichung dessen, was Jesus gebracht hat, bis heute aussteht. Jesus hat vorgelebt, daß das Ich nicht Selbstzweck ist, sondern zum Instrument der Integration werden soll.

Jedes Gottesbild ist ein Menschenbild

Ihr Natterngezücht, wer hat euch unterwiesen, daß ihr dem künftigen Zorn entrinnen werdet? Bringet darum Frucht, die der Buße gemäß ist, und meinet nicht, bei euch selber sagen zu können: Wir haben Abraham zum Vater. Denn ich sage euch: Gott vermag dem Abraham aus diesen Steinen Kinder zu erwecken. Schon ist die Axt den Bäumen an die Wurzel gelegt. Jeder Baum nun, der nicht gute Frucht bringt, wird umgehauen und ins Feuer geworfen. *Ich* taufe euch mit Wasser zur Buße, der aber nach mir kommt, ist stärker als ich, und ich bin nicht würdig, ihm die Schuhe zu tragen. *Er* wird euch mit heiligem Geist und mit Feuer taufen" (Matthäus 3,7-11).

Johannes des Täufers Rede atmet den Zorngeist alttestamentlicher Propheten. Sein Gott ist ein eifersüchtiger, rächender und strafender Gott wie Jahwe. Stärker noch als er, so erwartet Johannes, wird der sein, der nach ihm kommt, er wird mit Feuer statt mit Wasser taufen.

Doch wenn Mattäus zwei Kapitel später erzählt, wie Jesus mit dem Volk sprach, klingt es unerwartet anders:

„Selig sind die geistlich Armen, denn ihrer ist das Reich der Himmel.

Selig sind die Trauernden, denn sie werden getröstet werden.

Selig sind die Sanftmütigen, denn sie werden das Land besitzen.

Selig sind, die hungern und dürsten nach Gerechtigkeit, denn sie werden gesättigt werden.

Selig sind die Barmherzigen...

Selig sind, die reines Herzens sind...

Selig sind die Friedfertigen..." (Matthäus 5,3ff.).

Seine Worte klingen weder nach Wasser- noch nach Feuer-taufe, eher nach einer Liebestaufe. Es wundert nicht, daß der Täufer Jesus später fragen läßt: „Bist du, der da kommen soll, oder sollen wir auf einen anderen warten?" Er hatte einen erwar-tet, der mit Feuer tauft, aber Jesus verstand seine Sendung ganz anders. Sein Umgang mit den Menschen läßt darauf schließen, daß er auch ein anderes Gottesbild hatte als Johannes.

Immer wieder ist gerätselt worden über die „verborgenen Jahre" Jesu. Was tat er, wo hielt er sich auf, bevor er mit etwa achtundzwanzig Jahren in Galiläa zu predigen und zu heilen begann? Am wahrscheinlichsten ist wohl, daß er sich viel länger in der Wüste am Jordan in der Nähe Johannes des Täufers aufgehalten hat, als die Evangelisten vermuten lassen. Dafür spricht seine hohe Wertschätzung für den Täufer: „Unter denen, die von Frauen geboren sind, ist kein Größerer aufgetreten als Johannes der Täufer" (Matthäus 11,11). Dafür spricht auch, daß Jesus über alle schamanischen Fähigkeiten verfügte, die man Mose und Elia zugeschrieben hat und die von anderen Schama-nen bekannt sind, Fähigkeiten, denen er später gleichwohl keinen besonderen Rang beimaß, so selbstverständlich sie für ihn waren. Da sind einmal seine Heilerfähigkeiten, die vielen modernen Exegeten eher peinlich sind. Doch haben vor und nach Jesus viele Männer und Frauen über ähnliche Begabungen verfügt. Schamanen gelten als immun gegen Gift und gefährliche Tiere. Jesus sagt zu den Jüngern, die er aussendet: „Siehe, ich habe euch die Macht gegeben, auf Schlangen und Skorpione zu treten, und Macht über alle Gewalt des Feindes" (Lukas 10,19). Bei der Himmelfahrt noch sagt er: „An Zeichen aber werden folgende die Gläubiggewordenen begleiten: In meinem Namen werden sie Dämonen austreiben, in neuen Zungen werden sie reden; Schlangen werden sie aufheben, und wenn sie etwas Tödliches getrunken haben, wird es ihnen nicht schaden; Kranken werden sie die Hände auflegen, und sie werden genesen" (Markus 16,17ff.). Die Apostelgeschichte erzählt von Petrus und Paulus, daß auch ihnen diese Fähigkeiten zu Gebote standen. Jesus hatte demnach seine schamanischen Fähigkeiten auf die Jünger übertragen, etwas, was sonst als undenkbar gilt. Dennoch relativierte Jesus diese Gaben: „Doch nicht darüber freut euch, daß die Geister euch untertan sind, freuet euch vielmehr darüber, daß eure Namen in den Himmeln aufgeschrieben sind" (Lukas 10,20). Aus diesen Worten kann eigene Erfahrung bei Jesus sprechen: In seinen „verborgenen Jahren" verließ er Nazareth, zog in die Wüste, erfuhr dort seine „Feuertaufe", eine schamanische Initiation, die ihn zum Heiler machte, war äußerlich womöglich Johannes ähnlich, der als ein Asket geschildert wird. Und die Erwartung der Nähe des Reiches Gottes teilte er mit Johannes und dessen Schülern.

Jesus unterzog sich der Johannes-Taufe, aber sie wurde für ihn zu einer Taufe ganz anderer Art, als Johannes meinte. Er überschritt eine Schwelle, über die ihm niemand folgen konnte. Aus gutem Grund wird am Epiphaniasfest der Taufe Jesu im Jordan gedacht: Als er aus dem Wasser stieg, war er neugeboren zum Christus, verließ die Einsamkeit der Wüste und wurde öffentlich wirksam.

Wer wissen will, wie und wo Jesus vorher war, kann ihn im Bilde Johannes des Täufers am ehesten finden. Er ist Symbol eines Lebensabschnittes, den Jesus hinter sich gelassen hat, nachdem er in der Taufe eine neue Gottes- und damit auch Selbsterfahrung gemacht hat. Von Buddha wird Ähnliches erzählt: Nach langen Jahren asketischer Übungen wurde er erleuchtet und gab von da an die selbstquälerische religiöse Suche auf.

Wen meinte Jesus mit dem Vater in den Himmeln?

Das männliche Gottesbild, die patriarchalen Vorstellungen, die sich für viele mit einem Vatergott im Himmel verbinden, machen heute insbesondere Frauen Mühe, fordern zum Protest heraus, aber auch vielen anderen Menschen scheinen sie unangemessen. Die jüdische Dichterin Mascha Kaléko hat es ebenso bitter wie einfach ausgedrückt:

„Ich möcht' in dieser Zeit nicht Herrgott sein
und wohlbehütet hinter Wolken thronen,
allwissend, daß die Bomben und Kanonen
den roten Tod auf meine Söhne spei'n.

Wie peinlich, einem Engelschor zu lauschen,
da Kinderweinen durch die Lande gellt.
Weißgott, ich möcht um alles in der Welt
nicht mit dem Lieben Gott im Himmel tauschen."[10]

Jesus ist dagegen von aller Kritik ausgenommen. Er ist Beispiel und Vorbild dafür, daß mit Gott jemand anders gemeint sein muß als ein fern über Wolken thronender, abwesender oder zürnender Herr. Und doch war es nach dem Zeugnis der Evangelien Jesus, der die Anrede „Vater im Himmel" zur gültigen Bezeichnung für Gott gewählt hat. Ein liebender Vater, gewiß, doch klingen für heutige Ohren darin männliche Überlegenheit und patriarchaler Mißbrauch mit.

Die Versuchungsgeschichte gibt Hinweise darauf, welchen Gott Jesus auf jeden Fall nicht meinte, nämlich den, der sich mit seinen Erwählten und dem Volk Israel auf eine Weise verbündet hatte, daß er damit zum Feind aller anderen Völker wurde. Zweimal redet der Teufel ihn daraufhin an, daß er als Sohn Gottes nun Taten zu tun vermöge, die über menschliches Maß hinausgehen: Brot aus Steinen zu machen und sich von der Zinne des Tempels zu stürzen. Bei dieser zweiten Szene beruft sich der Teufel auf Psalm 91: „Er wird seinen Engeln deinethalben Befehl geben, und sie werden dich auf Händen tragen, damit du deinen Fuß nicht etwa an einen Stein stoßest" (Matthäus 4,6). Es lohnt, sich den ganzen Psalm 91 zu vergegenwärtigen:

„Wer unter dem Schirm des Höchsten wohnt,
wer im Schatten des Allmächtigen ruht,
der darf sprechen zum Herrn: Meine Zuflucht,
meine Burg, mein Gott, auf den ich vertraue.
Denn er errettet dich aus der Schlinge des Jägers,
vor Tod und Verderben.
Mit seinem Fittig bedeckt er dich,
und unter seinen Flügeln findest du Zuflucht.
Du brauchst dich nicht zu fürchten
vor dem Schrecken der Nacht,
noch vor dem Pfeil, der am Tage fliegt,
nicht vor der Pest, die im Finstern einhergeht,
noch vor der Seuche, die am Mittag verwüstet.
Ob tausend fallen an deiner Seite,
zehntausend zu deiner Rechten,
dich trifft es nicht;
Schild und Schutz ist seine Treue.
Ja, mit eignen Augen darfst du es schauen,
darfst sehen, wie den Gottlosen vergolten wird.
Denn *deine* Zuversicht ist der Herr,
den Höchsten hast du zu deiner Zuflucht gemacht.
Es wird dir kein Unheil begegnen,
keine Plage zu deinem Zelte sich nahen.
Denn seine Engel wird er für dich entbieten,
dich zu behüten auf all deinen Wegen.
Sie werden dich auf den Händen tragen,
daß dein Fuß nicht an einen Stein stoße.
Über Löwen und Ottern wirst du schreiten,
wirst zertreten Leuen und Drachen.

‚Weil er an mir hängt, will ich ihn erretten,
will ihn schützen, denn er kennt meinen Namen.
Er ruft mich an, und ich erhöre ihn;
ich bin bei ihm in der Not,
reiße ihn heraus und bringe ihn zu Ehren.
Ich sättige ihn mit langem Leben
und lasse ihn schauen mein Heil.'"

So vertraut ist auch unter Christen diese Sprache, daß das Ungeheuerliche an diesem Gottesbild vielen nicht auffällt. Mit diesem Psalm kann jeder das „Gott mit uns" auf sein Koppelschloß schreiben und in den Krieg ziehen. „Ob tausend fallen an deiner Seite..." Wer diesen Gott zum Schutzherrn hat, kann buchstäblich alles wagen und sich immer im Recht fühlen. Jesus hat aber gerade diese Versuchung abgewiesen: „Du sollst den Herrn, deinen Gott, nicht versuchen" (Matthäus 4,7).

Psychologisch gesehen, ist der Gott des Psalms 91 und vieler anderer Schutz- und Trutzworte die Sicherungsgarantie für das Ich des Menschen, eine Projektion seiner Angst und seiner Schuldgefühle, die nach einem schützenden Vater suchen. Die Ichentwicklung und die Herausbildung eines solchen väterlichen Schutzherrn gingen Hand in Hand[11]. Der Bund Jahwes mit seinem Volk kann als religiöser Ausdruck dafür verstanden werden. Daß ein solcher Schutzherr auch Gehorsam fordert und Strafen verhängt, wenn es ihm beliebt, gehört zu diesem Gottesbild dazu wie die andere Seite der Medaille. Bis heute hat dieses Gottvaterbild noch immer eine erschreckende Wirksamkeit in christlichen Kirchen. Das sogenannte Theodizee-Problem, die Frage, ob es einen Gott geben kann, wenn so viele Unrecht leiden, die auf ihn vertrauten, und überhaupt so viel Entsetzliches auf der Erde möglich ist, hat hier seine Wurzel.

Es ist wichtig, zu erkennen, daß das Ich des Menschen und dieses Gottesbild in engem Zusammenhang miteinander stehen. Taufe aber und Initiation meinen ein symbolisches Sterben des Ich und damit auch die Aufgabe dieses Gottesbildes. Was an dessen Stelle tritt, ist schwer zu beschreiben. Die christliche

Theologie hat viel zuwenig Mühe darauf verwendet, dies zu verdeutlichen. Aus östlichen Traditionen, die Jesus als einen Erleuchteten verstehen, müssen die Umschreibungen übernommen werden. Erleuchtung meint dann: Die Grenzen zwischen Ich und Welt, zwischen Ich und Gott schwinden. Es gibt keine Gegensätze und keine Widersprüche mehr. Der Mensch ist nicht mehr gefangen in seinem kleinen Ich, sondern eins mit dem Göttlichen, eins mit dem Kosmos, eins mit der Menschheit. Er bedarf keiner Sicherungen mehr, weil er keine Feinde hat.

Wenn Jesus dann vom Vater in den Himmeln spricht, meint er nicht das Super-Ego, sondern den transzendenten Gott, der seine Sonne scheinen läßt über Gerechte und Ungerechte[12].

Jesus, heißt es, sprach mit Vollmacht. Er wurde zornig auf Pharisäer und Schriftgelehrte, die an dem alten Gottesbild festhielten und damit einfache Menschen terrorisierten. Aber es besteht ein großer Unterschied zwischen dem Reden mit Vollmacht und der Rede eines „Gottesmannes", der sein Ich aufbläht und behauptet, im Namen Gottes zu sprechen. Erst in der Gegenwart ist man sensibel geworden für den „Egotrip" selbsternannter Gurus.

In der Versuchungsgeschichte hat sich Jesus von dem Gottesbild, das im Alten Testament vorherrscht, endgültig getrennt, es wurde für ihn zur Versuchung, die er abwies, zum Teufel des Egotrips. Er wollte kein Elia sein, der Feuer vom Himmel regnen ließ, wenn man ihn verhaften wollte. Dabei ist wichtig, zu bedenken, daß Jesus sehr wahrscheinlich über die Gaben eines Elia, eines Elisa, eines Mose verfügte. Er stillte den Sturm und ging über das Wasser, wenn er es für gut hielt, er speiste Tausende mit wenigen Broten. Nicht Unvermögen, sondern bewußter Verzicht stehen hinter seiner Weigerung, aus Steinen Brot zu machten, weil ihn hungerte. Nicht als ein Schamane, der Jahwes Feuer verbreitet, sondern als ein Schamane, der ein neues Gottesbild erkannt hat, ein neues Zeitalter und ein neues Menschenbild darstellt, ging Jesus aus Taufe und Versuchung hervor. Aber es scheint, als sei er der übrigen Menschheit um mehr als zwei Jahrtausende voraus gewesen.

Die Umkreisung der Mitte

Der Weg

Nachdem Johannes gefangengesetzt worden war, kam Jesus nach Galiläa, predigte das Evangelium Gottes und sprach: Die Zeit ist erfüllt und das Reich Gottes ist genaht; tut Buße und glaubet an das Evangelium" (Markus 1,14f.).

Der Weg, die lange Wanderung beginnt und damit die Verkündigung Jesu. Er sagt fast wörtlich dasselbe wie Johannes der Täufer, aber im Unterschied zu ihm mit einer Vollmacht, die seine Hörer in Erstaunen versetzt. Woher hatte Jesus diese Vollmacht und was hat ihn bewogen, seine Botschaft den Armen von Galiläa zu bringen? – Fragen, die nicht mehr gestellt werden, weil die Antwort schon feststeht: weil er der von Gott Gesandte war, der aus Liebe zu ihnen Mensch wurde, um die Welt zu erlösen. Nichts von dieser Antwort ist historisch-wissenschaftlich zu belegen, sie ist eine Antwort des Glaubens. Die dialektische Theologie spricht in diesem Zusammenhang von der Offenbarung, die „senkrecht von oben", gleichsam plötzlich und unvermittelt um das Jahr 30 n.Chr. in die römische Provinz Palästina einbrach. Theoretisch könnte man sich viele solche Offenbarungen vorstellen, die nur von niemandem gehört und aufgenommen würden, wenn der Mensch wirklich notorisch blind und taub wäre für das Wort Gottes. Jesus wurde nach den Evangelien nur von wenigen aufgenommen, angehört und sagte: „Sie haben Ohren und hören nicht, sie haben Augen und sehen nicht." Aber er hielt auch das Gegenteil für möglich.

In der Gegenwart scheint es so, als treffe die Botschaft vom Reich Gottes bei den meisten auf taube Ohren. Die Kirchen leeren sich, der moderne Mensch des Industriezeitalters lebt säkular, religionslos. Aber die Sprechzimmer der Psychotherapeuten sind überlaufen von Menschen, die am Sinn des Lebens zweifeln. Und C.G. Jung hat herausgefunden, daß spätestens von der Mitte des Lebens an die religiöse Frage für jeden einzelnen zur wichtigsten wird. Er hat entdeckt, daß die religiösen, mythischen Bilder, die man einer vergangenen, abergläubischen Epoche zurechnete, in den Träumen lebendig und wirksam sind und den Träumer so lange in Unruhe, Angst, aber auch Erregung versetzen, bis er sich ihnen zuwendet und eine Verbindung herstellt zwischen seinem Bewußtsein und dem Unbewußten. Jung entdeckte, daß es die Seele ist, die vom modernen Bewußtsein ins Unbewußte abgedrängte, die für Offenbarung empfänglich ist. Der Mensch früherer Epochen bedurfte keiner Psychoanalyse, um an eine seelisch-religiöse Welt Anschluß zu bekommen. In den Riten, den Sakramenten seiner Religion erlebte er, was er zum Bestehen seines Lebens von Geburt bis Tod brauchte. Die Rationalisierung, die Aufklärung hat zwar von abergläubischen Vorstellungen und falschen Autoritäten befreit, aber die Seele ins Unbewußte abgedrängt, von woher sie den modernen Menschen krank macht. Denn Wissenschaft und Gesellschaft können dem einzelnen keinen Sinn vermitteln. Aber es ist nicht so, daß der Mensch von sich aus unfähig und unwillig wäre, religiöse Erfahrungen zu machen, im Gegenteil: Die Menschheits- und Religionsgeschichte zeugt von einer immensen religiösen und symbolbildenden Kraft und geradezu von einem Bedürfnis nach sakramentalen Zeremonien. Es ist die Moderne, die davon eine Ausnahme zu bilden scheint, obwohl viele Ideologien und Fanatismus von einem fehlgeleiteten religiösen Bedürfnis zeugen und die erschreckend zunehmenden Suchterkrankungen und Neurosen von einem gefährlichen Mangel an sinnstiftenden Ritualen.

Was immer die Ursachen für all diese Erscheinungen sein mögen, eine Ursache dafür ist die Entfremdung der Kirche und Theologie selbst von mythischen Bildern. Der Mythos wird abgelehnt, Theologie ist zur rationalen Wissenschaft, Verkündigung zu einem oft hilflosen Gestammel von Predigern geworden, die das Geheimnis des Christus selbst nicht mehr verstehen und nun auf ihre subjektiven Einsichten oder auf Angelerntes angewiesen sind. Die Menschen verlassen die Kirchen, weil sie in ihnen nicht finden, was sie suchen. Psychotherapeuten meinen, die Zeit einer alle Menschen eines Kulturkreises verbindenden Religion sei vergangen. Sie empfehlen den Ratsuchenden, ihren eigenen Mythos, ihre individuelle Religion zu entdecken. Ein schwerer Weg, aber für viele heute der einzig gangbare. Womöglich ist dies Zeichen einer Epoche des Übergangs, von der niemand wissen kann, wohin sie führt. Wenn die Psychotherapeuten aber den einzelnen einen solchen Weg empfehlen, dann in dem Vertrauen, daß in der Seele jedes Menschen die Fähigkeit und Bereitschaft dazu da sind, Offenbarung zu empfangen. Wenn sie sich ereignet, wird sie immer als ein Einbruch aus der Transzendenz erlebt, als etwas nicht Selbstgemachtes, Selbsterdachtes. Aber es gibt kein anderes Organ als die Seele, das so etwas wie Offenbarung empfangen kann. Der Verstand, das Bewußtsein können deuten, in Sprache zu fassen versuchen, was geschehen ist, aber sie sind dem, was die Offenbarung selbst ist, nachgeordnet. Eine christliche Lehre und Verkündigung, die sich ausschließlich an den Verstand, an die Einsichtsfähigkeit der Hörer wendet, spricht ins Leere. Jesus hat in Bildern und in Zeichen zu den Menschen gesprochen, er hielt weder theologische noch philosophische Vorträge, sondern er wandte sich an die Seelen der Menschen.

Und die Verkündigung der frühen Kirche hat, ob bewußt oder unbewußt, insbesondere durch die Evangelien die Seelen der Hörer erreicht, indem sie die Vorstellungen und Bilder, die in ihnen bereitlagen, mit dem verknüpfte, was sie von Jesus erzählten. Die Grundmuster dieser Vorstellungen, die in der Seele der Menschheit wirken, nannte C.G. Jung Archetypen. Einer der mächtigsten unter ihnen ist der Archetyp des Heros, der Held. Alle Mythen, die meisten Märchen erzählen von ihm, sei er männlichen oder weiblichen Geschlechts. Was von Jesus erzählt wird, korrespondiert in so auffallender Weise mit dem Heros und seinem Weg, daß man dieses Zusammentreffen geradezu als das größte Wunder, als Offenbarung bezeichnen kann. Denn dieses Zusammentreffen, dieses Angebot an die Seele, wiederzuerkennen, was sie längst geahnt und geträumt hat und was in Riten

gefeiert wurde, hat dazu geführt, daß Jesus als der Christus
erkannt und geglaubt wurde.

Dabei ist es wichtig, sich vor Augen zu halten, daß der Heros
alles andere ist als ein Mann nach patriarchalem Muster. „Der
Held kann überhaupt kein Held sein, wo es kein sogenanntes
Mutterrecht gibt, denn im Vaterrecht reduzieren sich alle Kämpfe
auf die Erhaltung des bereits Erworbenen oder Ererbten", meint
Ernest Bornemann[1]. Ziel des Helden dagegen ist es letztlich
immer, durch die Abenteuer und Kämpfe, die er besteht, die
Liebe einer Frau zu gewinnen und durch sie König zu werden, ein
Reich zu gründen.

Joseph Campbell hat in seinem Buch „Der Heros in tausend
Gestalten" versucht, einen Überblick über die Vielfalt der Erzählungen vom Heros zu geben und so etwas wie einen Monomy-
thos herauszukristallisieren. Die Ausgangssituation für die Erwartung eines Heros ist die, die bei der Geburtsgeschichte
geschildert wurde: die Herrschaft eines tyrannischen Königs wie
Enmekar, Kansa oder Herodes. „Die Figur des tyrannischen Un-
geheuers ist allen Mythen, Sagen, Legenden und selbst Angst-
träumen der Welt geläufig, und im wesentlichen sind ihre Züge
überall gleich. Der Tyrann ist der, der den Reichtum des Ganzen
an sich rafft, der gierig auf Besitzrechte aus ist. Die Verheerung,
die er anrichtet, ist nach den Mythen und Märchen absolut,
soweit seine Macht reicht, handle es sich nun nur um seinen
Haushalt, seine eigene gequälte Seele, die Menschen, die er
durch Berührung, Freundschaft oder Hilfeleistung ansteckt, oder
um eine ganze Kultur. Das aufgeblähte Ich des Tyrannen ist Fluch
für ihn selbst und die Welt, gleichgültig, wie seine Geschäfte zu
gedeihen scheinen. Terrorisiert von sich selber, gehetzt von
Furcht und immer auf dem Sprung, erwartete Aggressionen
zurückzuschlagen, die doch nur Spiegelungen seiner eigenen
unkontrollierten Raffsucht sind, ist der Gigant in seiner usurpier-
ten Unabhängigkeit Sendbote des Weltunheils auch dann, wenn
er glaubt, nur humane Absichten zu verfolgen. Wohin er auch
seine Hand ausstreckt, schreit es auf, wenn nicht in den Straßen,
dann, schlimmer noch, in jedem Herzen, und der Schrei gilt dem

erlösenden Helden, dem Träger des leuchtenden Schwertes, dessen Hieb, Berührung oder Existenz das Land befreien soll. Der Held ist der, der in Freiheit sich beugt. Worunter aber, das ist gerade die Rätselfrage, die wir heute uns zu stellen haben und die gelöst zu haben zu jeder Zeit und überall eben die historische Tat und das eigentliche Verdienst des Helden war."[2]

Die Herkunft des Helden ist die aus einer wunderbaren Geburt. „Nur Geburt kann den Tod überwinden — Geburt freilich nicht nochmals der alten Verhältnisse, sondern eines Neuen."[3] Die Merkmale einer solchen Geburt erzählen die Mythen vom göttlichen Kind. Der Weg des Helden hebt sich insofern von dem aller anderen Menschen ab, als er irgendwann einer Berufung folgt, einer inneren Stimme, die ihn hinwegführt aus Familie und Heimat. Ähnlich den Schamanen bricht er auf ins Ungewisse, in die Wildnis[4]. Denn das Unbewußte, das von normalen Menschen Ungekannte ist es, wo er das Heil finden muß. Mythen und Sagen erzählen, daß der Berufene sich manchmal weigert, seiner inneren Stimme zu folgen. Er fürchtet sich vor der großen Aufgabe und vor dem Unbekannten. Sein Ich hält fest an dem, was seine Umwelt als vernünftig ansieht[5]. Dieses Motiv unterstreicht, wie heroisch bereits der Aufbruch aus der vertrauten Umgebung ist, die ihn an ihre Normen und Gewohnheiten bindet.

Sobald der Held sich aber bereitwillig auf den Weg macht, begegnet ihm bald eine Helfergestalt, die ihm für seinen Weg Rat und schützende Amulette mitgibt. Erstes Ziel seiner Suchwanderung ist ein Ort, der als Schwelle zwischen dem Diesseits und dem Jenseits, zwischen Leben und Tod gilt. Fast in allen Mythen ist Symbol dieser magischen Schwelle ein Walfisch, der Mutterschoß. Der Held muß zum zweiten Mal geboren werden. Er besiegt die Hüter der Schwelle nicht, schlägt sie nicht nieder, sondern wird vom Unbekannten verschlungen und scheint tot zu sein[6]. Jenseits der Schwelle beginnt sein eigentliches Abenteuer. Er befindet sich nun in einem Jenseitsland, in einem magischen Bereich. Mythen, Märchen und eine ganze Weltliteratur schildern die phantastischen Landschaften und Gestalten dieses

Reichs[7]. Hier hat der Held seine großen Abenteuer und Prüfungen zu bestehen.

Was im Mythos als Tod, als Verschlungenwerden beschrieben wird, kann psychologisch als Introversion bezeichnet werden, wie sie in der Meditation geübt wird, die auch ein Sterben des Ich genannt wird. „In der Tat hat freiwillige Introversion stets schon zum schöpferischen Genius gehört und kann von ihm als Mittel bewußt verwandt werden... Wenn die Persönlichkeit aber sich den Kräften gewachsen zeigt, die ihr begegnen, und es versteht, sie in sich hineinzunehmen, wird sie erfahren, wie Übersicht und Selbstbewußtsein in fast übermenschlichem Maße wachsen."[8]

Der Heros besteht die Prüfungen der Jenseitswelt, gewinnt ihre Schätze und kehrt als ein Gewandelter, als ein Wiedergeborener in die Welt zurück. Nun erst ist er wahrhaft der Held, der Heil wirken kann. Er hat sich hinausgekämpft über die persönliche oder historische Begrenztheit des Menschen und Zugang bekommen zum allgemein Gültigen, zum Ewigen und Universalen. Aus dieser Quelle lebt und schöpft er nun, und es ist seine heilige Aufgabe, was er erfahren und gewonnen hat, denen zu bringen, die auf Rettung warten, sie zu befreien aus der Macht des Tyrannen[9]. Er ist die Gegengestalt zum aufgeblähten Ich des Herrschers, der aus eigener Macht regiert. Der Held dagegen bringt den Menschen Nahrung aus der ewigen Quelle, ohne welche die Gemeinschaft nicht leben kann.

Die Rückkehr zu den Menschen aber stellt den Helden vor eine moralische Entscheidung und eine schier unlösbare Aufgabe[10]. „Häufiges Versagen zeugt für die Schwierigkeiten, die bei diesem Überschreiten der Schwelle zum Leben zurück auftreten. Das erste Problem des heimkehrenden Heros ist es, daß er nach der Erfahrung der seelenstillenden Vision der Erfüllung die vergänglichen Freuden und Leiden, Banalitäten und lärmvollen Gemeinheiten des Lebens wieder als real betrachten soll. Warum wieder in eine solche Welt eintreten? Warum versuchen, den von ihren Leidenschaften besessenen Menschen die Erfahrung jenseitiger Seligkeit plausibel oder gar interessant zu machen? Wie Träume, die in der Nacht bedeutungsschwer waren, bei Tages-

licht einfach läppisch erscheinen, so können Dichter und Propheten merken, daß sie vor einem Gremium von nüchternen Augen
den Narren spielen. Der einfachste Ausweg ist, die ganze
Gruppe dem Teufel zu überlassen, sich wieder in die himmlische
Felsenwohnung zurückzuziehen, die Tür zuzuwerfen und zu
verschließen."[11]

Diese Darstellung Campbells von der Schwierigkeit der Rückkehr läßt ahnen, wie wenig selbstverständlich es ist, wenn es von
Jesus heißt, er sei aus der Wüste am Jordan nach Galiläa zurückgekehrt und habe angefangen zu lehren. Sie wirft auch ein Licht
auf den Kampf, den Jesus in der Wüste mit dem Satan geführt
haben mag. Denn Jesus stand nach der Taufe an eben diesem
entscheidenden Punkt. Er hatte den Suchweg angetreten, in der
Wüste am Jordan die Schwelle überschritten und in der Taufe die
Initiation erfahren. Mit der Inthronisation zum König war die
Berufung verbunden, das Heil den Menschen zu bringen. Nun
ging es darum, diesen Auftrag zu verwirklichen.

„Wie aber kann man wieder das lehren, was tausend- und aber
tausendmal richtig gelehrt und falsch gelernt wurde in all den
Jahrtausenden der närrischen Gescheitheit der Menschen? Das
eben ist die ... Aufgabe des Helden. Wie soll er die Laute der
Finsternis, die die Sprache verschlagen, zurückübersetzen in die
Sprache des Alltags? Wie auf einer zweidimensionalen Fläche
eine dreidimensionale Form, in einem dreidimensionalen Bild
eine vieldimensionale Bedeutung darstellen? Wie in die von Ja
und Nein bestimmten Begriffe Offenbarungen übersetzen, die
jeden Versuch, die Gegensatzpaare zu definieren, zur Nichtigkeit
verdammen? Wie den Menschen, die sich auf die Evidenz der
Sinneswahrnehmungen versteifen, die Botschaft der allzeugen-
den Leere übermitteln?"[12]

Die Fragen, die Campbell aufwirft, beschreiben die Aufgabe,
vor der Jesus gestanden haben mag, und lehren erneutes Staunen
über die Sprache, die er gefunden hat, die nach zwei Jahrtausenden der Deutung und Mißdeutung immer noch so frisch und
unmittelbar anspricht, daß sie Menschen, die Ohren haben zu
hören, erreicht. Seine Worte und sein Tun, mit denen er die Nähe

des Reiches Gottes ankündigte, atmen hochzeitlichen Geist. Wie anders wäre das zu erklären, als daß er selbst von einer mystischen Hochzeit herkam, die er in der Taufe erfahren hatte? Als Erleuchteter hat er die Einheit alles Seienden erfahren, des Göttlichen und des Menschlichen, des Geistigen und des Irdischen, die Vereinigung aller Gegensätze, deren Symbol die heilige Hochzeit ist. Jesus gab seiner Erkenntnis den Namen Reich Gottes. Eine Umschreibung dafür in der jüdischen Mystik lautet „Schechina", Gegenwart Gottes. Im ersten vor- und nachchristlichen Jahrhundert wurde die Vorstellung von der Schechina in der Mystik lebendig, und im Lauf der Jahrhunderte wurde sie in der Kabbala immer mehr zu einer weiblichen göttlichen Gestalt.

Symbol für die Einheit alles Seienden war in außerjüdischen esoterischen Traditionen die Große Göttin, die nicht verwechselt werden darf mit der Muttergöttin der alten Kulte. Wie es einen Vatergott als patriarchalen Götzen gibt, so auch eine Form des Mutterkults mit blutigen Opfern. Dieser Kult ist etwas anderes als die Suche derer, die in der Meditation zum Beispiel ihr Ich opfern, um Erkenntnis zu erlangen vom Urgrund allen Seins. Die Mythen haben viele Symbole dafür gefunden: Baum des Lebens, Mittelpunkt der Welt, unerschöpfliche Quelle, die aus der Ewigkeit ins Diesseits strömt, alles Leben ernährt, Seele und Geist belebt und erneuert. Solche Symbole und Namen vertragen keine begriffliche Definition, sie weisen über sich hinaus in eine transzendente Sphäre, die dennoch ins Diesseits hineinwirkt. Das Reich Gottes, die Schechina, die Große Göttin, die Sophia – sie erscheinen in Gestalt einer Taube, die auf Jesus herabkam, als er aus dem Wasser stieg, und verdichteten sich in einem neuen Namen: Christus. In ihm ist Gott gegenwärtig, in ihm ist das Reich Gottes nahe gekommen.

Campbell schreibt mit Recht: „Das eigentliche Problem der Theologie ist, ihr Symbol so durchsichtig zu halten, daß es nicht eben das Licht verdeckt, das es offenbaren soll."[13] Dasselbe Problem war auch C.G. Jung aufgefallen: Der abendländische Mensch hat im Christentum eine Schatzkammer all dessen, was er sucht, findet aber keinen Zugang dazu[14]. Da er den Zugang

aber braucht, um leben zu können, muß er selbst den Heldenweg
antreten, muß selbst die Schwelle überschreiten, die Prüfungen
bestehen, die heilige Hochzeit feiern, um dann die erworbenen
Schätze in seinen Alltag zu integrieren. Diesen Weg nennt
C.G. Jung Selbstverwirklichung oder Individuation. Früher
brauchte der Mensch diesen gefährlichen Gang nicht selbst zu
gehen. Früher konnte er als Teilnehmer an den Riten und Sakramenten, an den Feiern und Festen, die den Weg des Helden
darstellten, teilhaben an den Schätzen, die der Heros für alle
gebracht hatte, und wurde so geheilt und gerettet. Es waren
immer nur die großen einzelnen, die den Heldenweg selbst
gehen mußten, weil sie dazu berufen waren, Neues, noch Un-
geahntes für das Kollektiv zu erwerben. Dieser Weg hat seinen
Preis: Das Ich kann ihn nicht gehen, ohne zu sterben, ohne
zerrissen zu werden, wie es die Schamanen von ihrer Initiation
berichten. Und er gehört nach dieser Initiation nicht mehr sich
selbst, sondern wird unwiderruflich zum Diener des Geheimnisses, des Geistes, des Gottes, dem es begegnet ist. Das Ich wird in
den Augen der Welt zu einem Narren, dem Spott und dem
Mißverstehen ausgeliefert.

Jesus hat nicht jeden in seine Nachfolge berufen. Nicht einmal
seinen Jüngern aber hat er den Weg zugemutet, den er selbst
gehen mußte. Als er gebeten wurde zu bestimmen, daß die
beiden Söhne des Zebedäus zu seiner Rechten und zu seiner
Linken sitzen sollten in seinem Reiche, gab er zur Antwort: „Ihr
wißt nicht, um was ihr bittet. Könnt ihr den Kelch trinken, den ich
trinken werde?" (Matthäus 20,22).

Die meisten, denen er begegnete, hat er geheilt und sie in
Frieden gehen lassen: „Dein Glaube hat dir geholfen." Sie hatten
teilgenommen an dem Sakrament, das er selbst war und austeilte,
das genügte. Vor allem hat Jesus immer wieder Mahlgemein-
schaft gehalten, damit feierte er den Anbruch des Reiches. Und er
hat dieses Reich immer wieder verglichen mit einem Gastmahl:

„Ein Mann veranstaltete ein großes Gastmahl und lud viele
ein. Und zur Stunde des Gastmahls sandte er seinen Boten, den
Eingeladenen zu sagen: Kommt, denn es ist nun bereit! Und alle

fingen an, sich zu entschuldigen. Der erste sagte zu ihm: Ich habe einen Acker gekauft und muß hinausgehen und ihn besichtigen, ich bitte dich, entschuldige mich. Ein anderer sagte: Ich habe fünf Joch Ochsen gekauft und muß nun gehen, sie zu prüfen, ich bitte dich, sieh mich als entschuldigt an. Noch ein anderer sagte: Ich habe eine Frau genommen und kann nicht kommen. Und der Bote kam und berichtete dies seinem Herrn. Da wurde der Hausherr zornig und sagte zu ihm: Geh schnell hinaus auf die Straßen und Gassen der Stadt und führe die Armen und Krüppel und Lahmen hier herein! Und der Bote kam wieder und sagte: Herr, es ist geschehen, wie du befohlen hast, und es ist noch Raum vorhanden. Da sagte der Herr: Geh hinaus auf die Landstraßen und an die Zäune und nötige sie hereinzukommen, damit mein Haus voll werde! Denn ich sage euch: Keiner jener Männer, die eingeladen waren, wird mein Gastmahl zu kosten bekommen" (Lukas 14,16-24).

Nicht mehr ist nötig, als die Einladung anzunehmen, um beim Gastmahl Anteil zu bekommen an dem Heil, das der Heros auszuteilen hat, an Gnade und Energie, tiefenpsychologisch ausgedrückt: am Selbst. Denn beim Mahl wird der einzelne eins mit dem mystischen Leib des Heros. Eine Öffnung des Empfangenden ist dazu nötig, die der Öffnung des Bewußtseins gegenüber dem Unbewußten, der des Ich gegenüber dem Selbst entspricht. Das Alltagsbewußtsein, das allein auf seine nächstliegenden Interessen gerichtete Ich schlägt eine solche Einladung oft aus. Alltägliche Pflichten erscheinen vordringlicher. Dieses Ich weiß nicht, daß es, gemessen am Reich Gottes, dessen Bürger der Mensch werden soll, arm, verkrüppelt und lahm ist.

Wer sich heute seiner Armut bewußt wird, sucht aber selten die Kirche auf, sondern eher den Therapeuten, der ihm zum Beistand, zum Führer auf einem Weg „in den Bauch des Walfischs" wird. Der Grund dafür liegt auch in einer theologischen Anthropologie, die den Menschen zwar von vornherein arm, verkrüppelt und lahm nennt, ihm aber die Einladung nicht mehr vermitteln kann. Die sakramentale Kraft der Kirche ist erloschen. Was sich früher im Kult ereignete, ist heute ins Unbewußte abgesunken. Nur in Träumen und auf dem Weg der Meditation hat der heutige Mensch noch Zugang zu den heiligen Bildern und Riten. Diese Tatsache läßt sich zur Zeit wohl kaum rückgängig machen, trotz der vielen und zum Teil bewundernswerten Versuche, Liturgie und Sakrament neu zu beleben. Um so notwendiger ist es, daß die Theologie die psychische Erfahrung ernst nimmt, die Kirche steht sonst mit leeren Herzen und Händen da. Eine Theologie, die nach wie vor den Weg nach innen als „Selbsterlösung" verdammt, verriegelt dem Heiligen Geist die Tür.

Das Mandala als Symbol des Selbst

Das Selbst, wie C. G. Jung es verstand, ist eine Bezeichnung für den Arche-Typos Gottes im Menschen, für seine Ebenbildlichkeit. „Gott schuf den Menschen nach seinem Bild, nach dem Bilde Gottes schuf er ihn, als Mann und Frau schuf er sie" (1. Mose 1,27).

Dieses vollkommene Ebenbild ist in Christus erschienen. In mittelalterlichen Darstellungen erscheint Christus in einer Mandorla, der Ausdruck leitet sich von Mandel her, als Mittelpunkt des Seins und des wahren Menschen zugleich. Auch in Träumen und Visionen erscheint manchmal eine solche Mandorla mit dem Haupt des Christus. Das Mandala ist ein östliches Meditationsbild. Die symmetrische Figur stellt einen Tempelgrundriß dar, der das Allerheiligste in seiner Mitte umschließt, und ist zugleich Symbol für eine zentrierende, ordnende und heilende Kraft im Menschen. Aus religionsgeschichtlichen Vergleichen und den Träumen vieler Patienten, auch eigenen, schloß C. G. Jung, daß das Mandala ein gültiges Symbol für das Selbst sei.

Das Selbst ist nicht etwa „das Innere" eines Menschen, in das er sich versenken kann oder auch nicht, sondern meint den universalen Menschen, der in kosmische Dimensionen hineinreicht, außerräumlich und außerzeitlich ist. Das Ich ist sozusagen das Handlungsorgan des Selbst in Zeit und Raum. Auf das Bild des Mandala bezogen, stellt man sich das Ich am besten als einen kleinen Punkt an der Peripherie vor. Das Ich ist immer in der Gefahr, sich an Raum und Zeit zu verlieren, und das heißt seine Bedingtheit durch das Selbst zu vergessen. In religiöser Sprache heißt dies: sündigen, nämlich von Gott abgespalten sein. Gotteserfahrung und Selbsterfahrung sind psychologisch nicht zu unterscheiden. Selbsterfahrung meint, daß das Ich Zugang bekommt zu seinem Zentrum, dem Selbst, und sich von da an als

Organ des Selbst begreift. In religiöser Sprache bedeutet das: in Gott sein oder in Christus sein und entsprechend in Zeit und Raum für Gott, für Christus zeugen. Oder, mit noch anderen Worten: Das Ich findet den Sinn seines Lebens und die Quelle seiner Kraft.

Eine christliche Anthropologie, die den Menschen auf sein Sündersein festlegt, legt ihn auf sein Ich fest und damit auf seine Gebundenheit an Zeit und Raum, sie spricht ihm jede Fähigkeit ab, Auge und Ohr zu öffnen für die Botschaften, die das Selbst dem Ich über Träume, Ahnungen, Visionen und Auditionen sendet, um es an seine Bestimmung zu erinnern.

Das Selbst ist nicht tot und passiv, vielmehr ist es treffender, sich das Mandala als eine pulsierende Energiespirale vorzustellen. Der Weg des Helden als Symbol des Ich gleicht in diesem Bild einer Umkreisung des Mandala oder einer Meditation der Mitte. Auf diesem Weg öffnet sich das Selbst dem Helden-Ich und stellt ihm seine unaussprechlichen Gaben und Kräfte zur Verfügung. Die vier Kardinalpunkte des Mandala, das vereinfachend als Kreis dargestellt wird, sind zugleich so etwas wie Pforten oder Quellorte, an denen das Zentrum dem Helden begegnet und ihm seine Energien zuströmen läßt. Diese Energien sind mächtiger, als ein Ich fassen kann. Darum bezeichnen diese Kardinalpunkte zugleich eine Herausforderung und Prüfung für den Helden, die jeweils einen verschiedenen Charakter haben. Die vier Kardinalpunkte sind auch nicht einfach austauschbar, sie bezeichnen die entscheidenden Stationen des Heldenweges.

Das im folgenden beschriebene Modell ist nur eines unter vielen, die für den Heldenweg schon entworfen worden sind. Keines dieser Modelle kann und will Anspruch auf Allgemeingültigkeit erheben. Jedes ist nur ein Versuch, ein vielschichtiges Geschehen anschaulich zu machen. Campbell hat vier entscheidende Stationen beschrieben, sie aber etwas anders angeordnet, als es im folgenden geschieht: 1. die wunderbare Geburt, 2. die Initiation, 3. die Rückkehr in die Welt, 4. die Eröffnung des Lebensstromes. In meinem Modell, das sich an der Sonnenbahn

Der Heros-Weg – Die Umkreisung der Mitte

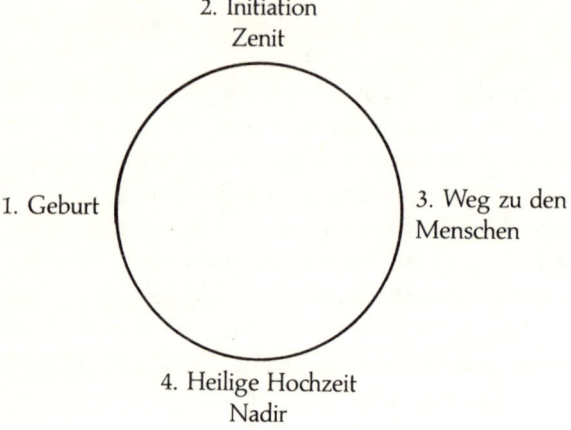

orientiert, bezeichnet Kardinalpunkt 1 den Sonnenaufgang und die wunderbare Geburt, der Zenit den Mittag und die Initiation, der Kardinalpunkt 3 Abend, Sonnenuntergang und die Rückkehr zur Welt, der Nadir die Mitternacht und die Eröffnung des Lebensstromes.

An dem, was die Bibel von Mose, Jakob und Josef erzählt, kann dieses Muster deutlich werden.

Am Kardinalpunkt 1 spielt die Geschichte der Geburt des Mose, seiner Bedrohung und Aussetzung in einem Kästchen im Nil und seiner Auffindung durch die Pharaonentochter. Der Mythos vom göttlichen Kind, das bedroht ist, aber doch nicht umkommt, ist hier erkennbar.

Die Geschichte erzählt dann, wie Mose als Erwachsener das Elend seiner Volksgenossen sieht, einen ägyptischen Aufseher tötet und fliehen muß. Er kommt in die Wüste zu Jethro, wird dessen Schwiegersohn und hütet bei ihm die Herden. Dies entspricht dem ersten Kreisviertel, dem Suchweg des Helden, der seine Heimat verläßt und in die Wildnis geht.

Mit der Berufung des Mose am brennenden Dornbusch tritt der obere Kardinalpunkt, der Zenit, in die Geschichte ein. Es ist die Initiation des Mose, in der sein altes Ich stirbt und ein neues geboren wird, das des Helden. Die Initiation ist verbunden mit dem Auftrag, sein Volk zu befreien.

Der Weg des Mose nach Ägypten zurück ist der zweite Kreisabschnitt. Mose fürchtet sich vor diesem Auftrag, aber Gott stattet ihn mit besonderen Fähigkeiten aus, wie einen Schamanen.

Kardinalpunkt 3 markiert die Phase des Kampfes Moses gegen Pharao und zugleich seiner Mühe, das versklavte Volk davon zu überzeugen, daß das Heil, die Befreiung ihm bestimmt ist und es die Einladung dazu annehmen soll.

Der Weg der Flüchtenden in die Wüste bis zum Schilfmeer entspricht dem dritten Kreisviertel.

Das Schilfmeer und die Rettung aus ihm ist der tiefste Punkt, der Nadir, der Mitternachtspunkt des Kreises. Hier entscheidet sich, ob das Versprechen, das am brennenden Dornbusch gegeben wurde, eingelöst wird. Für die verfolgenden Ägypter wird das Schilfmeer zum Grab, für das Volk aber bedeutet das Meer Ort der Wiedergeburt aus dem Abgrund. Das Wasser wird durch Mose zum Lebensstrom, das Volk wird zur Braut Gottes.

Frei zieht das Volk, das vorher ein Haufen von Sklaven war, nun mit Verheißung und Zukunft ans rettende Ufer, und Mirjam singt ein Jubellied. – Der Weg im vierten Viertel des Kreises mündet ein in den Kardinalpunkt 1. Das ganze Volk ist nun so etwas wie ein göttliches Kind, gerettet und am Leben trotz Verfolgung und Todesbedrohung.

Was für Mose der Weg in die Wüste und zu Jethro war, wird für das Volk nun zur Wüstenwanderung, bis es am Gottesberg ankommt, dem Sinai, wo es selbst eine Initiation, eine Berufung erfährt: Es soll allein Gott als seinen Herrn anerkennen, sein Eigentum sein und im Bund mit ihm sein Zeuge in der Welt (Zenit).

Um dieser Berufung zu entsprechen, muß das Volk nun in das verheißene Land ziehen, um es zu einem Land zu machen, in dem

Gott angebetet wird. Das Volk fürchtet sich vor diesem Weg, wie sich Mose vor dem Weg nach Ägypten fürchtete, es meinte, daß Kanaan von Riesen bewohnt sei, denen es nicht gewachsen ist. Aber wie Mose besondere Fähigkeiten verliehen wurden, um seine Aufgabe zu erfüllen, gibt Gott dem Volk Mose, Aaron und schließlich Josua, die ihm helfen (Punkt 3).

Der Kampf um Jericho, das an der Grenze zwischen Wüste und Kulturland liegt, wird schließlich zum entscheidenden Ereignis, so entscheidend wie der Durchzug durch das Schilfmeer. Ebenso wie das Meer ein weibliches Element ist, gefährliches Chaos und Schoß der Wiedergeburt in einem, so auch Jericho (Nadir).

Jericho war eine Mondstadt, sein Tempel ein Kultort der großen Muttergöttin. Die „Hure" Rahab, welche die Kundschafter verbirgt und rettet, war wohl in Wirklichkeit eine Priesterin dieser Göttin, die ihnen den Sieg vorhersagte. Die Schnur, die sie schließlich an ihr Haus hängt, gleicht einer Nabelschnur. Der Posaunenumzug, durch den Israel Jerichos Mauern zum Einsturz bringt, ähnelt einem alten Mondritual. Und die Legende erzählt, Josua habe Rahab zur Frau genommen. Was am Sinai verheißen wurde, verwirklicht sich in Jericho durch eine Wiedergeburt und heilige Hochzeit in einem. Der Weg ins verheißene Land ist frei.

Doch das Land mit seinen Fruchtbarkeitskulten wird dem Volk zum Verhängnis. Es versäumt die weitere Umkreisung der Mitte, den Suchweg zu einer neuen Initiation, sein Weg bleibt gleichsam im ersten Kreisviertel stecken. Immer neu beruft Jahwe Propheten, die das Volk mitreißen sollen, aber ihnen gelingt es auf Dauer nicht, die Heiligkeit des Volkes zu erhalten. Das Exil entspricht endlich einer unfreiwilligen Gefangenschaft des Volkes im Nadir. Aber die Propheten verheißen: Ein Rest wird umkehren. Das Exil wird zur Geburt eines neuen Volkes, das erneut ins Land heimkehrt.

Die beschriebene Kreisbahn, die sich gleich einer Spirale fortsetzt, läßt sich auch an Jakobs Weg wiedererkennen. Seine Geburt ist von ungewöhnlichen Umständen begleitet: Eine Verheißung an die nach langer Unfruchtbarkeit schwangere Rebekka sagt ihr, daß „der ältere dem jüngeren dienen" wird, und Rebekka erkennt daher in Jakob den Sohn der Verheißung und wirkt daran mit, daß er das Erstgeburtsrecht, den Segen, bekommt. Sein Vater Isaak wird dazu überlistet.

Aber gerade dieser Segen treibt Jakob in die Flucht, weil Esau ihn bedroht. Die Flucht wandelt sich für ihn zu einem Suchweg in die Wüste, zu seiner heldenhaften Bestimmung.

In Bethel erfährt er durch den Traum von der Himmelsleiter seine Berufung (2). Er muß sie einlösen, indem er zu Laban zieht, um durch den Dienst bei ihm Lea und Rahel, die großen Ahnfrauen der Stämme Israels, zu gewinnen (3). Laban gibt seine Töchter nicht so leicht frei, ebensowenig wie der Pharao das Volk. Jakob muß lange um sie dienen, und zuletzt muß er eine List anwenden, um Laban, zusammen mit seinen Frauen und Herden, zu entkommen. Sein Kampf am Jabbok entspricht dem Nadir, hat ähnlichen Charakter wie das Schilfmeer und Jericho. Was ihm in Bethel verheißen wurde, muß nun am Jabbok eingelöst werden. Ein nächtlicher Kampf mit einem Flußdämon endet mit dem Segen, den der Engel ihm gibt. Jakob kommt als ein Wiedergeborener aus dem Jabbok heraus. Als er hinkend ans Ufer tritt, geht ihm die Sonne auf, und er trägt nun einen neuen Namen: Israel.

Als drittes und letztes Beispiel sei die Geschichte Josefs erwähnt. Auch seine Geburt trägt das Zeichen des Außergewöhnlichen. Er ist das erste Kind der von Jakob geliebten Rahel, die aber viele Jahre lang unfruchtbar war. Vater Jakob zeichnet ihn aus durch seine Liebe und einen besonders schönen Mantel. Josef ahnt seine Berufung durch die Träume, die ihn als König seiner Brüder charakterisieren (2). Indem die Brüder ihn in den Brunnen werfen und als Sklaven verkaufen, wird er, mehr ahnungslos, auf den Weg gesandt, seine Berufung einzulösen. Doch Josef ist ein Held, der sich seiner Berufung nur träumerisch bewußt ist, er hat keine wirkliche Initiation erfahren. Darum ist er der List der Frau Potiphars nicht gewachsen, sondern wird ins Gefängnis geworfen, den Nadirpunkt. Das Gefängnis aber wird zur Geburtsstätte seines Aufstiegs. Da er die Träume des Bäckers und des Mund-

schenks deuten kann, wird er vor den Pharao geführt: wiedergeboren zu einem neuen Menschen mit neuer Identität. Der Pharao
selbst wird sein Führer und Helfer, macht ihn zu seinem Stellvertreter und Ratgeber, erhöht ihn, er steht am Zenit. Und als die
Brüder Josefs nach Ägypten kommen, weil zu Hause Hungersnot herrscht, kann Josef ihnen nun, Punkt 3, tatsächlich mit der
Autorität eines Retters begegnen, und sie beugen sich vor ihm,
wie die Träume es Josef verheißen hatten. Er führt seine Familie
aus dem Hungerland in das Land der Rettung, so wie Mose es
einst umgekehrt tun wird.

Es wird vermutet, daß die Josefsgeschichte ihren Ursprung in
einem ägyptischen Märchen hat. Auch die alttestamentlichen
Schriftsteller konnten gar nicht anders, als in ihren Erzählungen
dem Muster des Archetyps vom Helden zu folgen.

Aus Ägypten stammt der Mythos vom Sonnengott Re, der
die Kreisbahn des Helden am Himmel vollbringt: Am Morgen
wird die Sonne aus dem Meer geboren wie ein Kind (1), steigt
auf zum Zenit und beginnt dann den Abstieg zum Horizont (3).
Die Nacht stellte man sich vor wie ein riesiges Meerungeheuer,
das den Sonnenhelden am Abend verschlingt. Seine Nachtmeerfahrt (Nadir) beginnt, dargestellt auch als Kampf gegen das
Ungeheuer, das ihn aber am Morgen wiedergebiert.

Was der Sonne nicht geschehen kann, kann aber dem menschlichen Helden widerfahren, er kann scheitern in einem der Ab-
schnitte des Kreises und die Umkreisung der Mitte verfehlen.
Wenn es ihm gleich zu Beginn nicht gelingt, sich aus der Um-
klammerung seiner Mutter, seiner Heimat, zu lösen, wenn er sich
nicht emanzipiert, bleibt er ein Sklave seiner Umwelt. Und wenn
er sich nach einer Initiationserfahrung (2) nicht entschließen
kann, die Rückkehr zur Welt anzutreten, seinen Auftrag auszuführen, löst sich sein Ich auf, er bleibt für die Mitwelt ein
Gestorbener oder ein Psychotiker. Schamane oder Held wird nur,
wer seine Jenseitserfahrung mit dem Diesseits zu verbinden
vermag. Wenn er den Weg in die Welt zwar antritt (3) und auch
mit dem Bösen kämpft, es ihm aber nicht gelingt, die Menschen
zu lieben, für die er gesandt ist, wird er vielleicht ein Asket, ein

Prophet, ein Moralist sein, aber kein Retter und Befreier. Denn nur Liebe kann den Lebensstrom eröffnen, der am Nadir verborgen ist.

Um diesen Punkt geht es beim Propheten Jona. Er hörte zwar den Ruf, aber er weigerte sich, nach Ninive zu gehen. Vom Walfisch dann doch verschlungen und wiedergeboren, ging er schließlich nach Ninive. Aber als Gott die Stadt rettete, zürnte Jona, daß seine Untergangsvorhersage nicht eingetroffen war. In der Jonageschichte ist Gott der Barmherzige, der auch die Heiden liebt und sie rettet. Jona verharrt in trotziger Verschlossenheit.

„Helden" aller Phasen des Scheiterns gibt es unter den Menschen genug. Schon am ersten Schritt, der Emanzipation von den gesellschaftlichen Verhältnissen, von dem, was „man" denkt, von der Bequemlichkeit des Dazugehörens, scheitern die meisten. Sie bleiben seelisch-geistige Kinder, bilden kein erwachsenes Ich aus, das die Einsamkeit auf sich nimmt und auf diese Weise überhaupt erst ein taugliches Organ wird, das vom Selbst als sein Diener in Zeit und Raum gebraucht werden könnte. Es gibt eine weitverbreitete christliche Anthropologie, die den Menschen in dieser Infantilität festhält, ihn Gehorsam gegenüber den geltenden Normen als rechten Weg lehrt und in Unmündigkeit hält. Dazu paßt das Bild eines lieben und gerechten Vaters im Himmel, der alles weiß und lenkt und gegen dessen Führung kein Aufbegehren möglich ist, er würde den Ungehorsamen bestrafen. Immer mehr Menschen aber werden inne, daß dieser Gott ein Tyrann ist, der alles Leben vergiftet, ein patriarchaler Götze, gegen den insbesondere Frauen heute aufbegehren. Psychotherapeuten können heute von vielen Beispielen berichten, was diese „Gottesvergiftung" in den Seelen der Menschen anrichtet, welche ekklesiogenen Neurosen sie hervorruft. Es gibt keinen anderen Weg, als sich von diesem Gott zu emanzipieren und von einer Kirche, die ihn verkündet. Dieser Weg, der zur Selbstverwirklichung führt, ist aber gerade nicht der des Unglaubens, sondern ein Weg, der zu einem neuen, gewandelten, erwachsenen Glauben führen kann, bei vielen nicht zu einem Glauben im herkömmlichen Sinn, sondern zu Erfahrung und „Wissen".

Es könnte aber sein, daß die Vorstellung von der Selbstverwirklichung auch wieder zu hoch greift. Reicht ein Menschenle-
ben, reichen die Anlagen eines einzelnen aus, den ganzen Kreis
zu vollenden? Nicht umsonst sind es Heroen, Heilandsgestalten,
Erleuchtete, von denen die Mythen berichten, sie hätten den
Kreis vollendet. C. G. Jung nannte darum das, was dem einzelnen
Menschen gelingen kann, Individuation. Er meinte damit, daß er
die Potentiale, die in ihm angelegt sind, so gut wie eben möglich
entfaltet und sich bewußtmacht, um ein vollständiger Mensch zu
werden. Von der Vollkommenheit eines Heroen wird er dann
immer noch weit entfernt sein, es wäre Größenwahn, ihm gleichen zu wollen. Was dem einzelnen zur Vollkommenheit fehlt,
macht ihn gerade zu einem Menschen, und die Einladung, am
großen Gastmahl Christi teilzunehmen, wird er um so lieber
annehmen, je mehr er sich bemüht hat, ein vollständiger Mensch
zu werden. Gerade dann wird er eine Ahnung bekommen haben
davon, daß er nach wie vor ein Lahmer, ein Krüppel, ein Armer
bleibt, irgendwo verloren auf der Peripherie des großen Kreises,
den das Mandala bildet.

Das Beispiel eignet sich zu einem Sinnbild des Menschenle-
bens und des Reiches Gottes zugleich: Menschen werden ausge-
streut an die Peripherie des großen Mandala, die ein Gleichnis für
das Diesseits ist, für Zeit und Raum. Das Reich Gottes aber
beginnt dann, wenn sie eingeladen, eingesammelt werden zur
Mitte. Die Propheten haben es vorausgeschaut: „Vom Osten will
ich deine Kinder heimführen und vom Westen her dich sammeln,
will zum Norden sprechen: gib her! und zum Süden: halte nicht
zurück! Bringe heim meine Söhne aus der Ferne und meine
Töchter von den Enden der Erde, alle, die meinen Namen tragen
und die ich zu meiner Ehre geschaffen und gebildet habe" (Jesaja
43,5 ff.). Bei Jeremia dasselbe Bild: „Siehe, ich führe heim aus dem
Lande des Nordens und sammle sie von den Enden der Erde,
auch die Blinden und Lahmen, die Schwangeren und Gebärenden
insgesamt, als große Gemeinde kehren sie hierher zurück. Höret
das Wort des Herrn, ihr Völker, und verkündet es an den fernen
Gestaden und sprecht: Der Israel zerstreut hat, er sammelt es
wieder und hütet es wie ein Hirt seine Herde" (Jeremia 31,8.10).

Das Selbst, von dem das Ich nur ein kleiner Teil ist, ist mit diesen Visionen aber nur annähernd beschrieben. Gott, Christus, das Reich Gottes — es sind religiöse Namen für das, was die Tiefenpsychologie mit diesem bescheidenen Ausdruck andeutet. Und doch wird kein Mensch ein vollständiger Mensch genannt werden können und wird seine Seele in Unruhe sein, bis sie einen, wenn auch noch so geringen Anteil am Selbst gefunden hat und ihre Wurzeln dahin ausstrecken kann, um sich von Gnade und Energie durchströmen zu lassen.

Jesus als Heros

Das „Leben" Jesu, wie die Evangelien es schildern, ist keine Biographie im üblichen Sinn, sondern folgt erstaunlich genau dem Muster des Heldenmythos: Es beginnt mit der wunderbaren Geburt, die ihn als göttliches Kind ausweist. Apokryphe Evangelien erzählen eine Reihe von Kindheitsgeschichten, die denen ähnlich sind, die Mythen von anderen göttlichen Kindern erzählen. Sie rühmen, ähnlich wie die Geschichte vom zwölfjährigen Jesus im Tempel, die erstaunliche Weisheit und schöpferische Kraft des Knaben. Die Evangelisten Markus und Johannes beginnen mit der Begegnung zwischen Johannes und Jesus und der Taufe, mit der Initiation. Auch sie setzen dabei voraus, daß Jesus in die Wüste hinausgegangen war. Er hatte Elternhaus und Heimat verlassen und sich auf die Suchwanderung begeben. Auf die Initiation folgt die Rückkehr Jesu zu den Menschen. Von da an wird das Wirken des Heros für die Welt sichtbar.

In der Theologie nennt man die zwei oder drei Jahre, in denen Jesus lehrte und heilte, die Zeit seiner öffentlichen Wirksamkeit. Diese Jahre sind gekennzeichnet durch ein doppeltes Motiv: durch die Weitergabe der Schätze, die der Heros bei seiner Initiation gewonnen hat, theologisch gesprochen: durch die Verkündigung des Reiches Gottes und die begleitenden Wunder und Zeichen, die liebende Zuwendung zu denen, die unter dem „Tyrannen" leiden; zweitens durch die Konfrontation und Auseinandersetzung mit dem „Tyrannen". Als „Tyrannen" begegnen Jesus die religiösen und politischen Machthaber seiner Zeit. Um seinem Wirken Nachdruck und Dauer zu verleihen, beruft er eine Schar von Jüngern und Jüngerinnen, die ihn begleitet und die er auch aussendet. Diese öffentliche Wirksamkeit mündet endlich ein in die „heilige Hochzeit", die Eröffnung des Lebensstromes, in die Bewahrheitung dessen, was mit der Initiation im voraus abgebildet war. Dieses Geschehen wird mit der Passion und Auferstehung dargestellt. Das Pfingstereignis endlich schildert, wie der Auferstandene den Jüngern seinen Geist überträgt, sie initiiert, damit sie von nun an seine Zeugen seien in Raum und Zeit. Denn ebenso wie, tiefenpsychologisch ausgedrückt, Jesus von Nazareth das Ich war, das zum Organ des Selbst, des Christus, in Raum und Zeit wurde, so sollen nun die Jünger dem erhöhten Christus dienen.

Über ein Jahrhundert kritisch-historische Forschung ist zu dem Ergebnis gekommen, daß die Evangelien keine eigentlich historischen Berichte sind, sondern Verkündigung des Auferstandenen, durch die hindurch man zwar das Historisch-Tatsächliche vermuten, aber nicht dingfest machen kann. Es ist der Mythos des Heroen, nach dem die Evangelien gestaltet worden sind, die Grammatik der Seele. Eine andere Sprache gibt es nicht, die ein Geschehen dieser Art formulieren könnte.

Der Christus-Hymnus im Philipperbrief beschreibt, von der Geburt abgesehen, den Herosweg: „Diese Gesinnung heget in euch, die auch in Christus Jesus war, der, als er in Gottes Gestalt war, es nicht für einen Raub hielt, wie Gott zu sein, sondern sich selbst entäußerte, indem er Knechtsgestalt annahm und den Menschen ähnlich wurde; und der Erscheinung nach wie ein Mensch erfunden, erniedrigte er sich selbst und wurde gehorsam bis zum Tode, ja bis zum Tode am Kreuz. Daher hat ihn auch Gott über die Maßen erhöht und ihm den Namen geschenkt, der über jeden Namen ist, damit in dem Namen Jesu sich beuge jedes Knie derer, die im Himmel und auf Erden und unter der Erde sind, zur Ehre Gottes, des Vaters" (Philipper 2,5 ff.).

Der „Präexistenz" des Christus bei Gott entspricht religionspsychologisch das nachweisbare Vorhandensein eines Heroen- oder Christusbildes in der menschlichen Seele, von dem Mythen und Märchen zeugen. Selbst das, was es bedeutet, es „als einen Raub" anzusehen, Gott gleich zu sein, ist in den Mythen vom Heroen vorgebildet, der bei seiner Initiation in der jenseitigen Welt tatsächlich Gott gleich wird, dessen Berufung es aber ist, zurückzukehren in die Welt, Knechtsgestalt anzunehmen, um den

Menschen das Heil zu offenbaren, ja zu bringen. Vom „Gehorsam bis in den Tod" und der Erhöhung wird im nächsten Kapitel
die Rede sein.

Alle Erzählungen der Evangelien vom Wirken Jesu sind Offenbarung und zugleich Verhüllung des Geheimnisses seines
kosmischen Königtums. Er hat Macht über böse Geister, über
Krankheit, Unreinheit und Tod sowie über die Elemente. Er
vergibt Sünden. Das bedeutet, er hat die Chaosmächte besiegt.
Er teilt seine Gaben aus, Gnade und Energie, und bringt so das
wahre, unzerstörte Leben. Er bestreitet die Autorität der „Tyrannen" und lehrt statt dessen die Wahrheit. Er teilt von seinem
Geist seinen Jüngern mit und befähigt sie, zu heilen und zu
lehren wie er. Er ist Prophet, König, Priester und Erlöser in einem.
Er ist es — und doch noch nicht. Zugleich ist er ein Mensch, der
heimatlos, verfolgt, verachtet und verspottet ist, der nicht verstanden und abgelehnt wird, der unter bestimmten historischen
und wirtschaftlichen Umständen von dem zeugt, was in Raum
und Zeit sich nur denjenigen aufschließt, die sich nicht allein an
das halten, was sie sehen und messen können, sondern deren
Seelenaugen und Seelenohren geöffnet sind und die darum seine
Einladung wahrnehmen können. Nur ihnen kann er seine Herrlichkeit mitteilen und offenbaren. Sie werden durch ihn göttliche
Kinder, wie er eines ist, die „nicht aus Blut noch aus Fleischeswil-
len noch aus Manneswillen, sondern aus Gott gezeugt sind"
(Johannes 1,12). Für die anderen bleibt er ein gefährlicher Narr.

Seine Aufgabe ist noch nicht vollendet, auf die Wanderzeit
durch Galiläa und die angrenzenden Gebiete folgt die wiederholte Ankündigung seines Leidens und Sterbens, und er bricht
auf nach Jerusalem. Jerusalem ist die „Tochter Zion", in der
Symbolsprache des Alten Testaments die Braut Gottes. Gerade
dort aber ist zugleich das Zentrum der religiösen Macht, der
Hohe Rat, und der politischen, der römische Prokurator. Die
Tochter Zion ist Gefangene dieser Tyrannen, sie gilt es zu
befreien. Die Befreiung insbesondere des Weiblichen aus der
Erniedrigung, der Frauen aus patriarchaler Unterdrückung ist
bereits während der öffentlichen Wirksamkeit Jesu ein auffallen-

des Merkmal seines Tuns. Er kommt nicht als ein dem Weiblichen Fremder, sondern als ein mit ihm Vertrauter in die Stadt, die von außen gesehen eine von Männern beherrschte Festung, von innen gesehen ein Symbol der Seele ist.

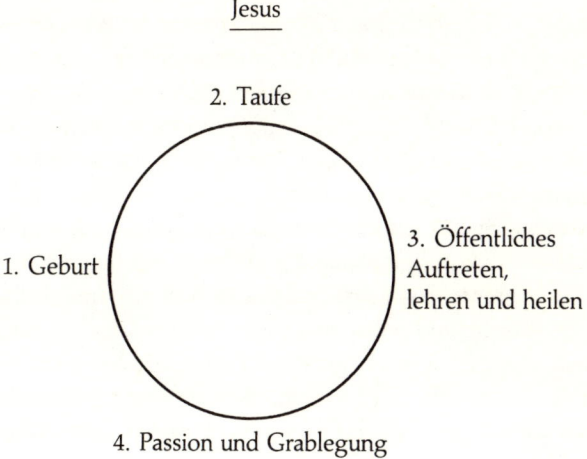

Jesus

2. Taufe

1. Geburt

3. Öffentliches
Auftreten,
lehren und heilen

4. Passion und Grablegung

Jesus und die Frauen

Der vorurteilsfreie Umgang Jesu mit den Frauen war, gemessen an den religiösen und sozialen Normen seiner Zeit, ungewöhnlich und geradezu schockierend. Er fällt auch dann besonders auf, wenn man Jesus mit anderen Religionsstiftern wie etwa Buddha und Zoroaster vergleicht. Die Letztgenannten wandten sich ausschließlich an Männer, schärften ihnen sogar asketische Distanz zu Frauen ein. Im Judentum der Zeit Jesu wurde eine Frau niemals wirklich religionsmündig, kultisch galt sie als unrein. Kontakt zwischen Männern und Frauen war nur innerhalb der Familien erlaubt, und selbst dort nach strengen Regeln. Mahlzeiten zum Beispiel wurden getrennt nach Geschlechtern eingenommen. In der Öffentlichkeit hatten Männer und Frauen einander aus dem Wege zu gehen, so wie es in orientalischen Ländern bis in die Gegenwart zu beobachten ist.

Zur Wanderkommune Jesu aber zählten neben den Männern auch Frauen. Einige von ihnen waren offenbar wohlhabend, denn es heißt, „daß sie mit ihrem Vermögen für sie sorgten" (Lukas 8,3). Eine von ihnen, Johanna, war die Frau eines Beamten des Herodes gewesen. Viele dieser Frauen folgten ihm aus Galiläa bis nach Jerusalem, harrten bei ihm aus unter dem Kreuz, geleiteten seinen Leichnam bis zum Grab und gingen am übernächsten Morgen, um ihn zu salben. Sie waren die ersten, denen der Auferstandene erschien. Einige dieser Frauen werden als von Jesus geheilte bezeichnet, geheilt von Krankheiten und von bösen Geistern. Es fällt auf, daß an keiner Stelle in den Evangelien von einer feindseligen Haltung der Frauen gegenüber Jesus berichtet wird. Seine Auseinandersetzungen hatte er mit Männern, nicht selten sogar um einer leidenden Frau willen, wie zum Beispiel, als er am Sabbat in der Synagoge eine Frau mit gekrümmtem Rücken heilte oder eine Ehebrecherin vor dem Tod durch Steinigung bewahrte. Ein besonders scharfer Vorwurf, der Jesus von seinen Gegnern gemacht wurde, war, daß er sogar mit Huren zusammen speiste. Zum Entsetzen seines pharisäischen Gastgebers Simon ließ er sich von einer sogar die Füße salben.

Eine blutflüssige Frau wird geheilt, indem sie nur sein Gewand berührt. Von einer heidnischen Frau, der Syrophönizierin, läßt er sich gegen sein anfängliches Sträuben dazu bewegen, ihre kranke Tochter zu heilen. Er offenbart sich Frauen wie der Samariterin am Brunnen oder Martha. Er nimmt die Salbung der Frau in Bethanien dankend an, „sie hat etwas Schönes an mir getan", während die Jünger sie schelten. Er läßt die Kinder zu sich kommen und segnet sie, während seine Jünger sie und ihre Mütter verscheuchen wollen.

Obwohl bereits bei den Evangelisten eine Tendenz erkennbar ist, die Bedeutung der Frauen, die sehr wahrscheinlich in der Urgemeinde groß war, zurückzudrängen, indem zum Beispiel nur die männlichen Jünger als die zwölf Apostel hervorgehoben werden, war das Verhalten Jesu gegenüber den Frauen offenbar zu bemerkenswert, als daß es verschwiegen werden konnte. In jüngster Zeit erst haben Frauen diesem auffallenden Verhalten Jesu die Aufmerksamkeit gewidmet, die ihm gebührt. Anders als die bisherige kirchliche Tradition hat Jesus Frauen weder diskriminiert noch verachtet noch gar sie aus seiner Offenbarung und der Gabe des Heiligen Geistes ausgeschlossen. Da alles, was von Jesus in den Evangelien berichtet wird, als Verkündigung des Auferstandenen aufzufassen ist, muß auch dies als Offenbarung des Christus anerkannt werden. Dieser Aspekt ist um so wichtiger, als er in der bisherigen Theologie nicht zur Geltung gekommen ist und die kirchliche Verkündigung, ausschließlich in der Hand von Männern in der bisherigen Kirchengeschichte, Frauen das Evangelium jahrhundertelang vorenthalten hat. Der Protest der feministischen Theologie gegen eine patriarchale, frauenverachtende Theologie und kirchliche Praxis ist Ausdruck dieses Mangels. C.G. Jung hat der Kirche bescheinigt, sie verstehe nichts von der menschlichen Seele:

„Mit den bisher angewendeten Mitteln ist es nicht gelungen,

die Seele bis zu dem Grad zu christianisieren, daß auch nur die elementarsten Forderungen der christlichen Ethik irgendeinen maßgeblichen Einfluß auf die hauptsächlichsten Belange des christlichen Europäers hätten. Die christliche Mission predigt zwar das Evangelium den armen, nackten Heiden; aber die inneren Heiden, die Europa bevölkern, haben vom Christentum noch nichts vernommen. Das Christentum muß notgedrungenerweise wieder von vorne beginnen, wenn es seiner hohen Erziehungsaufgabe genügen soll. Solange die Religion nur Glaube und äußere Form und die religiöse Funktion nicht eine Erfahrung der eigenen Seele ist, so ist nichts Gründliches geschehen. Es muß noch verstanden werden, daß das ‚mysterium magnum' nicht nur an sich vorhanden, sondern auch vornehmlich in der menschlichen Seele begründet ist. Wer das nicht aus Erfahrung weiß, der mag ein Hochgelehrter der Theologie sein; aber von Religion hat er keine Ahnung und noch weniger von Menschenerziehung."[15]

Wenn zutrifft, was C.G. Jung beobachtet hat, trifft wohl besonders zu, daß christliche Theologen von der weiblichen Seele keine Ahnung haben, sowenig wie von der eigenen, denn auch sie ist, tiefenpsychologisch betrachtet, etwas Weibliches.

Bei Jesus verhielt es sich offensichtlich anders. Es heißt von ihm: „Er wußte, was im Menschen war." Tiefenpsychologisch gesprochen, hatte er „seine Anima integriert", was Hanna Wolff, die diesem Thema ein ganzes Buch gewidmet hat[16], auch mit den Worten umschreibt: Er hat bewußt gelebt, und sein Gefühl war differenziert, nämlich spontan, sicher, wertbezogen und allumfassend. An Jesus ist kein Männlichkeitswahn zu beobachten, der immer mit der Diskriminierung und Unterdrückung des Weiblichen einhergeht. Der Umgang des Mannes mit seiner Seele, mit dem Unbewußten, korrespondiert mit seinem Umgang mit der Frau. Erst wenn er dem Weiblichen in sich selbst angstfrei, und das bedeutet dann: spontan, differenziert, begegnen kann, kann er es auch mit einer Frau. Sonst ist sein Verhalten gegenüber Frauen von Projektionen beherrscht, das heißt von einem kollektiven Bild, wie es in der patriarchalen Epoche üblich ist, in der jede Frau Trägerin einer bestimmten weiblichen Rolle zu sein hat, als Individuum aber nicht zur Kenntnis genommen wird.

Jesus hat sich über die kollektiven Normen für den Umgang mit Frauen hinweggesetzt. Er sah ganz offensichtlich in der Ehebrecherin nicht „die Ehebrecherin", in der Frau, die ihn salbte, nicht „die Hure", in der Samariterin nicht „die Samariterin", sondern in jeder eine individuelle Persönlichkeit, auf die er spontan und differenziert einging. Aus diesem Verhalten kann tiefenpsychologisch zu Recht geschlossen werden, daß er sich selbst, seine „weibliche" Seele kannte und darum bewußt lebte, das heißt auch mit einer allumfassenden Wahrnehmungsfähigkeit, die ihm durch keine Projektionen verstellt war. Man hat sein Verhalten Frauen gegenüber darum auch als „sachlich" beschrieben, nämlich als situations- und personbezogen. An den vielen Geschichten, in denen er Frauen gegen Angriffe von Männern verteidigte, läßt sich oft sogar ablesen, daß er sich mit den Frauen identifizierte, ihr Leiden zu seinem Leiden machte.

Von Tiefenpsychologen wird hervorgehoben, daß Jesus mit diesem Verhalten Frauen gegenüber in der gesamten bisherigen Geschichte einzigartig dasteht. Weder von anderen Religionsstiftern noch von antiken Philosophen oder von anderen historischen Persönlichkeiten ist je Vergleichbares berichtet worden.

In mythische Sprache übersetzt, heißt dies, daß in Jesus der Heros erschienen ist, der die heilige Hochzeit mit dem Weiblichen, mit der Seele, feiern kann, gerade weil ihm das Weibliche nicht als ein Fremdes begegnen wird, von dem er überwältigt und verschlungen würde, sondern als etwas Vertrautes, als ein Spiegel, in dem er, der Christus, sich selbst erkennt. „Wer die Braut hat, ist der Bräutigam", sagte Johannes der Täufer (Johannes 3,29) von Jesus und erkannte ihn damit als den erwarteten Retter an, im Gegensatz zu sich selbst: „Jener muß wachsen, ich aber abnehmen" (Johannes 3,30).

Wandlung in der Tiefe

Passion und Auferstehung

Immer wieder steht die Theologie vor dem Rätsel, wie aus dem Gekreuzigten der Auferstandene werden konnte, was es wohl gewesen sein mag, das die Jünger, die bei der Verhaftung Jesu flohen, wenige Wochen später zu Aposteln machte. Wie konnte es geschehen, daß der unbekannte Jesus von Nazareth, der in einer unbedeutenden Provinz des mächtigen Römischen Reiches gelebt hatte und einen Verbrechertod am Kreuz gestorben war, wenige Generationen später im ganzen Römischen Reich als „der Herr" bekannt und geglaubt wurde? Wie konnten die Visionen einiger ungebildeter Männer und Frauen aus Galiläa und Jerusalem vom Auferstandenen eine solche Wirkung haben?

Das theologische Verstehensproblem hat unter anderem seine Wurzel in der Mythenblindheit und in der Weigerung, Mythen als ein Paradigma für theologisches Denken anzuerkennen. Dies führt zum Beispiel dazu, daß der Bericht von der Passion Jesu als unzweifelhaft historisches, die Auferstehung als eindeutig unhistorisches Geschehen aufgefaßt wird. Der Verstehensknoten ist nur zu lösen, indem gerade auch die Passion Jesu als sowohl historisches wie auch als mythisches Ereignis gesehen wird, an das sich aber die Auferstehung nahtlos anfügt. Die Initiationsgeschichten und die Inthronisationsriten fassen in einem Bogen zusammen, was für das rationale Denken in zwei gegensätzliche Teile auseinanderbricht. Der Inthronisationsritus setzt mit dem Kampf gegen die Chaosmächte ein, ist damit den Initiationsriten nachgebildet und mündet in den Vollzug des „hieros gamos", der heiligen Hochzeit – doch nicht, damit der König im Brautgemach auf immer unsichtbar bleibt, sondern damit das vermählte Paar von da an den Thron innehat und seine Regentschaft ausübt. Ob es historisch so war oder nicht, nach der Wahrheit des Mythos mußte das Grab Jesu am Ostermorgen leer sein, ebenso wie das

Brautgemach des mythischen Königs und der Göttin schließlich
verlassen ist, weil sie nun ihres Amtes walten. „Mußte nicht der
Christus solches leiden und dann in seine Herrlichkeit eingehen?"
fragt der Auferstandene die Emmausjünger (Lukas 24,26). Wie er
es ihnen erklärt hat, darüber schweigt der Evangelist. Aber alle
Worte Jesu über sein bevorstehendes Leiden verbinden seine
Auferweckung mit seinem Leiden (Matthäus 16,21). Es sind
keine getrennten Vorgänge, auch wenn sie aufeinanderfolgen,
sondern es ist ein in sich geschlossener Prozeß.

Die historisierende und mythenblinde Auffassung vom Tode
Jesu hat zu einer Kreuzestheologie geführt, die auf das Leiden
fixiert bleibt und darauf eine Anthropologie und Ethik aufbaut,
die vorösterlich, quälend und verurteilend ist. Um den Tod Jesu,
der, historisch gesehen, ein machtpolitisch begründeter Justizmord ist, theologisch zu verstehen, wurde das Bild von einem
Gott konstruiert, der ein solches Leiden zur Sühne für die Sünden
der Menschen fordert und dafür seinen eigenen Sohn opfert.
Diese Aussage ist so grauenerregend, daß sie krank macht, an
Gott zweifeln läßt und zu dem verständlichen Protestschrei
herausfordert, weder ein solches Opfer noch einen solchen Gott
zu wollen. Denn ein solcher Gott ist das „tyrannische Ungeheuer", der „Sendbote des Weltunheils", unter dem die Menschen nach Aussage der Mythen leiden und von dem sie sich
durch den Heros Erlösung erhoffen. Die Erlösung aber, die der
Heros bringt, vollendet sich in der mystischen Hochzeit.

Die Theologie hat mit Recht darauf hingewiesen, daß Jesus
mit seinem Tod am Kreuz alle bisherigen Gottesbilder zerbrochen habe. Er hat aber nicht alle zerbrochen, sondern eben das
von einem Tyrannen. Und er hat nicht nur dieses quälende
Gottesbild zerstört, sondern ein neues offenbart. Das Empfinden,
die kirchliche Verkündigung habe besonders den Frauen das
Evangelium bisher vorenthalten, bezieht sich zentral darauf, daß
über der Betonung von Leiden, Tod, Schuld und Sühne der
eigentliche Kern der Passion und Auferstehung verborgen
wurde. Zu allen Zeiten haben Mystikerinnen und Mystiker vom
Geheimnis des Einswerdens, von der Vermählung von Gott und

Seele gewußt und es bezeugt, aber ihre Botschaft wurde mit Mißtrauen abgewiesen und verketzert. Solange aber nicht der tiefste Seelengrund von heilender Liebe erreicht wird, bleibt Erlösung ein bloßes Wort.

Symbol für diese mystische Vereinigung ist die heilige Hochzeit, von der die Mythen erzählen und die im Orient, sehr wahrscheinlich auch bei Kelten und Germanen, ein weit verbreiteter Ritus war. Er hat in den Traditionen einen bestimmten Ort: auf dem Götterberg, in einem Garten, im Allerheiligsten des Tempels. Nach den Evangelien ist dieser Ort Jerusalem.

Jerusalem

Frohlocke laut, Tochter Zion! Jauchze, Tochter Jerusalem! Siehe, dein König kommt zu dir; gerecht und siegreich ist er. Demütig ist er und reitet auf einem Esel, auf dem Füllen der Eselin. Er wird die Streitwagen ausrotten aus Ephraim und die Rosse aus Jerusalem; ausgerottet werden auch die Kriegsbogen. Er schafft den Völkern Frieden durch seinen Spruch, und seine Herrschaft reicht von Meer zu Meer, vom Euphrat bis an die Enden der Erde" (Sacharja 9,9f.).

„Juble, Tochter Zion, jauchze, Israel! Freue dich und frohlocke von ganzem Herzen, Tochter Jerusalem! Der Herr hat deine Widersacher hinweggenommen, hat weggefegt deine Feinde. König ist der Herr in deiner Mitte, du sollst kein Unglück mehr erfahren" (Zephanja 4,14f.).

Ein endzeitlicher Advent wird in diesen Prophetenworten beschworen, an dem der erwartete Messias als Bräutigam Jerusalems erscheint. Die Szene des jubelnden Empfangs ist den Riten der heiligen Hochzeit nachempfunden, denn nach dem Mythos kommt der Heros aus den Bergen, welche die Unterwelt darstellen, in die Stadt, in den Tempel der Göttin, um mit ihr Hochzeit zu feiern und das neue Jahr, die neue Zeit des Friedens und des Glücks für alle einzuleiten. Jahwe war ein kämpfender und siegender Herr, niemals ein Bräutigam der heiligen Hochzeit. Aber in der nachexilischen Prophetie wandelte sich das Bild von einem kämpfenden in das eines demütigen Messias, den man sich eher als einen Bräutigam vorstellen kann. Die Exegeten sehen mit einer Spur von Verachtung auf diese Messiasgestalt: „... der arme, *demütige* Messias ... ist eine verhältnismäßig späte Umprägung der Gestalt des Heilbringers, die von der mehr heldenhaft gezeichneten Figur der vorexilischen Prophetie deutlich absticht."[1]

„Wenngleich in dem Prophetenbuch die alte kriegerische Dynamik des alttestamentlichen Gottesglaubens lebendig wird und es von der alten Tradition den Gedanken an den Tag Jahwes und an sein die ganze Welt umspannendes Reich übernimmt, zeigt es doch in seinem Messiasbild (Sacharja 9,9ff.), das aus den Kreisen der ‚Demütigen‘ und Frommen entnommen ist, daß die Zeit echter Prophetie vorüber ist."[2] Aber es könnte doch sein, daß dieses gewandelte Messiasbild einer seelischen Wahrheit näher kam, als es das Bild des kämpfenden und siegenden Jahwe und die geharnischten Worte seiner Propheten waren. Der Evangelist Matthäus zitiert in seinem Bericht vom Einzug Jesu in Jerusalem gewiß nicht ohne Absicht gerade jenen Propheten, dem männliche Exegeten von heute „echte Prophetie" absprechen: „Saget der Tochter Zion: Siehe, dein König kommt zu dir sanftmütig und reitend auf einer Eselin und auf einem Füllen, dem Jungen des Lasttieres" (Matthäus 21,5).

Jerusalem hat seine Symbolkraft von den heidnischen Mythen her, die von den frühen Propheten abgelehnt wurden. Die Stadt war kanaanäisch, bevor sie von David erobert und zu seiner Hauptstadt gemacht wurde. „Nach Herkunft und Geburt stammst du aus dem Lande der Kanaaniter; dein Vater war ein Amoriter, deine Mutter eine Hethiterin" (Ezechiel 16,3), urteilt der Prophet. Der Ort, wo heute der Felsendom steht, war ein uralter Kultberg. Dafür zeugen die Opferrinnen auf dem Felsen und die Höhle darin, die im Felsendom zu besichtigen sind. Als Salomo in Jerusalem einen Tempel für Jahwe bauen ließ, ließ er dazu phönizische Bauleute kommen, und sie errichteten in Jerusalem einen Tempel nach kanaanäischem Vorbild. Das Allerheiligste dieses Tempels war eine dunkle Kammer, im kanaanäischen Ritus Brautgemach der heiligen Hochzeit. In diese Kammer wurde die heilige Lade gebracht, durch sie „wohnte" nun Jahwe im Tempel von Jerusalem. Mit dem Tempel seiner Königsstadt übernahm Israel auch kultische Gesänge zur Thronbesteigung, die denen, die für Baal gedichtet wurden, sehr ähnlich sind. Baal wohnte auf einem heiligen Berg, dem Zaphon, Jahwe wohnte nun auf dem Berg Zion. Der Berg, die Tochter oder Frau Zion aber, Symbol der Göttin, war es, die nach dem Mythos den König gebar und sein Thron wurde. „Auf heiligem Bergland aus dem Mutterleib, aus der Morgenröte habe ich dich geboren", übersetzt Hartmut Gese den dritten Vers aus dem Thronbesteigungspsalm 110[3].

Die Vorstellungen und Symbole aus dem kanaanäischen Mythos, die mit der Zionstradition in den Glauben Israels Eingang gefunden hatten, haben gerade nach der Zerstörung des Tempels, in der Zeit nach dem Exil, auf die Messiasvorstellung abgefärbt. Der da kommen soll, muß in der Berghöhle, von der Frau Zion „geboren" werden, als ihr „Sohn" mit ihr die heilige Hochzeit feiern, erst dann bricht die Zeit des Heils an.

Bezogen auf das Muster von der Kreisbahn des Helden, ist Jesus auf dem dritten Kreisviertel, als er in Jerusalem einzieht, auf dem Wege zum Punkt 4, zum Nadir, dem Mitternachtspunkt. Nach dem Mythos von Re entspricht dies der Phase des Sonnenuntergangs, dem Antritt der Nachtmeerfahrt bis zur Wiedergeburt am Morgen. Am Modell des Mythos ist erkennbar geworden, daß sich am Nadir entscheidet, ob sich das Versprechen erfüllt, das am Zenit gegeben wurde. Das nächtlich Weibliche, die Tiefe, stellt die Bewährungsprobe für den Heros dar, schmeckt sozusagen seine Substanz. Ist er der, den sie erwartet, feiert sie mit ihm die heilige Hochzeit, wird dadurch selbst gewandelt aus einer nächtlichen Gestalt in eine Jungfrau, die den Helden wiedergebiert als ein göttliches Kind. Mit anderen Worten: Das Wasser des ewigen Lebens quillt hervor, die heilige Tempelquelle.

Die Leidenstaufe

Jesus hat sein Leiden im voraus immer eine Taufe genannt, einen Kelch, den er trinken müsse. Was mit der Taufe im Jordan vorgezeichnet wurde, geschieht nun noch einmal, jetzt anscheinend real, in aller Öffentlichkeit. Und doch machen die Evangelien deutlich, daß die Verhaftung, Verurteilung und Hinrichtung Jesu mehr sind als ein politisches Ereignis. Wie auf einem Gemälde zeitlich nacheinander angeordnete Ereignisse gleichzeitig dargestellt sind, so meinen Taufe und Passion Verwandtes, und was an ihnen sichtbar ist, ist Hinweis auf ein Geschehen, das weit darüber hinausweist.

Der Initiationscharakter der Passion wird insbesondere durch die Szene im Garten Gethsemane deutlich. Jesus geht mit seinen Jüngern hinaus in den Garten am Ölberg, um dort nicht, wie in den Nächten zuvor, zu schlafen, sondern um zu wachen. Vergeblich bittet er seine Jünger, mit ihm zu wachen, sie werden vom Schlaf überwältigt.

Das Wachen ist ein psychisches Äquivalent für den Suchweg des Helden, der ihn in die Wildnis, in die Einsamkeit führt. In vielen Mythen und Märchen hängt für den Helden alles davon ab, ob er eine Nacht durchwachen kann, bis das entscheidende Ereignis eintritt, der Einbruch von etwas Numinosem, das ihn auf den vorbestimmten Weg führt. Nicht wachen können, einschlafen, entspricht dem infantilen Gebundensein an die Bedürfnisse des Leibes, an das Herkömmliche.

Das einsame Gebet Jesu in Gethsemane, sein Ringen um die Bereitschaft, seiner Berufung zu folgen, wird erhört durch das Erscheinen des Engels, der ihn stärkt.

Unmittelbar danach erscheint die Tempelwache, die Jesus verhaftet, angeführt von Judas, der ihn mit einem Kuß „verrät". Viel ist schon gerätselt worden über die Motive des Judas und worin sein Verrat eigentlich bestanden hat, warum auch ausgerechnet mit einem Kuß? Hält man die Folie des Mythos hinter diese Szene, muß Judas die Rolle des Walfischrachens spielen, der Jesus verschlingt. Jesus erkennt die Bedeutung des mitternächtlichen Geschehens: „Dies ist eure Stunde und die Macht der Finsternis" (Lukas 22,53). Wer sehen will, kann sehen, wie das mythische Vorbild die Ereignisse strukturiert.

Warum aber spielt Judas diese Rolle, einer von den Zwölfen, ein Jesus vertrauter Mensch? Man kann ihn als Schatten Jesu verstehen, als Symbol des von ihm noch nicht voll erkannten Selbst, das zu ergründen Jesus sich nun anschickt und das ihm selbst in seiner Dunkelheit doch schon vertraut ist.

Moderne Kritiker haben Jesus vorgehalten, er habe mit seiner Bereitschaft, sich dem Tod auszuliefern, gleichsam Selbstmord begangen. Sie sind zu verstehen, sofern sie nichts als das historische Ereignis seiner Kreuzigung vor Augen haben, dem Jesus durchaus hätte ausweichen können. In mythischer und tiefenpsychologischer Sicht aber hat sein Sterben eine innere Konsequenz. Vom Ichbewußtsein her gesehen, hat das nächtliche Weibliche, der Tod, ein grauenhaftes Medusenhaupt. Je schrecklicher es dem Ich erscheint, um so weiter ist das Bewußtsein von seiner Seele, vom Unbewußten entfernt, um so weniger ist es wirklich wach, erwacht. Dem trüben Auge erscheint das Unbewußte, das Weibliche, banal, häßlich und bedrohlich. Dennoch hat die Tiefe immer etwas Verlockendes. Wer ihr nicht schlafend verfällt, sondern wachend entgegensieht, für den wandelt sich das Weibliche in eine Führerin zur Erkenntnis.

Der „Verrat" des Judas lockt Jesus über die Schwelle in den nächtlichen Raum, in dem er der „Göttin" begegnen soll. Die verschlafenen Jünger fliehen entsetzt vor der medusenhaften Fratze ihres ehemaligen Gefährten und seines Gefolges.

Der Mythos kennt zwei Formen der Auseinandersetzung des Helden mit dem nächtlichen Ungeheuer, den Drachenkampf und das Sich-verschlingen-Lassen vom Walfisch. Beim Drachenkampf zeichnet sich der Held durch übernatürliche Kräfte aus, kann darum das Ungeheuer töten und an dessen Stelle die Herrschaft antreten. Marduk wird als ein solcher Gott gefeiert, als Schöpfer, und ähnlich der kanaanäische Baal. Der Held bleibt dabei unverändert oder nimmt vielmehr unversehens selbst drachenhafte Züge an wie Siegfried, der im Drachenblut badet, um unverwundbar zu werden.

Der Held der Initiationsriten, der sich vom Walfisch verschlingen läßt, überwindet ihn von innen her und wird dabei selbst gewandelt, neu geboren. Dieser Weg, der Leiden einschließt, ist der, den Jesus gegangen ist. Die christliche Tradition hat ihn trotzdem oft zum Drachenkämpfer erklärt, zum Sieger über den Tod. Diese Darstellung mag männlichen Bedürfnissen genügen, sie entspricht der Behauptung des Ich gegenüber dem drohenden Tod, aber Erlösung ist dies noch nicht, es bedeutet vorerst nur Ablösung der Herrschaft des Alten durch etwas Neues. In patriarchaler, ichbetonter Sichtweise gilt der Tod als der absolute Feind. In weiblicher Sicht, und sie entspricht psychischer und geistiger Wahrheit, ist der Tod eine Erscheinung der großen Göttin, ein Wandlungsmysterium, das zu ihr führt, die Tod und Wiedergeburt in einem ist.

Der Leidensweg Jesu von seiner Verhaftung in Gethsemane an entspricht den „Prüfungen", die der Held zu bestehen hat, nachdem er die Schwelle zum Reich der Finsternis überschritten hat. Jesu Ankläger und Richter, Pilatus, das Volk, die Legionäre veranstalten um ihn her einen wahrhaft höllischen Lärm, aber er geht sehr still und schweigend durch alles hindurch — auch dies ein Motiv, das in Mythen und Märchen und schließlich in den Lehren der Meditationsmeister immer wiederkehrt: der Lärm dort, die konzentrierte Stille des Helden hier. Durch dieses schweigende Erdulden wird die „schwarze Jungfrau" zunehmend „weißer", sie wird aus dem Bann, der über ihr gelegen hatte, erlöst. So erzählt es zum Beispiel das Märchen „Der Königssohn, der sich vor nichts fürchtet"[4].

Mythos und Ritus von heiliger Hochzeit und Tod

Der Christus inkarnierte sich in die Gewänder des Mythos, wurde dadurch Gestalt aus seelischem Stoff, Wort, das sich der Seele offenbarte. Und doch blieb dabei der Mythos nicht, was er gewesen war, der Ritus nicht, wie er gefeiert wurde. Denn durch Christus wurde geschaffen, was Mythen und Riten gesucht und doch nicht gefunden hatten: die Seele des Menschen.

Wenn wir heute von „Seele" sprechen, meinen wir ein zum individuellen Menschen gehörendes Reich, das sein Ich mit Transzendentem verbindet, aus dem er seine Kreativität schöpft, das ihn zu einem Ganzen macht. Seele in dieser Gestalt kannte der Mensch der Frühzeit nicht. Erst die Tiefenpsychologie hat eine Sprache gefunden, durch die es möglich ist, zu beschreiben, wie wir Heutigen uns den archaischen Menschen vorstellen können. Er lebte gleichsam verschmolzen mit seiner Umwelt. Was wir innen erleben, erlebte er ausschließlich außen. Wenn die Mythen Bilder vom Lauf der Gestirne, vom Wechsel der Jahreszeiten oder von der Gewalt der Elemente verwenden, waren dies für den damaligen Menschen nicht poetische Metaphern, sondern ebenso reale Gegebenheiten wie für den heutigen Menschen etwa Staat und Wirtschaft. Die Königinnen und Helden, die in den Riten auftraten, waren keine Individuen im heutigen Sinne, sondern Repräsentanten transpersonaler, göttlicher Mächte. Sich dies vor Augen zu halten ist wichtig, wenn nun von dem Mythos und Ritus die Rede ist, der durch Passion und Auferstehung deutlich hindurchschimmert und durch das Christusgeschehen doch grundlegend verändert wurde. Um aber zu verstehen, was mit der Menschwerdung Gottes, was mit Erlösung und neuer Schöpfung, was mit Reich Gottes gemeint sein könnte, ist es sinnvoll, sich diese mythischen Vorstellungen zu vergegenwärtigen.

Die heilige Hochzeit war wohl einer der am tiefsten verwurzelten religiösen Kulte des alten Orients, ebenso wie die Trauer um den sterbenden Jünglingsgott Dumuzi, Tammuz oder Adonis. Spuren dieses Ritus lassen sich von Mesopotamien über Syrien bis Ägypten, Griechenland und das westliche Mittelmeer feststellen, vom Anfang des dritten Jahrtausends v.Chr. bis in nachchristliche Zeit.

Von der Vermählung der Inanna mit Dumuzi, der Ishtar mit Tammuz, der Isis mit Osiris oder Horus versprachen sich die Menschen Erneuerung und Wohlergehen für das Land und für sich selbst. Das Fest wurde zu Beginn eines neuen Jahres gefeiert, wurde als Wiedergeburt und Schöpfung zugleich aufgefaßt. Eine weitverbreitete Darstellung dieser Hochzeit ist ein feierliches Symposion, bei dem sich das Paar gegenübersitzt und aus Bechern einen Mischtrank zu sich nimmt. Auf den ersten Blick scheint das Fest ein Abbild der im Frühjahr sich erneuernden Vegetation zu sein, die Weide für die Herden, Jungtiere und Früchte verheißt. Symbol des Dumuzi oder Tammuz waren Jungtiere oder ein junger Baum. Zu dieser Vorstellung paßt das regelmäßig wiederkehrende Sterben des jungen Helden. Wie die Vegetation unter der heißen Sonne verdorrt, so sagt der Mythos, daß der junge Gott getötet wird und in die Unterwelt hinab muß, aus der er erst im neuen Jahr wiedergeboren wird.

Der Ritus ist vielschichtig, er war von Anfang an oder erst in späterer Zeit verbunden mit der Thronbesteigung. Die Darstellerin der Göttin, Priesterin und Königin zugleich, der das Land gehörte, erhob den jungen Helden mit der heiligen Hochzeit zum König. Aber er blieb König nur für ein Jahr, dann wurde er geopfert, mußte einem anderen jungen Helden den Thron freigeben. Dieses Ritual folgte nicht mehr dem Jahreszeitenrhythmus, denn die Opferung des einen und die Inthronisation des neuen Königs waren Teil *eines* Festes. Es ist bekannt, daß die Könige später die Möglichkeit hatten, um ihr Leben zu kämpfen und ihren Thron für ein weiteres Jahr zu behaupten, oder daß an ihrer Stelle ein Tier geopfert wurde. Diese Riten gehören wohl schon in die Übergangszeit zum Patriarchat.

Am Fest der heiligen Hochzeit nahm das ganze Volk teil, jeder Mann ein Tammuz, jede Frau eine Ishtar. Es war Magie, die das Leben erneuern sollte. Gegen diese Riten wandte sich unter anderem die heftige Kritik der Propheten Jahwes. Das Fest wurde mit feierlichem Gepränge, mit Musik und Gesang begangen. Vermutlich stammen die bis heute bezaubernden Preislieder auf den Geliebten und die Geliebte im Hohenlied aus der Liturgie der heiligen Hochzeit[5].

Von ebenso großer Bedeutung wie die heilige Hochzeit war die Klage um den sterbenden Tammuz oder Adonis. Die Klageweiber, die noch heute bei Trauerritualen im Orient, in Nordafrika und in einigen Gebieten Griechenlands auftreten, gehen auf diesen Ritus zurück. Denn es waren vor allem die Frauen, die um Tammuz klagten, sie schrien, zerrissen sich die Kleider, sangen und tanzten. Von Ishtar wird erzählt, daß sie sogar selbst in die Unterwelt hinabstieg, um ihre Schwester, die Herrin der Unterwelt, zu zwingen, den gefangenen Tammuz freizugeben.

Stieg der Betrauerte dann endlich aus der Unterwelt auf, wurde er von den Frauen jubelnd begrüßt, man wusch und salbte ihn, bekleidete ihn mit einem roten Festgewand und führte ihn der hohen Herrin zu, die ihn im Brautgemach erwartete, selbst gebadet und festlich geschmückt. Die heilige Hochzeit, das neue Jahr, konnte beginnen.

Trotz der prophetischen Kritik an diesen Kulten haben sich auch in Israel, besonders wohl bei den Frauen, viele dieser Riten und die Vorstellungen, die mit ihnen verbunden waren, bis in neutestamentliche Zeit erhalten. Der Prophet Daniel nennt Tammuz den „Liebling der Frauen" (Daniel 11,37). Ezechiel sieht in einer Vision, er lebte im Exil in Babylon, daß Frauen im Vorhof des Tempels von Jerusalem den Tammuz beweinen (Ezechiel 8,1 ff.). Hosea zürnt: „Sollte ich sie aus der Unterwelt retten, vom Tode sie erlösen?" (13,14) und läßt damit erkennen, daß Tammuz, sein Schicksal und seine Errettung aus der Unterwelt durch Ishtar ihm ebenso wie den anderen Propheten wohl bekannt waren.

Erich Neumann nennt Tammuz, Adonis, oder wie sie hießen, die „Sohngeliebten" der großen Mutter[6]. Sie werden von ihr geboren, feiern mit ihr heilige Hochzeit, befruchten sie und werden letztlich von der Göttin selbst, von ihrem Unterweltsaspekt, auch getötet. Bezogen auf die Ich- und Bewußtseinsentwicklung entspricht dies der Phase, in welcher der Mensch im Bann des Unbewußten lebt. Der Mann gleicht noch einem Kind, das von der Mutter völlig abhängig ist, selbst seine Zeugungskraft steht allein in ihrem Dienst, sein Geist ist noch nicht erwacht, es gibt nur körperliches Leben, von der Mutter Natur geboren, wieder verschlungen und erneut geboren. Trotzdem werden diese jungen Helden auch als Kämpfer dargestellt, und zwar als Kämpfer gegen Symboltiere der Unterwelt, seien sie Löwen, wilde Eber oder Meerungeheuer. Keimhaft scheint so etwas wie ein Ich doch schon dazusein, das sich gegen die Umschlingung durch das Unbewußte wehrt, denn der Held ist Symbol des bewußten Ich. Aber die Mythen erzählen, daß der junge Held schließlich doch immer wieder den wilden Unterwelttieren erlag, von ihnen besiegt wurde.

Andere Mythen aber, und sie gehören einer späteren Epoche an, melden Siege der Helden über Drachen und Meerungeheuer. Womöglich entsprechen diese Mythen jener späteren Phase, in der die Könige ihren Thron erfolgreich behaupteten und nicht mehr geopfert, nicht mehr Gefangene der Unterwelt werden mußten. Der Umbruch vom Matriarchat, von der alles bestimmenden Göttin des Lebens und des Todes, zum Patriarchat, zur Herrschaft des Mannes über das Weibliche, hatte eingesetzt. Auch Jahwe wird als siegreicher Kämpfer gegen die Unterwelt gerühmt: „Du hast gespalten machtvoll das Meer; hast zerbrochen die Häupter der Drachen im Wasser. Du hast zerschlagen die Häupter Leviathans; gabst ihn zum Fraß, zur Speise den Schakalen" (Psalm 74,12-14). Auch wenn diese Psalmen ursprünglich Baal galten, dem kanaanäischen Herrschergott, Jahwe, ursprünglich so etwas wie ein geistiges Feuer, wurde damit patriarchal, ein Drachentöter, der seine Herrschaft mit Gewalt durchsetzte. Psychologisch entspricht dieser Prozeß der Erstarkung des Ich gegenüber dem Unbewußten, sozial der Unterdrückung des Weiblichen.

Selbstverständlich war Jahwe kein sterbender und wieder
auferstehender Gott, von ihm heißt es, daß er weder schläft noch
schlummert. Er war ein Gott der Lebenden, nicht der Toten, wie
es Osiris war. Der Tod, die Toten galten ihm als unrein. Der Gott
Israels ist entschieden ein Gott des Diesseits, in dem der Mensch,
das bewußte Ich, sich seine Ordnung, seine Welt gestaltet. Hatten frühere Helden eine heilige Hochzeit gefeiert, mit dem
Risiko, daran zu sterben, schloß Jahwe einen Bund mit seinem
Volk, genaugenommen mit Männern. Zwischen ihm und den
Frauen blieb eine religiöse, kultische und schließlich auch soziale
Distanz, denn sie galten die längste Zeit ihres Lebens als unrein.
Auffallend ist, daß das Volk im Alten Testament trotzdem mit
weiblichen Attributen belegt wird: als Hure, die mit anderen
Göttern buhlt, als Verstoßene, als Witwe und Kinderlose, nur
selten als Braut. Vorherrschend in der Beziehung zwischen Jahwe
und seinem Volk sind Eifersucht, Zorn über Untreue, eine un-
glückliche Liebe. Ein Drachenkämpfer ist kein Bräutigam, kein
Frauenliebling. Es scheint, als habe Jahwe die Frauen Israels nicht
angesprochen, keine Gegenliebe gefunden, allenfalls Unterwer-
fung. Liebling der Frauen blieb Tammuz, der Sohngeliebte, um
dessen Tod sie klagten und weinten. Wenn es zutrifft, was die
Tiefenpsychologie deutet, daß es die Göttin in ihrem Todes-, in
ihrem Unterweltsaspekt ist, an der Tammuz starb, ist es um so
unerklärlicher, weshalb es besonders die Frauen sind, die in
selbstzerfleischender Trauer seinen Tod beklagen. Der Mythos
wirft eine Frage auf, die von männlichen Tiefenpsychologen
noch nicht beachtet worden ist. Sie identifizieren sich selbstverständlich mit dem Helden-Ich.

Um zu ahnen, worum es geht, muß diese Geschichte noch
einmal aus weiblicher Perspektive betrachtet werden. In der
langen Epoche des Patriarchats ist das Weibliche zu etwas so
Unbekanntem geworden, daß wir Frauen selbst Mühe haben, es
zu erkennen. Nur die Schmerzen, das Gefühl des Ungenügens,
des Nichtverstandenseins sind deutlicher Hinweis auf etwas
Lebendiges, das geknebelt wurde. Die Suche nach eigener Identität hat dazu geführt, daß die vergessenen Göttinnen, wie sie in

den Mythen noch erkennbar sind, wieder ins Gedächtnis gerufen werden. Sie zeigen, daß es eine Epoche gab, in der Frauen ihren Wert, ihre Rolle, ihre Identität nicht vom Mann ableiten mußten. Sie kreisten und ruhten gleichsam in der weiblichen Göttin, deren Töchter sie waren. Anschauliches Bild dafür ist die triadische Göttin, die als Jungfrau, als Mutter des Lebens und als Greisin oder Unterweltsgöttin verehrt wurde. Die jungfräuliche Göttin ist Jägerin, Herrin der Tiere und der Geburten, auch jungfräuliche Mutter. Die Mutter des Lebens, auch Fruchtbarkeits-, Erd- und Himmelsgöttin genannt, gebietet über Haus und Felder, über alles, was wächst und Früchte trägt, und bestimmt seine Zeit. Sie hütet das Feuer und kennt die weiblichen Mysterien des Ackerbaus, des Kochens, Webens und Heilens. Die Greisin symbolisiert den Kontakt zum Jenseitigen, zu den Mysterien des Sterbens und Neuwerdens. Eine Frau konnte sich von ihren Jungmädchentagen bis ins Alter jeweils in dieser dreifältigen Göttin geborgen fühlen.

Man wußte in der Menschheitsgeschichte erstaunlich lange nichts von der Rolle des Mannes bei der Entstehung von Kindern. Der Mann war geliebt als Sohn und gewiß auch willkommener Partner der Lust, aber für die Identität der Frau spielte er keine Rolle. Psychologisch kann man diese Phase die der „Selbstbewahrung" nennen, der Identität der Tochter mit der Mutter, wie sie heute nur noch sehr kleine Mädchen erleben.

In diese ungebrochene Identität des Weiblichen, aus der alles Leben strömt und dessen Fruchtbarkeit allenfalls von göttlichem Geist hervorgerufen wurde, brach die Erkenntnis ein, daß die Frau des Mannes bedarf, um fruchtbar zu werden, eine Erkenntnis, die das Kreisen des Weiblichen in sich selbst aufgebrochen haben muß. Es könnte sein, daß die heilige Hochzeit das Symbol ist, das die Erschütterung der alten Ordnung in ein neues Gleichgewicht bringen sollte. Der Mann wurde mit Jubel begrüßt, seine heldenhaften Taten wiesen ihn als würdig aus, Partner der Göttin zu sein, sie zu befruchten. Ihm wurde ein Platz neben ihr eingeräumt, sie ließ ihn mitregieren. Aber immer nur für gewisse Zeit, dann mußte er sterben.

Ein tiefenpsychologischer Versuch, diesen Ritus verständlich zu machen, und er bekommt nur aus weiblicher Perspektive einen Sinn, ist selbstverständlich eine Deutung aus der Sicht des 20. Jahrhunderts und soll mehr dazu dienen, heutige Rätsel zu lösen, als religionsgeschichtliche Phänomene zu erklären.

Das Weibliche fühlte sich, aus seiner jungfräulichen Selbstbewahrung kommend, dem Männlichen als dem Zeugenden nicht gewachsen, fühlte sich überwältigt, ja getötet. Um dem begegnen zu können, fand im Weiblichen so etwas wie ein qualitativer Sprung statt, es verfiel in Rausch, in Ekstase[7]. Die orgiastischen Feiern, die mit der heiligen Hochzeit verbunden waren, sind Ausdruck dafür. In diesem Rausch öffnete das Weibliche sich dem Fremden, dem befruchtenden Mann. Es verließ dabei die große Mutter, brach aus ihrem Kreis aus. Die große Mutter aber wollte ihre Tochter zurück haben, aus ihrer Sicht war es etwas Dämonisches, was sich zwischen sie und ihre Tochter gedrängt hatte. Die heftige und unversöhnliche Trauer Demeters um ihre Tochter Kore, die von Hades in die Unterwelt entführt wurde, ist ein Echo auf diesen Vorgang. Psychologisch gesehen, ruft die rauschhafte Hingabe an das Männliche die Rache der Muttergöttin hervor. Damit ist eine Spaltung im Weiblichen entstanden. Die Mutter des Lebens, die nun Liebesgöttin geworden war, trat in Gegensatz zur greisen Göttin der Unterwelt. Aber die Tendenz des Weiblichen, wieder ganz zu werden, in die Jungfräulichkeit, die Selbstbewahrung zurückzukehren, führt dazu, daß Tammuz getötet wird, er verfällt der Unterweltsgöttin. Die Frauen trauern um ihn, aber ihre wilde Trauer ist zugleich ein Reinigungsritual, sie reinigen sich von dem Rausch, den sie erlebt hatten, baden in ihren Tränen, um wieder jungfräulich zu werden, eins mit der großen Göttin. Rausch und Trauer sind demnach die beiden Vorgänge, mit denen das Weibliche seine Erfahrung mit dem Männlichen umgibt. Rausch als Hingerissensein bis hin zur Hörigkeit, Trauer als Rückkehr zur eigenen Identität, Abbruch der Beziehung. Die Mischung aus Aggression gegen den Mann und zugleich Schuldgefühl ihm gegenüber macht die Trauer so heftig. Denn das Schuldgefühl gegenüber dem ehemals Geliebten streitet zugleich mit dem Schuldgefühl gegenüber der großen Göttin.

Aus heutiger Sicht ist zu fragen, ob es keinen anderen Weg gab. Warum zum Beispiel war der Held nicht imstande, die einmal aufgebrochene Liebe zu festigen, die Frau herauszulösen aus ihrer Verbundenheit mit der großen Göttin? Er vermochte es nicht, weil er in dieser Phase, wie beschrieben, selbst ein „Sohn" der großen Göttin war, ihr gegenüber auf Dauer keine Selbständigkeit hatte. Er war, so erleben es noch heute viele Frauen, im Grunde infantil. Als solcher hatte er der rächenden Wut der Unterweltsgöttin nichts entgegenzusetzen. Was sie hätte „überzeugen" können an ihm, wäre Geist, jemand, der ihr mindestens gleichrangig, wenn nicht überlegen war. Doch statt eines Liebenden mit Geist kam der patriarchale Herr.

Das erwachende Ich, repräsentiert durch den Mann, behauptete zunehmend seine Königsherrschaft durch pure Gewalt. Sozial bildete sich das darin ab, daß aus der matrilokalen eine patrilokale Ehe wurde. Der Mann zog nicht mehr zur Sippe seiner Frau, sondern entführte sie, löste sie heraus aus ihrer Umgebung, sie wurde zu seinem Eigentum. Die Frau wurde Gefangene, dazu bestellt, ihrem Mann Kinder zu gebären. Was an ihr Jungfrau und Mutter war, wurde in den Dienst männlicher Interessen gestellt. Ausgeklammert aus dieser patriarchalen Ehe blieb die greise Unterweltsgöttin, an ihr hatte der Mann kein Interesse, sie fürchtete er, auf sie projizierte er den Tod. Diese Unterweltsgöttin aber hat die patriarchale Herrschaft insgeheim immer untergraben, weil sie in der Frau, wenn auch unbewußt, wirksam blieb. Die Frau selbst wurde gespalten, ihre Identität brüchig. Sie ist hin- und hergerissen zwischen dem patriarchalen Tyrannen, der sie gefangenhält und dem sie doch immer wieder rauschhaft verfällt, und der Unterweltsgöttin, die vom Unbewußten her gegen die Vergewaltigung durch den Mann revoltiert. Erich Neumann sieht in der patriarchalen Ehe eine Befreiung auch der Frau aus der Dominanz der großen Göttin und verweist auf die Dauer und damit den „Erfolg" der patriarchalen Ehe[8]. Frauen von heute aber entdecken in dieser Epoche vor allem ihre Selbstentfremdung. Trotzdem ist nicht zu übersehen, daß die

Frau in dieser Epoche vom Eros infiziert wurde, von der persona-
len Liebe zu einem bestimmten Mann. Besonders darum ist die
einfache Rückkehr in eine rein weibliche Identität nicht möglich.
Der Rausch, die Ekstase, die das Weibliche einmal erlebt hat, ist
der Anfang einer Initiation in eine gesteigerte, erweiterte Identität. Wenn das Männliche nicht mehr als etwas Fremdes, Über-
wältigendes erlebt, sondern zugleich als Eigenes, in ihr selbst
Repräsentiertes erfahren wird, wäre der Weg zu neuer Identität
frei. Doch der patriarchale Tyrann gab der Frau keinen Ansatz-
punkt, um das Fremde zu assimilieren. Was er erreichen konnte,
ist eine Art von Besessenheit der Frau vom Männlichen, durch
die sie von ihrem eigenen Leib und ihrer Kreativität abgeschnit-
ten wird. Psychologisch gesehen, ist im Patriarchat eine Patt-
Situation entstanden. Das Weibliche ist ohnmächtig geworden,
sich zu bewahren, sieht auch keinen Weg der Wandlung und
leidet als Gefangene. Das Männliche hat die Frau zwar erobert,
sich unterworfen, ist aber machtlos gegenüber dem Unterweltsaspekt des Weiblichen, das es fürchtet. Dem Weiblichen ist damit
der Zugang zu sich selbst, zum weiblichen Geist, versperrt, dem
Männlichen der Zugang zum seelischen Bereich. Diese Situation
entspricht dem Zustand, der mit der Herrschaft des Tyrannen
beschrieben wird. Sie stellt eine unheilige Ehe zwischen patriarchaler Gewalt und der destruktiv gewordenen Unterweltsgöttin
dar.

Eine Lösung dieser erstarrten und lebensfeindlichen Situation
kann nur durch die Eröffnung einer neuen Dimension möglich
werden.

Jeder kennt die Mythen und Märchen, die dieser Sehnsucht
Ausdruck geben: die Erzählungen von einem Helden, der den
Drachen tötet, die Jungfrau befreit, die dieser gefangenhält, und
in der Drachenhöhle einen Schatz findet, die schwer erreichbare
Kostbarkeit. Der Heros gründet dann ein neues Reich, ein Reich
der Liebe, der Gerechtigkeit und des Friedens. Ein solcher Heros
und die von ihm befreite Jungfrau feiern eine neue heilige
Hochzeit: die Verbindung zwischen dem Ich und der Seele.

Das Ritual der Passion

Zahlreiche Forscher haben sich darum bemüht, den wahrscheinlichen historischen Hergang der Gefangennahme, Verurteilung und Hinrichtung Jesu in allen Details zu untersuchen und zu rekonstruieren. Trotzdem sind viele Fragen offengeblieben. Aber unbestreitbar ist Jesus von Nazareth um das Jahr 30 n. Chr. unter dem römischen Statthalter Pontius Pilatus gekreuzigt worden, und das mit Zustimmung des Hohen Rates von Jerusalem. Aus machtpolitischen Gründen, die mit dem heiklen Verhältnis zwischen der römischen Besatzungsmacht und dem Hohen Rat eng verknüpft waren, wurde ein unbequemer Mann unschädlich gemacht. Es war ein Justizmord, bei dem diejenigen, die sonst Gegner waren, zusammenarbeiteten, und das so, daß jeder seine Hände in Unschuld waschen konnte.

Der Forschung ist aufgefallen, daß alle vier Evangelien, so verschieden sie sonst auch sind, die Passion Jesu verhältnismäßig gleichlautend schildern, als folgte ihre Darstellung einer Liturgie. Man kann eine solche Liturgie zum Beispiel im Psalm 22 entdecken, dem Sterbegebet des Juden, das mit dem Schrei „Mein Gott, mein Gott, warum hast du mich verlassen?" beginnt und mit einem Jubelruf endet.

Aber es schimmert noch eine andere Liturgie durch die Passionsgeschichte hindurch: die der heiligen Hochzeit und Inthronisation des Tammuz und seines Sterbens in einem. In Bethanien, vor den Toren Jerusalems, wird Jesus von einer unbekannten Frau mit kostbarem Öl gesalbt, so wie Tammuz gesalbt und geschmückt wurde, wenn er als Bräutigam dem Tempel entgegenzog. Doch Jesus deutet diese Salbung nicht als ein Hochzeitsritual, sondern als eine Einbalsamierung zu seinem Begräbnis. Sein Einzug in Jerusalem, bei dem er mit Hosianna-Rufen begrüßt wird und das Volk Palmzweige und Kleider auf seinen Weg legt, erinnert an die festliche Zeremonie, mit welcher der Held zum Brautgemach geleitet wird. Die nächste Station der Hochzeitsfeiern war das Symposion zwischen dem Heros und der ihm bestimmten Gemahlin. Sie kehrt wieder im Abendmahl, das Jesus mit den zwölf Jüngern feiert. Die zwölf Jünger repräsentieren die zwölf Stämme Israels und damit das ganze Volk als Braut. Mit ihnen teilt Jesus den Kelch, dem er aber eine neue Deutung gibt: Es ist sein Blut, sein Tod, der den Neuen Bund besiegelt. Statt zum Brautlager geht der Weg Jesu dann nach Gethsemane, wo er einsam wachend darum bittet, daß dieser Kelch an ihm vorübergehen möge. Der Kelch als Symbol der heiligen Hochzeit schloß für Jesus seinen Tod ein. Von den Legionären des Pilatus wird er schließlich wie in einer Persiflage zum König gekrönt, mit dem Mantel des Herrschers umkleidet. Er ist der inthronisierte und der zu opfernde „Jahreskönig" in einem. Auf dem Weg nach Golgatha begleiten ihn die klagenden Frauen von Jerusalem, als klagten sie um Tammuz. Der Hügel von Golgatha, Berge galten im Orient als Unterweltsorte, wird zum Tor, das zum wirklichen Brautlager führt. Unter dem Kreuz harren Frauen aus, die ihm von Galiläa her gefolgt waren: Maria von Magdala und eine andere Maria, Salome, Johanna, Susanna. Nur der Evangelist Johannes erwähnt auch Maria, die Mutter Jesu, und Johannes, seinen Lieblingsjünger. Sie sind nicht geflohen wie die meisten Jünger, sondern begleiten ihn bis zuletzt. Als er starb, erzählt der Evangelist Matthäus, zerriß der Vorhang im Tempel von oben bis unten in zwei Stücke, die Erde erbebte und die Felsen zerrissen (Matthäus 27,51). Der Vorhang trennte das Innere des Tempels vom Allerheiligsten, von der dunklen Kammer, dem kultischen Brautgemach. Josef von Arimathia und die Frauen legen endlich den Leichnam in eine neue Gruft in einem Garten, eine Grabstätte, die Josef in einen Felsen hatte hauen lassen und in der noch niemand bestattet worden war. Dieses jungfräuliche Grab endlich wird zum „Brautlager" der heiligen Hochzeit.

Obwohl die Evangelien nichts davon berichten, enthält das apostolische Glaubensbekenntnis die Wendung, Christus sei niedergefahren zur Hölle oder ins Reich der Toten. Auch dies ist ein mythisches Bild, das aber eher Rätsel aufgibt als Fragen beantwortet. Was geschah dort? Die Mythen und Märchen bieten ein Bild an, das erhellend ist. Die Hölle, die Höhle als Reich der Unterweltsgöttin, wurde verwandelt. Der zur Hölle Gefahrene wandelte sie in eine Höhle der Jungfrau, mit der er heilige Hochzeit feierte und die ihn zugleich wiedergebar als göttliches Kind. Er gewann mit der Jungfrau einen Schatz und wurde Gründer und König eines neuen Reiches. Eine mehrfache Wandlung ereignete sich, deren Bedeutung durch die Auferstehung erhellt wird.

Der neue Mythos

Der am Kreuz starb, war keine transpersonale Gestalt wie ein Tammuz, sondern der Mensch Jesus von Nazareth. In ihm ist Gott Mensch geworden. Dieses Bekenntnis meint, daß die transpersonalen mythischen Gestalten gleichsam in den Menschen introjiziert worden sind, in ihn hineingenommen.

Der am Kreuz starb, war auch insofern ein anderer als Tammuz, als er im Unterschied zum Sohngeliebten ein selbständiges Ich war, einer, der wie kein anderer und mit Vollmacht Ich sagen konnte.

Der am Kreuz starb, war zugleich der, der dieses sein Ich opferte, um sterbend eins zu werden mit dem Selbst, mit dem Christus, dem sein Ich von der Taufe an als Handlungsorgan in Raum und Zeit gedient hatte. Mit Jesus zugleich starb am Kreuz das Gottesbild, das allein ein Bundesgott des Ich war, beschränkt auf das Diesseits.

Mit seinem Tod am Kreuz durchbrach Jesus, der Christus, die Trennwand zwischen Diesseits und Jenseits, um beide Bereiche für immer miteinander zu verbinden. Aber was er miteinander verband, war nicht das alte Jenseits der Unterweltsgöttin und das alte Diesseits der Ichbehauptung, sondern er schuf ein neues Reich, das Reich der menschlichen Seele.

Die Erlösung, die er brachte, war die Herauslösung der Seele des Menschen aus ihrer Verschmelzung mit der Umwelt, die sie zugleich an Riten und Gesetze fesselte. Sie wurde nun vermenschlicht, zur Jungfrau, mit der das Ich des Menschen sich in heiligem, in heilendem Geist verbinden kann.

Christus, der wahre Mensch, ist derjenige, der mit der Jungfrau, seiner Seele, auch den Schatz gewonnen hat, Weisheit, Überwindung von Raum und Zeit, schöpferische Kraft.

Im frühen Christentum war sein Symbol der Fisch, der geheimnisvolle König der Meere des Unbewußten. Sie waren nun nicht mehr Todeswasser, sondern Quelle ewigen Lebens. Das Unbewußte war geheiligt, belebt und zugleich vermenschlicht, individuelle Seele geworden.

Die Entdeckung, daß jeder Mensch, ob Mann oder Frau, Sklave oder Freier, Jude oder Heide, eine Seele hat und damit Anteil am ewigen Leben, war mit der Botschaft von der Auferstehung verbunden. Jeder war nun berufen, jungfräuliche Braut des Christus zu werden, eingeladen zur heiligen Hochzeit und damit zum Sein in Gott, zum Einssein mit ihm.

Mit dieser Erkenntnis durchbrach das frühe Christentum die sozialen, nationalen und religiösen Schranken und befreite von Gesetzen, insbesondere von der sklavischen Bindung an alte Opferrituale und andere religiöse Riten. Was einst außen war, wurde nun Innenwelt. *Im* Menschen spielten sich von nun an die mythischen Dramen ab, im Menschen sollte aber nun auch der Christus geboren werden, Überwinder der Angst, des Todes und der Sünde.

Das Reich Gottes, von dem Jesus gesagt hat, es sei nahe herbeigekommen, hatte Christus nun gegründet als ein Reich der Seele, die sowohl individuell ist als auch Organ seines mystischen Leibes.

Die äußere Realität verblaßte vor der Wirklichkeit der seelisch-geistigen Welt. Introversion war der Weg, auf dem das Reich Gottes als nah erfahren wurde.

Auferstehung zu neuem Leben

„Ich bin der wahre Weinstock"

Die Wirkung des bestandenen Heldenabenteuers ist die Eröff-
nung des Lebensstromes und sein Einströmen in den Körper der
Welt. Das Wunder dieses Stromes kann physisch dargestellt
werden als Zirkulation der nährenden Substanz, dynamisch als
Energiestrom, spirituell als Manifestation von Gnade", schreibt
Campbell[1]. Ursprung dieses Stromes ist der Mittelpunkt der
Welt, wo der Baum des Lebens wächst, von dem das „dauernde
Wunder der Belebung" ausgeht, „die in allen Dingen quillt"[2].

Nach dem Johannesevangelium ist Christus nun der Mittelpunkt der Welt, der wahre Baum des Lebens. Mit dem „wahren
Weinstock" meint Jesus diesen Lebensbaum, der nun nicht länger
projiziert ist auf heilige Bäume, denen kultische Verehrung bezeugt wird, sondern der zum innerseelischen Bild geworden ist.

„Ich bin der wahre Weinstock, und mein Vater ist der Wein-
gärtner. Jede Rebe an mir, die nicht Frucht trägt, die nimmt er
weg, und jede, die Frucht trägt, die reinigt er, damit sie mehr
Frucht trage. Ihr seid schon rein um des Wortes willen, das ich zu
euch geredet habe. Bleibet in mir und ich bleibe in euch! Wie die
Rebe nicht von sich aus Frucht tragen kann, wenn sie nicht am
Weinstock bleibt, so auch ihr nicht, wenn ihr nicht in mir bleibt.
Ich bin der Weinstock, ihr die Reben. Wer in mir bleibt und ich in
ihm, der trägt viel Frucht, denn ohne mich könnt ihr nichts tun"
(Johannes 15,1-5).

Der Früchte tragende Baum, im ganzen Orient ein Symbol der
Göttin des Lebens, nach der Paradieserzählung Baum des Lebens
und der Erkenntnis, spricht nun mit der Stimme des Christus. Er
wurzelt in der Unterwelt, seine Krone ist der Himmel. Die heilige
Hochzeit zwischen Christus und der Menschheitsseele hat ein
neues Symbol hervorgebracht, in dem Weibliches und Männli-
ches, Seelisches und Geistiges unauflöslich verbunden sind. Jün-

gerinnen und Jünger sind eingeladen, Reben an diesem Baum zu
sein, sich durchströmen zu lassen von seiner Kraft. So sind sie in
Christus und in ihm zugleich miteinander verbunden. So leben
sie im Diesseits und haben doch teil am Ewigen.

„Wenn jemand nicht in mir bleibt, wird er weggeworfen wie
die Rebe und verdorrt, und man sammelt sie und wirft sie ins
Feuer, und sie verbrennen" (Johannes 15,6). Die lebendige Verbindung zwischen dem Menschen und dem Weinstock Christus
ist seine Seele, sie ist empfänglich und durchlässig für den Strom,
der von ihm ausgeht. Ein Ich, das sich gegenüber seiner Seele
verhärtet, sie leugnet, trennt sich zugleich von diesem Lebensstrom, es verbrennt an dem Feuer, aus dem es entstand.

Der Weg zum Lebensstrom führt über das Opfer des selbst-
herrlichen, sich selbst genügenden Ich. Symbol dafür ist das
Kreuz. Doch Ziel dieses Opfers ist nicht der Tod, sondern die
Wiedergeburt des Menschen als ein beseeltes Wesen, als eine
neue Schöpfung, als Rebe am Weinstock Christus.

Das bloße Kreuzsymbol verstellt den Blick in dieses neue
Leben. Es fixiert den Menschen auf sein Ich, das sich gegen
seinen Tod wehrt. Es erzeugt Schuldgefühle und Angst und eine
masochistische Leidensideologie. Maler, die das Kreuz von
Weinranken umschlungen dargestellt haben, sahen tiefer. Auch
diejenigen, die in das Kreuz den Sonnenkreis zeichneten als
Symbol der Auferstehung, die hinter diesem Opfer aufleuchtet.
Das gleichschenklige Kreuz ist ein in der ganzen Menschheit
verbreitetes Symbol für den Kosmos, es zeigt die vier Himmels-
richtungen, es verbindet die Horizontale und die Vertikale. Als
Symbol für diese kosmische Ganzheit ist es mit dem des Welten-
baumes verwandt. Nur im westeuropäischen Christentum wurde
das Kreuz mit der überlängten Vertikalen, das lateinische Kreuz,
zum Christussymbol[3] – Zeichen für eine angestrengte, asketische
Leidenstheologie, die letztlich das Ich-Opfer scheut und dadurch
die seelische, die kosmische Dimension verfehlt.

Das kosmische Kreuz mit dem Sonnenkreis stellt eine verein-
fachte Form des Mandala dar, das als Symbol des Selbst zugleich
Symbol des Christus ist. Im Sterben wurde Jesus eins mit dem

Christus, wurde zum Mittelpunkt des Mandala, des pulsierenden Zentrums ewigen Lebens und der Erkenntnis, aus dem nun hervorströmt, was Jesus, der Christus, erworben hat. Die vier Kardinalpunkte können nun als Pforten oder Quellpunkte aufgefaßt werden, durch die der auferstandene Christus sich mitteilt. Er teilt sich liebevoll mit, jeweils dort und in der Weise, wie der empfangende Mensch dafür bereit ist oder wo er sich befindet auf der Kreisbahn um das Mandala und mit dem, was der Betreffende braucht.

Die Erscheinungen des Auferstandenen können diesen vier Pforten zugeordnet werden, und es ereignet sich bei den Empfangenden jeweils Ähnliches wie das, was beim Weg Jesu das Entscheidende war.

Das große Mandala und seine Pforten
Die Selbstoffenbarung des Christus

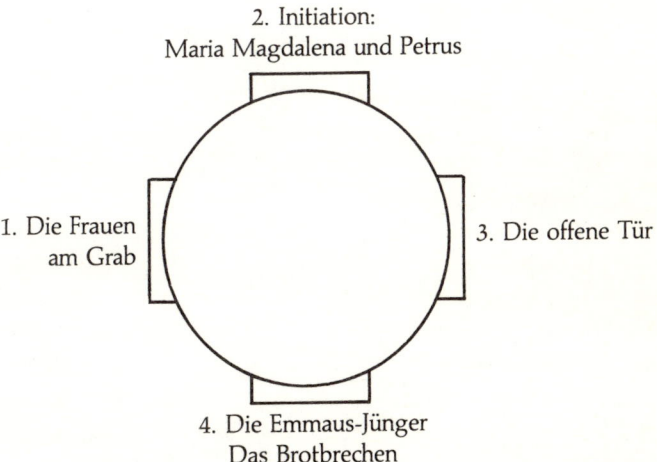

2. Initiation:
Maria Magdalena und Petrus

1. Die Frauen
am Grab

3. Die offene Tür

4. Die Emmaus-Jünger
Das Brotbrechen

Die Geschichten von den Erscheinungen des Auferstandenen haben etwas Schwebendes und Wortkarges zugleich. Sie sind Erzählungen vom Erwachen der Seele in seinen Jüngerinnen und Jüngern, einer Seele, in welcher der Auferstandene lebt. Es sind Geschichten von geistiger Wahrnehmung. Im normalen Wachbewußtsein war nur ein leeres Grab zu sehen, ein Fremder, der den Emmausjüngern begegnete. Religiöse Erfahrung, die den Schleier von Raum und Zeit, in dem das alltägliche Bewußtsein befangen ist, durchbricht, entsteht in überwachen Bewußtseinszuständen, in denen Seele und Geist sich miteinander verbinden. Dann erscheinen Engel so wirklich wie vorher eine Felswand. Dem alten Menschen wird das Neue ein-gebildet, so daß es ihm lebendiger Besitz wird.

Der Gang der Frauen zum Grab

Und als der Sabbat vorüber war, kauften Maria aus Magdala und die Maria des Jakobus und Salome Balsam, um hinzugehen und ihn zu salben. Und sehr früh am ersten Tag der Woche kamen sie zur Gruft, als die Sonne aufgegangen war. Und sie sagten zueinander: Wer wird uns den Stein von der Türe der Gruft wegwälzen?" (Markus 16,1-3).

Die Sonne ist aufgegangen, aber für die Frauen ist es Nacht. Sie sind Gefangene der alten Tyrannei. Die mächtigen Herren Jersualems haben Jesus getötet, und die Herrin der Unterwelt, der Tod, hält ihn gefangen. Unzugänglich und stumm ist die Unterwelt wie der Fels und der mächtige Stein vor dem Grab. Die Frauen vollziehen ein Totenritual wie eh und je. Der Leichnam wird einbalsamiert, ein Ritus, der ihm Unsterblichkeit verleihen soll. Es war schon immer Angelegenheit der Frauen, Leichen zu waschen und zu salben. Das machte sie kultisch unrein, aber als unrein galten Frauen ohnehin meistens, ob sie ein Kind gebaren, ob sie menstruierten oder einen Toten berührten. Geburt und Tod haben mit der Schwelle zwischen Diesseits und Jenseits zu tun, und an dieser Schwelle, der gefürchteten Unterweltsgöttin allzu nahe, machten sich nur Frauen zu schaffen. Man übersah und verachtete sie deswegen, und so konnten sie es wagen, sogar einen öffentlich Hingerichteten zu salben.

Vieles, das lebensnotwendig ist, wird in der patriarchalen Epoche von Frauen getan, von der Entbindung bis zur Pflege Sterbender, aber es findet keine Würdigung. Sie dienen, wenn auch unbewußt, der Göttin, die über Tod und Leben gebietet, die aber aus dem Bewußtsein verdrängt wird, weil das Ich sich durch sie bedroht fühlt. Es zählt dies alles zum dunklen Reich der Mütter, das an die Ränder des Bewußtseinshorizonts geschoben wird.

Gleich Priesterinnen des Todes gehen die Frauen zum Grab. Sie, die gewohnt sind, mit Geburt und Blut, mit dem Sterben und Verwesungsgeruch umzugehen, hatten unter dem Kreuz ausgeharrt und den Leichnam mit zur letzten Ruhe gebettet. Sie waren nicht geflohen wie die meisten männlichen Jünger. Mit düsterer Selbstverständlichkeit dienen sie den unverrückbaren Gesetzen des Werdens wie des Vergehens, denen sie selbst unterworfen sind.

„Und siehe, es geschah ein großes Erdbeben; denn ein Engel des Herrn kam aus dem Himmel herab, trat hinzu, wälzte den Stein weg und setzte sich darauf. Sein Aussehen aber war wie der Blitz und sein Kleid weiß wie der Schnee" (Matthäus 28,2f.).

Was der Evangelist hier erzählt, ist nicht die Auferstehung Christi; das Grab, das der Engel öffnete, war bereits leer. Was er erzählt, ist ein Erlebnis, das sich den Frauen einprägte, weil in ihnen eine schwere Steinplatte weggehoben wurde. Er schildert ein Erdbeben, das in ihnen die individuelle Seele aus der Verschmelzung mit Erde und Unterwelt befreite. Die bisher nach außen projizierte Unterwelt wurde nun zur inneren, ein außen vermuteter zu einem inneren Leichnam. In sie hinein war Jesus gestorben, zugleich erlebten sie, daß sie ihn nicht hatten festhalten können: Das Grab war leer. Die unbewußte Gier der Unterweltsgöttin, die den Geliebten rächend hinabzieht, war überwunden, denn es war jemand in ihr Reich eingebrochen, der mehr war als Tammuz, ein Liebender, über dem der Geist des Höchsten war und der sie zugleich erkannte und wandelte: aus einer greisen Unterweltsgöttin in eine Jungfrau.

„Der Engel jedoch begann und sprach zu den Frauen: Ihr sollt euch nicht fürchten, denn ich weiß, daß ihr Jesus, den Gekreuzigten, sucht. Er ist nicht hier; denn er ist auferweckt worden, wie er gesagt hat. Kommet her, sehet den Ort, wo er gelegen hat" (Matthäus 28,6).

Der Blick, zu dem der Engel die Frauen aufforderte, war ein Blick in ihre eigene Seele: Seht, ihr seid ihm nicht zum Grab geworden, er ist nicht geopfert worden und gestorben, weil er euch liebte und ihr ihn, sondern er lebt. In diese leere Seele hinein

aber schien das Licht des Engels und erklang seine Stimme, die
ihnen sagte, daß sie erkannt und geliebt waren, nicht in menschlicher Weise, sondern in der eines Engels.

„Und gehet eilends hin und saget seinen Jüngern, daß er von
den Toten auferweckt worden ist! Siehe, ich habe es euch gesagt.
Und sie gingen eilends von der Gruft hinweg mit Furcht und
großer Freude und liefen, um es seinen Jüngern zu verkündigen"
(Matthäus 28,7 f.).

Der Engel legt eine Botschaft in ihre Seele, die sie weitersagen
sollen. Statt stummes Grab sollen sie nun verkündigender Mund
sein, jungfräuliche Mütter, die ein göttliches Kind tragen.

Lothar Steiger hat die Ostergeschichten einmal eine „glückliche Wiederholung" dessen genannt, was die Jüngerinnen und
Jünger mit Jesu erlebt hatten[4]. Am Ostermorgen wiederholt und
erfüllt sich, was die Engel den Hirten in der Nacht von Bethlehem
gesungen hatten: „Fürchtet euch nicht, denn siehe, ich verkün-
dige euch große Freude, die allem Volke widerfahren wird, denn
euch ist heute der Heiland geboren, welcher der Christus ist, der
Herr in der Stadt Davids. Und das habt zum Zeichen: Ihr werdet
ein Kind finden, in Windeln gewickelt und in einer Krippe
liegend" (Lukas 2,10 f.). Die Hirten fanden das Kind, wie beschrieben. Die Frauen fanden im leeren Grab nur die Leintücher, in die
man Jesus gewickelt hatte. Denn der Heiland war nicht sichtbar,
er war nun in ihnen selbst geboren worden, Herr in der Stadt
Davids, in Jerusalem. Auch das wurde für die Frauen wahr: Für
sie war der Tyrann in Gestalt des Hohen Rates oder des römischen Statthalters nicht mehr Herr in dieser Stadt, sondern der
Christus, Bräutigam und König der Frau Zion.

Eine Frau aus dem Volke hatte einmal Jesus zugerufen: „Selig
der Leib, der dich getragen hat, und die Brüste, an denen du dich
genährt hast!" Jesus hatte ihren Wunsch aufgenommen und
geantwortet: „Selig sind vielmehr die, welche das Wort Gottes
hören und bewahren" (Lukas 11,27 f.). Die Frauen, die Jesus von
Galiläa an bis nach Jerusalem gefolgt waren, hatten sein Wort
aufgenommen und bewahrt wie in einer Schwangerschaft. Nun,
am Ostermorgen, wurde es in ihnen geboren, wurde zum gött-

lichen Kind der Erkenntnis, wer er war, der Heilige Gottes. Aus
der Sicht des Christus war dieser Ostermorgen ein erster Tag der
Ernte.

Die Gleichnisse vom Reich Gottes sind zugleich Gleichnisse
vom Reich der Seele: „Mit dem Reiche Gottes ist es so, wie wenn
ein Mensch den Samen in die Erde wirft und schläft und aufsteht
Nacht und Tag, und der Same sproßt und wird groß, er weiß
selbst nicht wie. Von selbst bringt die Erde Frucht, zuerst den
Halm, dann die Ähre, dann den vollen Weizen in der Ähre. Wenn
aber die Frucht es zuläßt, legt er alsbald die Sichel an, denn die
Ernte ist da" (Markus 4,26f.). Die Fähigkeit des Weiblichen, der
Seele, „von selbst" Frucht zu bringen, ist eines der Geheimnisse
des Reiches Gottes. Diese menschliche Seele aber, die der Erde
gleich von selbst Frucht bringt, hat Christus mit seinem Tod und
seiner Auferstehung erst erlöst, befreit aus der Umschlingung
des Unbewußten. Denn nicht die Natur, nur die menschliche
Seele ist fähig, sein Wort, seinen Geistsamen aufzunehmen.

Psyche, eine Zwischenbetrachtung

Am Ende des zweiten Jahrhunderts n. Chr. hat Lucius Apuleius in seinem Roman „Metamorphosen" oder: „Der goldene Esel" ein Märchen mit dem Titel „Amor und Psyche" wiedergegeben[5]. Es ist eines der ältesten schriftlich erhaltenen Märchen und erzählt von einem Entwicklungsweg des Weiblichen. Die christliche Tradition enthält so gut wie keine Vorbilder für eine solche Entwicklung. Der Roman des Apuleius stammt aus dem Umkreis der Isis-Mysterien, deren Spiritualität dem frühen Christentum verwandt gewesen ist. Das Märchen soll darum als Muster herangezogen werden, an dem die Tiefendimension der Begegnung der Frauen mit dem Auferstandenen anschaulich werden kann.

Es erzählt, daß die jüngste Tochter eines Königspaares, Psyche, von so unbeschreiblicher Schönheit war, daß die Bürger und ebenso die Fremden von ihr den Ruf verbreiteten, daß die Göttin Venus, „die von der blaudunklen Tiefe des Meeres geboren und mit dem Tau der schäumenden Fluten aufgezogen war, weit und breit die Gnade ihrer Gottheit gewähre und inmitten der Volksmengen umhergehe; oder sicherlich, daß abermals durch einen neuen Sproß himmlischer Tropfen nicht die Meere, sondern die Länder eine andre, mit jungfräulicher Blüte begabte Venus hervorgetrieben hätten". Die Tempel und Altäre der Göttin Venus verödeten von nun an, alles betete zu dem Mädchen.

„Diese maßlose Übertragung himmlischer Ehren auf den Kult eines sterblichen Mädchens erregte heftig die Sinne der wahren Venus", sie sprach zu sich selbst: „Siehe, du alte Mutter der Natur und der Dinge, siehe, du anfänglicher Ursprung der Elemente, siehe, des ganzen Erdkreises nährende Venus, die du dem sterblichen Mädchen gleich behandelt wirst, siehe, wie dein im Himmel gegründeter Name durch den erdenen Schmutz profaniert wird!" Venus beschließt, Psyche zu vernichten, und zwar durch die Liebe. Amor, ihr Sohn, soll bewirken, daß das Mädchen sich in einen verächtlichen armen Krüppel verliebt und durch ihn ins Elend gezogen wird.

Deutlich wird in diesem Märchen unterschieden, was zuvor nicht unterscheidbar war: die menschliche Seele, Psyche und Venus, nun „alte Mutter der Natur und der Dinge". Venus, bis dahin verehrt als Inbegriff aller Schönheit und Gnade, zeigt sich im weiteren Verlauf des Märchens als zwar mächtige, aber in ihrem Haß auf Psyche häßliche alte Hexe. Amor aber, statt den Befehl seiner Mutter auszuführen, wird selbst zum nächtlichen, wenn auch unsichtbaren Gatten Psyches, auch wenn diese es lange nicht ahnt. Psyche und ihren Eltern scheint es so, als solle sie nach dem Willen der Götter mit einem Ungeheuer vermählt werden, das „wütend und wild ist und schlangenumrankt". Ihre Hochzeit wird wie ein Begräbnis begangen. Auf einer Klippe alleingelassen, wird Psyche von einem Windhauch in ein prächtiges Schloß geführt, und in der Nacht erscheint ein unsichtbarer Gemahl, der ihr sehr gefällt. Trotz ihrer Bitten weigert er sich, sich ihr am Tage zu zeigen. Eines Nachts zündet Psyche endlich eine Lampe an und sieht ihren göttlichen Gatten in seiner himmlisch-schönen Gestalt. Aber etwas Wachs von der Lampe hat einen Flügel Amors verbrannt, er verschwindet vor ihren Augen. Damit beginnt der lange und mühsame Weg Psyches, denn sie will ihren Geliebten unbedingt wiederfinden. Vergeblich sucht sie Amor, selbst die Götter wollen ihr nicht sagen, wo sie ihn finden kann. Schließlich gelangt sie zu Venus selbst, und diese stellt ihr Aufgaben, die sie unmöglich lösen kann, denn sie will, daß Psyche aufgibt. Freundliche Naturgeister und zuletzt ein Turm bewahren Psyche davor, sich selbst zu töten, und raten ihr, wie sie die Aufgaben lösen kann. Als dritte und letzte Aufgabe befiehlt Venus ihr, von der Göttin der Unterwelt, Proserpina, Schönheitssalbe zu holen. Der Turm, der zu Psyche spricht, als sie sich von ihm hinabstürzen will, erteilt ihr genaue Anweisungen, wie sie in die Unterwelt gelangen und die Salbe glücklich heraufbringen kann. Er warnt sie auch dringend, die Dose zu öffnen.

Dennoch möchte Psyche, nachdem sie selbst dieses Abenteuer glücklich überstanden hat, etwas von der Salbe für sich, um für Amor schön zu sein. Doch aus der Dose quillt nicht Schönheit, sondern ein Schlaf, der sie betäubt, wie tot liegt sie am Boden. Venus im Verband mit Proserpina scheinen gesiegt zu haben. Psyche, die menschliche Seele, auf der Suche nach Liebe, ist wieder ins Unbewußte hinabgezogen worden, wieder „Tochter" der großen Göttin. Sie liegt wie Schneewittchen im Glassarg, schöne, doch unerreichbare Jungfrau. Aber nicht nur. Psyche ist von Amor schwanger, sie trägt sein Kind im Leib. Dieser aber, „bei verdichteter Narbe bereits genesen und die lange Abwesenheit seiner Psyche nicht aushaltend, stürzt sich aus dem höchsten Fenster des Schlafgemachs, worin er versperrt war, und eilt, da seine Flügel sich durch die ziemlich lange Ruhe erholt haben, weit schneller dahinfliegend zu seiner Psyche, wischt den Schlaf sorgfältig ab und verschließt ihn wieder an den früheren Platz in der Büchse, ermuntert Psyche mit einem schadlosen Stichlein seines Pfeiles und: ,Siehe da', sprach er, ,wieder wärest du Elende umgekommen durch die gleiche Neugier!'"[6] Er befiehlt Psyche, die Salbe Venus zu bringen, selbst aber eilt er zu Jupiter und bewirkt, daß Psyche gleich ihm unsterblich gemacht wird und sie vermählt werden.

„Der göttliche Liebhaber wird durch das Todesopfer Psyches aus dem verwundeten Knaben zum erlösenden Mann, weil er bei Psyche das findet, was nur in der irdisch-menschlichen Mitte zwischen Himmel und Unterwelt existiert, das weibliche Wiedergeburtsmysterium der Liebe. Bei keiner Göttin kann Eros (Amor) das Wunder erfahren und erkennen, das ihm an der menschlichen Psyche begegnet, das Phänomen einer Liebe, die bewußt ist, die bereit ist zu sterben, und, stärker als der Tod, mit göttlicher Schönheit gesalbt, den Geliebten als Todesbräutigam zu empfangen. In diesem Sinne wird auch das Bündnis zwischen Zeus (Jupiter) und Eros (Amor) verständlich, und die durch sie veranlaßte Aufnahme Psyches in den Himmel. Die höchste Instanz des Männlichen beugt sich vor dem Menschlichen und Weiblichen, das dem Göttlichen seine Ebenbürtigkeit durch seine Überlegenheit in der Liebe bewiesen hat."[7] So urteilt Erich Neumann.

Ein Märchen von der Seele, von ihrem Erkenntnisdrang, vom Leiden um der Liebe willen, von Tod und Auferweckung — es weckt Assoziationen zu den Frauen, die am Ostermorgen mit ihren Salben zum Grab kommen, und an den Engel, der sich gleich Amor „aus dem höchsten Fenster des Schlafgemachs stürzt", um das Grab zu öffnen und die Frauen aus ihrer Todesverfallenheit zu reißen. Auffallender noch ist die innere Verwandtschaft der Schlußszene des Märchens mit der Geschichte Maria Magdalenas, von der das Johannesevangelium erzählt.

Initiation und Berufung

Die zweite Station des Heldenweges war die Taufe, bei der Jesus eine Stimme aus dem Himmel hörte, die ihm sagte: „Du bist mein geliebter Sohn, an dem ich Wohlgefallen habe." Die Liebeserklärung, die ihn zum Christus erhob, strömt nun aus dieser Pforte des Mandala, dem Zenit.

„Am ersten Tag der Woche aber kommt Maria aus Magdala früh, als es noch dunkel war, zur Gruft und sieht den Stein von der Gruft hinweggenommen. Maria aber stand außen bei der Gruft und weinte. Wie sie nun weinte, beugte sie sich in die Gruft hinein; da sieht sie zwei Engel in weißen Kleidern dasitzen, den einen beim Haupte und den andern bei den Füßen, da, wo der Leib Jesu gelegen hatte. Und die sagen zu ihr: Weib, was weinst du? Sie sagt zu ihnen: Sie haben meinen Herrn hinweggenommen, und ich weiß nicht, wo sie ihn hingelegt haben" (Johannes 20,1.11-13).

So ähnlich diese Geschichte auf den ersten Blick der von den anderen Frauen ist, die zum Grab kamen, sie hat doch einen anderen Akzent. Maria kommt zur Gruft, als es noch dunkel war, die anderen kamen bei Sonnenaufgang. Sie kamen mit Salben, Maria nicht. Sie hat nichts als ihre Tränen. So dunkel es außen ist, so dunkel ist es in ihr, so dunkel und leer scheint auch die Gruft. Bis sie sich hinabbeugt und im Grab zwei Engel sieht. „Weib, was weinst du?" fragen die Engel. Eine solche Frage dient dazu, unbewußte Motive bewußt zu machen.

Marias Weinen ist keine Tammuzklage, sie will sich nicht lösen von Jesus, den sie geliebt hatte, im Gegenteil. Sie war früh, als es noch dunkel war, hinausgegangen, um ihm nahe zu sein, und sei es im Grab. Doch nicht einmal der Tote ist noch zu finden. Sie weiß weder, wo er ist, noch wo sie sein kann. Sie weint, um sich aufzulösen, um nicht mehr zu sein.

Auch Psyche weinte, als Amor sie plötzlich verlassen hatte, sie wollte nicht mehr leben und stürzte sich in einen Fluß. Der Fluß aber trug sie ans andere Ufer, wo Pan ihr begegnete. Pan ermunterte sie, sich nicht das Leben zu nehmen, sondern zu Amor zu beten und seine Gunst erneut zu gewinnen. Immer wieder, wenn Psyche vor einer neuen Aufgabe stand, war sie weinend bereit zu sterben. Doch immer wieder hörte sie dann eine Stimme, die sie mahnte, nicht aufzugeben, sei es die Stimme des Schilfs, eines Adlers oder des Turmes.

Ähnlich erwacht auch in Maria die Stimme der Engel, die sie fragen: „Weib, was weinst du?" Sie ist im Dunkel nicht mehr allein. Das gibt ihr die Kraft, sich umzuwenden, eine innere Wendung zu machen.

„Als sie dies gesagt hatte, wandte sie sich um. Und sie sah Jesus dastehen und wußte nicht, daß es Jesus war. Jesus sagt zu ihr: Weib, was weinst du? Wen suchst du? Jene, in der Meinung, es sei der Gärtner, sagt zu ihm: Herr, hast du ihn weggetragen, so sage mir, wo du ihn hingelegt hast, und ich will ihn holen" (Johannes 20,14f.).

Sie erkennt den Auferstandenen nicht, denn sie sucht den Lebendigen unter den Toten. Trotzdem ist sie auf einmal entschlossen: „Ich will ihn holen."

So wie Psyche sich auf die Suche machte nach dem verschwundenen Amor, bis zum Schloß ihrer größten Feindin vordrang und selbst in die Unterwelt hinabstieg um seinetwillen, so ist auch Maria Magdalena nun willens, den Verlorenen überall zu suchen und zu holen, wo immer man ihn hingebracht hat. Aber der Gärtner hatte sie gefragt: „Wen suchst du?" Den Sinn dieser Frage hatte sie, ganz auf einen verschwundenen Leichnam fixiert, nicht verstehen können. Sie meinte, von nun an einen Toten lieben zu müssen.

„Jesus sagt zu ihr: Maria! Da wendet sich diese um und sagt auf hebräisch: Rabbuni (das heißt mein Meister)" (Johannes 20,16). Eben noch schienen sich der Gärtner und Maria gegenüberzustehen, doch als Jesus sie anruft: „Maria", muß sie sich erneut umdrehen. Diese Wendung ist die vom Tod zum Leben, von Trauer in Freude. Maria wird aus einer Braut des Todes zu einer Braut Christi. Seine und ihre Liebe werden eins. Und doch sagt der Auferstandene zu ihr: „Rühre mich nicht an; denn ich bin noch nicht zum Vater aufgefahren" (Johannes 20,17). Dieses Wort des Auferstandenen, das Distanz herstellt zwischen ihm und ihr, hat immer wieder Rätsel aufgegeben. Es hat aber auch die Phantasien hervorgerufen, Jesus und Maria aus Magdala seien ein Liebespaar gewesen.

Der Grund, den Jesus angibt, erinnert an die Szene zwischen Amor und Psyche, nachdem er sie aus dem Todesschlaf geweckt hatte. Auch er wollte nun erst zu seinem Vater Jupiter auffahren, um für Psyche Unsterblichkeit zu erwirken. Denn noch war sie menschlich, er göttlich, und als Psyche dies mit ihrer Lampe erkannt hatte, waren sie getrennt worden. Amor sandte Psyche unterdessen mit dem Auftrag zu Venus, ihr die Schönheitssalbe zu bringen, die sie verlangt hatte. Sie mußte ihre Aufgabe bis zum letzten Punkt erfüllen.

Auch Jesus hat einen Auftrag für Maria: „Geh aber zu meinen Brüdern und sage ihnen: Ich fahre auf zu meinem Vater und eurem Vater und zu meinem Gott und eurem Gott" (Johannes 20,17). An dieser Sendung wird deutlich, daß es sich bei dieser Geschichte für Maria um eine Initiation handelte. Wie sich über Jesus bei der Taufe nur für einen Augenblick der Himmel geöffnet hatte und zu ihm sprach, so war auch Maria nur für diesen Augenblick in den Himmel vollkommener Liebe erhoben, hatte geschaut, was keine Frau vor ihr erfahren hatte. So wie es von Christus heißt, „daß er es nicht für einen Raub hielt, Gott gleich zu sein", sondern er sich selbst erniedrigte, so wird auch Maria an die Welt gesandt als Botschafterin der Liebe, des Christus.

Es war für Maria Magdalena und scheint es bis heute ein dorniger Weg. Der Evangelist Johannes erzählt, Petrus und die anderen Jünger hätten in der Gruft nichts als Leintücher gesehen und seien darum umgekehrt. Kein Engel erschien ihnen und sprach zu ihnen. Als die anderen Frauen vom Grab kamen und verkündeten, daß Jesus lebte, hielten die männlichen Jünger dies für „leeres Gerede", für Weibergeschwätz (Lukas 24,11).

Die Apostelgeschichte enthält keine Nachrichten über das Wirken Maria Magdalenas. Die frühe Kirche hat die Frauen sehr bald aus dem Apostelamt verdrängt und es Männern vorbehalten. Nur Legenden überliefern, ihr sei die Gabe der freien Rede und der mitreißenden Verkündigung verliehen gewesen[8]. Gnostische Evangelien rühmen Maria Magdalena als eine Frau, deren Geist den aller Jünger überstrahlte. Nach dem „Evangelium der Maria" war sie die Frau, „die das All kannte".

Mehrfach wird erzählt, wie eifersüchtig die männlichen Jünger auf sie waren, weil Jesus sie besonders liebte und küßte. Doch Jesus nimmt sie immer in Schutz. Im selben Evangelium wird erzählt, wie die Jünger nach dem Tod Jesu trauernd und voll Furcht zusammensitzen. Maria Magdalena aber sagt: „Weint und klagt doch nicht und habt keine Zweifel, denn seine Gnade wird mit euch allen sein und wird euch beschützen." Petrus fordert Maria auf: „Sage uns die Worte des Erlösers, deren du dich erinnerst." Doch Maria berichtet nicht von Erinnerungen an Jesus, sondern erklärt, daß sie den Herrn gerade in einem durch den Verstand empfangenen Gesicht gesehen hat, und erzählt, was er ihr offenbart hat. Andreas antwortet darauf, er glaube nicht, daß Jesus durch sie spreche. Petrus pflichtet ihm bei und belacht die Vorstellung, daß Maria den Herrn in einer Vision gesehen habe. Darauf weint Maria und sagt: „Mein Bruder Petrus, was glaubst du denn? Glaubst du, ich habe das selbst ersonnen in meinem Herzen? Glaubst du, ich lüge über den Erlöser?" Der Jünger Levi kommt ihr zu Hilfe und sagt: „Petrus, du bist von jeher aufbrausend gewesen. Wenn der Erlöser sie aber würdig gemacht hat, wer bist denn du, daß du sie verwirfst?"[9]

In diesem Gespräch spiegelt sich wahrscheinlich eine Auseinandersetzung, die in der frühen Kirche stattgefunden hat. Die Frage Levis an Petrus: „Wer bist denn du, daß du sie verwirfst?" hallt nach bis in die Gegenwart. Bis heute will die apostolische Kirche nichts davon wissen, daß es Frauen geben könnte, die „der Erlöser würdig gemacht" hat und die, von ihm berufen, „das All kennen", deren Geist womöglich den der männlichen Jünger überstrahlen könnte. Schon Ephraim der Syrer und ihm folgend die Legende und das ganze Mittelalter haben sie statt dessen mit der „großen Sünderin" identifiziert, die Jesus die Füße mit ihren Tränen netzte und sie küßte. Die „Magdalenerinnen", im 13. Jahrhundert in Hildesheim gegründet, waren ein Orden, der sich gefallener Mädchen annahm. „Im sexualängstlichen Christentum hat Maria Magdalena auch noch die erotischen Bedürfnisse auffangen und befriedigen müssen. Vielleicht liegt darin ihre unbefangenste, heiterste und sympathischste Funktion. Dazu gehört zunächst, daß sie im Mittelalter zur Patronin der Kosmetikindustrie wurde. Parfümfabrikanten, Salbenmischer und Friseure stellten sich unter ihren Schutz. Zur weiblichen Faszination gehörten auch Modeaccessoires wie Beutel, Kämme, Handschuhe. Maler malten sie in eleganten fließenden Gewändern mit Schmuck behangen."[10]

So heiter dies auch scheint, es ist von dem, wozu Maria Magdalena berufen wurde, doch himmelweit entfernt. Man konnte in ihr eben nur das Weib sehen, das aus männlicher Perspektive für nichts anderes als für sexuelle Lust geeignet ist. Da der kirchliche Mann die Lust aber als Sünde brandmarkt, mußte Maria aus Magdala eine Hure gewesen sein, die Jesus von diesen Dämonen befreit hat, so die katholische Tradition.

Es liegt auf der Grenze zwischen diesem falschen Bild und einer Erkenntnis, die allmählich doch dämmert, wenn Heinrich Böll eine „Theologie der Zärtlichkeiten Maria Magdalenas" fordert und Ernst Eggimann dichtet:

„Jesus
ich stelle mir vor
du hast maria magdalena
die schön war und
nach blüten duftete
geliebt

als du sie umarmtest
war ihre hingabe
so groß
wie deine göttliche liebe

ich stelle mir vor
diese nacht
außerhalb der geschichte
die alle moral überwand

erlöse uns
jesus
von den christlichen sünden
mache uns frei "[11]

Kurt Marti erkennt in ihr neben der erotischen auch die spirituelle Seite:

„Einst hätte man sie
als visionärin heilig gesprochen
oder als hexe
auf dürrem Holzstoß verbrannt
(zwei Seiten derselben medaille)

früher noch
sehe ich sie
als eine der levantinischen frauen
die mit jesus und seiner wanderkommune
die menschenfreundlichkeit gottes
zu leben versuchten

jetzt sitzt sie meditierend
auf einer klippe am meer
mit ihrem wickelkleid spielend
uns auszuwickeln uns einzuwickeln
in gebete gedichte in glauben und liebe –
prophetin einer magdalenischen zeit
weissagend den äon der Zärtlichkeit "[12]

Die Botschaft, mit der Jesus Maria Magdalena an seine Brüder sandte, scheint im 20. Jahrhundert endlich anzukommen: die Ahnung zumindest, daß Geist und Eros in der Frau eins sind, während der Mann zu dieser Integration erst noch bekehrt werden muß. Um das Weibliche so zu sehen, wie Jesus es sah, bedarf auch der Mann einer Initiation.

Unter den Begegnungen mit dem Auferstandenen hat noch eine weitere den Charakter einer Initiation. Von Petrus wird erzählt, daß er zusammen mit anderen Jüngern an den See Genezareth zurückgekehrt war. Eines Tages sagte er zu ihnen: „Ich gehe fischen." Die anderen schlossen sich ihm an. Sie waren die ganze Nacht auf dem See, fingen aber nichts. „Als es aber schon Morgen wurde, trat Jesus ans Gestade; doch wußten die Jünger nicht, daß es Jesus war. Jesus sagt nun zu ihnen: Kinder, ihr habt wohl nichts (zum Brote) zu essen?" (Johannes 21,4f.). Nein, sie hatten nichts von der Speise, die ewiges statt nur irdisches Leben gibt. Da gebot der Fremde ihnen, das Netz zur anderen Seite auszuwerfen, und sie fingen so viele Fische, daß sie das Netz kaum ziehen konnten. Das Netz zur anderen Seite auszuwerfen ist hier ein Bild dafür, nicht länger im See Genezareth, sondern in der Tiefe ihrer eigenen Seele nach Nahrung zu suchen.

Einer der Jünger erkennt nun, was sie zuvor nicht sahen, und sagt zu Petrus: „Es ist der Herr." Als Petrus das hörte, warf er sich in den See, um ans Ufer zu Jesus zu schwimmen. Petrus, der einst geschrien hatte: „Herr, hilf mir, ich ertrinke!" (Matthäus 14,29), kann nun schwimmen. Es ist wohl seine Seele, der er sich nun anvertraut, er ist vom sicheren Boot seines Ich abgesprungen. Das Ufer, an dem er dem Auferstandenen begegnet, ist nicht das Ufer des Sees Genezareth, sondern ein anderes, jenseitiges Ufer in ihm selbst. Der Auferstandene hat Petrus und den anderen Jüngern ein Mahl bereitet, gibt ihnen die Speise, die sie vorher vergeblich gesucht hatten.

„Als sie nun das Mahl gehalten hatten, sagt Jesus zu Simon Petrus: Simon, Sohn des Johannes, liebst du mich mehr als diese? Er sagt zu ihm: Ja, Herr, du weißt, daß ich dich liebhabe. Er sagt

zu ihm: Weide meine Lämmer! Er sagt zu ihm wiederum, zum
zweitenmal: Simon, Sohn des Johannes, liebst du mich? Er sagt
zu ihm: Ja, Herr, du weißt, daß ich dich liebhabe. Er sagt zu ihm:
Hüte meine Schafe! Er sagt zu ihm zum drittenmal: Simon, Sohn
des Johannes, hast du mich lieb? Petrus wurde betrübt, daß er
zum drittenmal zu ihm sagte: Hast du mich lieb? und sprach zu
ihm: Herr, du weißt alles, du siehst, daß ich dich liebhabe. Jesus
sagt zu ihm: Weide meine Schafe! Wahrlich, wahrlich, ich sage
dir: Als du jünger warst, gürtetest du dich selbst und wandeltest,
wohin du wolltest, wenn du aber alt geworden bist, wirst du
deine Hände ausstrecken, und ein anderer wird dich gürten und
dahin führen, wohin du nicht willst. Und nachdem er dies gesprochen hatte, sagte er zu ihm: Folge mir nach!" (Johannes
21,15-19).

Dreimal hatte Petrus auf die Frage der Magd im Hof des
Hohenpriesters, ob er nicht auch zu diesem Jesus gehöre, geant-
wortet: Ich kenne ihn nicht. Er wollte und konnte mit dem, den
die Macht der Finsternis gefangen hatte, nichts zu tun haben.
Nun hatte auch Petrus eine Nacht lang gewacht, was er in
Gethsemane nicht vermocht hatte. Jetzt begegnet ihm an der
Grenze zwischen Nacht und Morgen, zwischen See und Land,
zwischen Seele und Jenseits der Auferstandene, der aus dem
Dunkel des Todes wiedergekehrt ist, und fragt ihn dreimal: Hast
du mich lieb?

Männer kennen diese immer wiederholte Frage von Frauen
und hören sie nicht gern. Immer wieder, immer neu wollen
Frauen es hören und bestätigt bekommen, daß sie geliebt werden, denn aus gutem Grund haben sie Zweifel, ob der Mann sie
wirklich, bis in die Abgründigkeit ihrer Seele hinein, lieben kann.
Eine weibliche Stimme scheint aus Christus zu sprechen mit der
eindringlichen Anrede und Frage: „Simon, Sohn des Johannes,
hast du mich lieb?" Es ist eine Frage, die zugleich eine andere
enthält: Simon, Sohn des Johannes, kennst du dich selbst? Er-
kennst du deine eigene Seele bis in ihre tiefen Abgründe hinein?
Ganz sicher scheint Petrus sich dessen nicht zu sein, er antwortet:
„Herr, *du* weißt, daß ich dich liebhabe." Christus wird für ihn zum

Symbol für Erkenntnis, Selbsterkenntnis und Liebe, er selbst gibt im Vertrauen auf ihn ein Versprechen ab, mehr wagt Petrus nicht. Jesus nimmt das Versprechen an, er beauftragt Petrus: „Weide meine Schafe." Aber er verweist ihn darauf, daß die Einlösung seines Versprechens ihm noch bevorsteht, daß Tage kommen werden, in denen er sich führen lassen muß, wohin er, sein Ich, nicht will. Er wird meinen, dem Tod ausgeliefert zu sein, nicht wissend, daß er der Liebe in die Arme fällt.

Petrus soll den Märtyrertod gestorben sein. Aber nicht der Märtyrertod ist es, den Christus vom Mann will, sondern es ist die Bereitschaft, sich von der Liebe führen zu lassen, die Erkenntnis, daß das Weibliche nicht die Personifikation von Sünde und Tod ist, sondern die Jungfrau, die das göttliche Kind trägt.

Die Frage: „Simon, Sohn des Johannes, liebst du mich?" wird bis heute immer wieder an Petrus und seine Nachfolger gestellt von den Millionen Frauen in Vergangenheit und Gegenwart, die bisher vergeblich darauf warten, daß die Petruskirche das Versprechen wahrmacht, das an jenem Morgen am See gegeben wurde. Daß sie wirklich seine Schafe weidet, statt sie, insbesondere die Frauen, zu verachten, zu vernachlässigen und zu quälen. Die Initiation des Petrus ist eine anfängliche gewesen und bis heute geblieben. Männer der Kirche haben die Liebe zu Christus mißverstanden als Selbstgeißelung, als Askese, als Zölibat. Doch die Liebe zu Christus soll sie nicht zu Tode quälen; er hat eingeladen zum heilen Leben, zur Ganzheit auch des Mannes, zu der seine Seele dazugehört, das Weibliche in ihm.

Matthäus erzählt, daß Jesus den reichen Jüngling liebte, der zu ihm kam und wissen wollte, wie er ewiges Leben erlange. Der junge Mann wies sich aus als einer, der alle Gebote einhielt, wollte aber wissen, was ihm noch fehle. Jesus sagte ihm: „Willst du vollkommen sein, so geh hin, verkaufe, was du hast, und gib es Armen, und du wirst einen Schatz in den Himmeln haben, und komm, folge mir nach! Als aber der Jüngling das Wort hörte, ging er betrübt hinweg, denn er hatte viele Güter" (Matthäus 19,21ff.).

Die vielen Güter, die sich gerade auch der fromme Mann im

Laufe der patriarchalen Geschichte erworben hat, hindern ihn wie das Kamel daran, durch das Nadelöhr zu gehen, das ihm den Zugang zur Liebe und damit ewiges Leben öffnet. „Ohne mich könnt ihr nichts tun", sagt Christus, der Weinstock. Wer sich selbst für reich hält und darauf verzichtet, die Nahrung des Weinstocks anzunehmen, geht am ewigen Leben vorbei, so klug und moralisch er auch sein mag.

„Das Reich der Himmel ist gleich einem im Acker verborgenen Schatz, den ein Mensch fand und wieder verbarg. Und in seiner Freude geht er hin und verkauft alles, was er hat, und kauft den Acker. Wiederum ist das Reich der Himmel gleich einem Kaufmann, der schöne Perlen suchte. Als er aber *eine* kostbare Perle gefunden hatte, ging er hin, verkaufte alles, was er hatte, und kaufte sie" (Matthäus 13,44 ff.).

Die schwer zu findende Kostbarkeit, der Schatz, die Perle sind Symbole des Selbst, des Christus. Maria Magdalena suchte nichts anderes mehr, gab ihr Leben auf, und ihr wurde die kostbare Perle vollkommener Liebe zu eigen. Das Reich Gottes gibt sich dem, der nichts anderes mehr sucht. Wer es aber gefunden hat, wem dieses „Talent", dieses „Pfund" anvertraut wurde, der soll es nicht begraben und für sich behalten, sondern damit handeln, um es für den König, der es ihm anvertraute, zu vermehren (Lukas 19,11 ff.).

Die offene Tür

Die dritte Station des Heldenweges ist die Begegnung des
Erleuchteten mit der Welt, mit den Menschen, denen er seine
Botschaft bringen soll, und zugleich mit denen, die sich ihm und
seinem Auftrag widersetzen. Er hat die Doppelrolle des Hirten
zu spielen: seine Herde weiden und sie gegen Feinde schützen. In
dieser Eigenschaft war Jesus in Galiläa und bis zu seiner Ankunft
in Jerusalem zu sehen. Auch dies erscheint als glückliche Wiederholung in den Ostergeschichten:

„Als es nun an jenem Tage, dem ersten der Woche, Abend war
und dort, wo die Jünger sich aufhielten, die Türen aus Furcht vor
den Juden verschlossen waren, kam Jesus und trat in die Mitte;
und er sagt zu ihnen: Friede sei mit euch! Und als er dies gesagt
hatte, zeigte er ihnen die Hände wie auch die Seite. Da wurden
die Jünger froh, als sie den Herrn sahen. Jesus sprach nun
wiederum zu ihnen: Friede sei mit euch! Wie mich der Vater
gesandt hat, sende auch ich euch. Und nachdem er dies gesagt
hatte, hauchte er sie an und sagte zu ihnen: Empfanget den
heiligen Geist!" (Johannes 20,19-22).

Bei Lukas heißt es zur selben Szene, daß die Jünger den, der
plötzlich in ihrer Mitte stand, zunächst für einen Geist, ein
Gespenst hielten und sich fürchteten. Die Tür, die sie aus Angst
verriegelt hatten, war plötzlich offen, aber nicht zur Straße,
sondern zu einer jenseitigen, geistig-seelischen Welt, die bisher
unzugänglich schien. Diese Tür in den Menschen muß der Heros
öffnen, um sie ansprechen zu können, um sich ihnen zu offenbaren. Aber er kommt nicht als Einbrecher und Räuber, sondern als
der gute Hirte: „Wahrlich, wahrlich, ich sage euch: Ich bin die
Türe zu den Schafen. Alle, die vor mir gekommen sind, sind
Diebe und Räuber; aber die Schafe haben nicht auf sie gehört. Ich
bin die Türe, wenn jemand durch mich hineingeht, wird er

gerettet werden, und er wird ein und aus gehen und Weide finden. Der Dieb kommt nur, um zu stehlen und zu schlachten und zu verderben. Ich bin gekommen, damit sie Leben und reiche Fülle haben" (Johannes 10,7-10).

Die „Diebe und Räuber", das sind die Tyrannen, die das Volk in Knechtschaft halten. „Aber die Schafe haben nicht auf sie gehört." Die Schafe sind Symbol für die Seelen der Menschen, die sich nur dem öffnen, den sie von innen her kennen, den sie lieben. Die Tür ist ein anderes Bild für die Verbindung zwischen dem Weinstock und seinen Reben. Der Weinstock läßt den Reben „Leben und reiche Fülle" zuströmen, so wie der Auferstandene nun die Jünger anhaucht und ihnen heiligen Geist überträgt.

Die Geschichte, wie der Auferstandene durch verschlossene Türen mitten unter die Jünger tritt, gleicht einer glücklichen Wiederholung des ersten Auftretens Jesu nach Taufe und Versuchung in Galiläa: „Da kehrte Jesus in der Kraft des Geistes nach Galiläa zurück; und er kam nach Nazareth, wo er erzogen worden war, und ging nach seiner Gewohnheit am Sabbattag in die Synagoge und stand auf, um vorzulesen. Und es wurde ihm das Buch des Propheten Jesaja gegeben, und als er das Buch auftat, fand er die Stelle, wo geschrieben stand: ‚Der Geist des Herrn ruht auf mir, weil er mich gesalbt hat; er hat mich gesandt, den Armen frohe Botschaft zu bringen, den Gefangenen Befreiung zu verkündigen und den Blinden das Augenlicht, die Zerschlagenen zu befreien und zu entlassen, ein angenehmes Jahr des Herrn zu verkündigen.' Und als er das Buch zugetan hatte, gab er es dem Diener wieder und setzte sich, und aller Augen in der Synagoge waren auf ihn gerichtet. Er begann aber damit, ihnen zu sagen: Heute ist dieses Schriftwort erfüllt vor euren Ohren" (Lukas 4,14ff.).

Dieses „heute" kennzeichnet die Ankunft des Heilbringers: „Heute, da ihr meine Stimme hört, verstockt euer Herz nicht." Das Herz, verriegelt aus Angst, soll sich nun dem öffnen, dessen Stimme ihm eigentlich vertraut ist. Denn die Herzen der Menschen sind der Acker, in den das Neue gesät wird:

„Siehe, der Sämann ging aus, um zu säen. Und indem er säte, fiel etliches auf den Weg, und die Vögel kamen und fraßen es auf. Anderes fiel auf felsigen Boden, wo es nicht viel Erde hatte, und es ging sogleich auf, weil es nicht tiefe Erde hatte; als aber die Sonne aufging, wurde es verbrannt, und weil es nicht Wurzel hatte, verdorrte es. Andres fiel unter die Dornen, und die Dornen wuchsen auf und erstickten es. Noch andres fiel auf den guten Boden und brachte Frucht, etliches hundertfältig, etliches sechzigfältig, etliches dreißigfältig. Wer Ohren hat, der höre!" (Matthäus 13,3-9).

Weil aber die Herzen vieler Menschen wie harte Wege, felsiger Boden oder Dorngestrüpp sind, sind dem Heros seine schamanischen Gaben als Hilfe mit auf den Weg gegeben. Er kann den Boden bereiten, indem er böse Geister austreibt und Kranke heilt. Er vermag Sünden zu vergeben, das heißt das verschlossene Herz zu öffnen, damit es guter Boden wird, Rebe am Weinstock. Daß ihm dies gelingt, ist Zeichen der „Kraft des Geistes" und damit seiner göttlichen Sendung. Als Johannes der Täufer Boten zu Jesus sandte und fragen ließ: „Bist du der, der da kommen soll, oder sollen wir auf einen anderen warten?", gab Jesus zur Antwort: „Blinde werden sehend und Lahme gehen, Aussätzige werden rein und Taube hören, Tote werden auferweckt und Armen wird die frohe Botschaft gebracht, und selig ist, wer an mir keinen Anstoß nimmt" (Matthäus 11,1-6).

Was Jesus getan hat, sollen nun seine Jünger an seiner Stelle tun, denn er ist nun der Christus, das Selbst, das in Raum und Zeit Diener braucht, die, ganz geöffnet zu ihm hin, in dieser Welt seine Botschaft weitertragen. Der Anhauch des Auferstandenen, mit dem er den Jüngern Heiligen Geist verleiht und sie zu seinen Bevollmächtigten macht, ist Ausdruck ihrer Wandlung, sie werden neu geschaffen zu einem ganzen Menschen, in dem Christus wohnt. Auch dieser Vorgang wiederholt, was Jesus zu Lebzeiten tat:

„Diese Zwölf sandte Jesus aus und gebot ihnen: Wenn ihr aber hingeht, so predigt: ‚Das Reich der Himmel ist genaht.' Heilet Kranke, wecket Tote auf, machet Aussätzige rein, treibet Dämo-

nen aus! Umsonst habt ihr es empfangen, umsonst gebet es"
(Matthäus 10,5-8).

In gleicher Weise sandte er ein anderes Mal siebzig aus und
gab ihnen unter anderem mit auf den Weg: „Siehe, ich sende euch
wie Schafe mitten unter die Wölfe" (Lukas 10,3). Verglichen mit
ihm, dem Hirten, sind sie doch nur Schafe, die den Wölfen, den
Räubern und Dieben wenig entgegenzusetzen haben; aber der
Hirte steht hinter ihnen, sie sind nicht verlassen, denn ohne ihn
könnten sie nichts tun; was sie ausrichten, gelingt ihnen „in
seinem Namen". In seinem Namen aber können auch sie tun, was
sonst nur Initiierte, Schamanen, können. Diese Geistübertragung
ist ein besonderes Zeichen der Endzeit, des anbrechenden Reiches Gottes.

Aber nicht diese Begabung mit der Kraft des Geistes ist das
Entscheidende, sondern die Liebe, die daraus spricht. Ebenso wie
Jesus als der gute Hirte dem verlorenen Schaf nachgeht, bis er es
findet und heimtragen kann, so ist es auch den Jüngern aufgetra-
gen. „Liebe deinen Nächsten, er ist wie du", nämlich ein „Schaf",
das zwar die Stimme des guten Hirten noch nicht vernommen
hat, sich noch dagegen sperrt, das aber dazu berufen ist, nicht nur
zu seiner Herde, sondern auch zu seinen Boten zu gehören.
Nächstenliebe nimmt ihre Kraft nicht aus dem eigenen Gefühl
der Sympathie, sondern aus der Kraft des Weinstocks, und sieht
im anderen darum die Rebe, die auch an den Weinstock angeschlossen werden soll. Insofern ist das Gebot der Nächstenliebe
aus der anbrechenden Endzeit begründet, der Liebende sieht
jeden Menschen im Licht des Heils, das auch über ihm aufleuchtet. Nächstenliebe ist darum befreiende, heilende Liebe, die in der
Kraft des Geistes böse Geister austreibt, Blinde sehend, Taube
hörend und Lahme gehend macht, nicht um sie an sich zu binden,
sondern um sie in die Freiheit des Reiches Gottes zu entlassen.
Wenn Jesus einen Menschen geheilt hatte, sagte er oft zu ihm:
„Dein Glaube hat dir geholfen" oder: „Geh hin in Frieden", denn
ebenso wie er die Tür ist, ist die Tür auch in jedem einzelnen
selbst, er ist nun frei, sie selbst zu öffnen, und indem er die
Heilung annahm, hat er sie bereits geöffnet, er glaubt.

Das große Manifest der Endzeit, die Regierungserklärung des endzeitlichen Königs, ist die Bergpredigt, in der die neue Wahrnehmung, die neue Weisheit, das neue Recht verkündet werden. Es ist zugleich der Maßstab, an dem von nun an alle die zu messen sind, die sich zu „Hirten", zu „Herren" der Erde aufwerfen. Ihre Maske wird durchschaubar, sie sind „Tyrannen". Und die Bergpredigt ist Trost für die „Schafe, die mitten unter die Wölfe gesandt" sind. Was sie unter den „Wölfen" traurig macht, bedeutet für sie als Herde des Hirten Trost, was unter den Wölfen Hunger und Durst nach Gerechtigkeit weckt, bedeutet im Reich des Hirten Sättigung. Denn soweit sich das Reich des Hirten von dem der Tyrannen unterscheidet, unterscheidet sich auch das Leben der Gesandten, die als „Ich" ihres Herrn in Raum und Zeit leiden, zugleich aber schon jetzt im Reich Gottes wohnen. Sie sind Nachfolger insofern, als auch Jesus ein Mensch und der Christus zugleich war.

„Endzeit", Zeit des Heils, Reich Gottes werden in den Evangelien niemals als etwas Künftiges verstanden, sondern als Gegenwart, als etwas, das im Werden und Wachsen begriffen ist, noch nicht vollendet, aber immer näher kommend. So wie Jesus unter den Menschen war und der Auferstandene plötzlich mitten unter den Jüngern steht, so auch das Reich Gottes.

Obwohl Jesus seinen Auftrag anders verstanden hat, als die jüdische Messiashoffnung es von ihm erwartete, obwohl er seine Botschaft in die Herzen der Menschen säte, statt als politischer Held die Römer zu vertreiben, hat die Theologie nachträglich festgestellt, Jesus habe sich mit seiner Naherwartung des Reiches Gottes wohl doch geirrt. Damit hat die Theologie sich erneut der jüdischen Messiashoffnung angeschlossen, die „sichtbare, reale" Zeichen sehen will dafür, daß der Messias gekommen ist, nämlich geänderte politische Realitäten. Spöttisch und klagend in einem wird auch gesagt: „Jesus verkündete das Reich Gottes, und es kam: die Kirche."

Diese Sichtweise, fixiert auf das, was man sehen und messen kann, eingegrenzt in das alltägliche Normalbewußtsein, das nur historisch denken kann, hat die Wahrnehmung, zu der Jesus die

Menschen befreien wollte, wieder verstellt. Sie hat das Reich Gottes aus der Geschichte hinausverlagert ans „Ende der Zeit". Währenddessen kann man getrost so weitermachen wie bisher, der „Jüngste Tag" ist fern und ebenso unsichtbar wie unvorstellbar. Insgeheim aber fürchtete man, daß dieser Tag wohl ein Tag des Gerichts sein werde. Die Angst vor dem Gericht ist Ausdruck des Schuldbewußtseins, denn die Seele verklagt das eigenmächtige Ich, das sich gegen die Botschaft vom nahen Reich verbarrikadiert. Der „Tag des Gerichts" aber ist für jeden jetzt und hier, eben weil das Reich Gottes vor der Tür steht und heute Einlaß begehrt – nicht um zu strafen und zu verdammen, sondern um zu verwandeln und zu heilen. Das Reich Gottes beginnt heute und hier für jeden, der sich ihm öffnet, es ist im Werden und Wachsen wie der Same, der auf guten Boden fällt und Frucht bringt. Daß es noch nicht sichtbar ist, liegt daran, daß es wie ein Kind kommt, tief verborgen im Schoß der Welt seiner Geburt entgegenreifend. „Wer das Reich Gottes nicht annimmt wie ein Kind", nämlich wie eine Frau, die den Samen aufnimmt und schwanger wird, „der wird nicht hineinkommen" (Lukas 18,17). Denn „nur Geburt kann den Tod überwinden – Geburt freilich nicht nochmals der alten Verhältnisse, sondern eines Neuen"[13].

Auf die Frage der Jünger nach dem „Wann" sagte Jesus unter anderem: „Vom Feigenbaum aber lernet das Gleichnis: Wenn sein Zweig schon saftig wird und die Blätter hervorwachsen, merkt man, daß der Sommer nahe ist" (Markus 13,28). Der Sommer aber ist die Zeit, in welcher der Feigenbaum seine Frucht bringt, und die Frucht ist das göttliche Kind, das Reich Gottes.

Was die Nachfolger Jesu zu tun haben, ist, wie er den Samen auszustreuen, den Boden zu bereiten und damit dem Herrn den Weg zu bereiten.

Dabei sind sie selbst Schwangere, die das göttliche Kind im Herzen tragen, und ihr Leib ist „ein Tempel Gottes". Und die „Gemeinschaft der Heiligen" ist diejenige, die in der Begegnung zwischen Maria und Elisabeth vorgebildet ist, der beiden schwangeren Frauen. „Wo zwei oder drei versammelt sind in meinem Namen, da bin ich mitten unter ihnen", sagte Jesus. Er war „mitten unter" Maria und Elisabeth, und beide jubelten. Ebenso erschien der Auferstandene den Jüngern, indem er plötzlich „in ihrer Mitte" stand, sie anhauchte mit seinem Geist, so daß sie den Samen empfingen. Wer heute schon das Reich Gottes „sehen" will, muß seinen Blick nach innen wenden, muß mit jenem überwachen Bewußtsein wahrnehmen können, daß es sich in der Seele bildet wie in einem Mutterschoß.

Nicht Jesus also hat sich geirrt, was die Nähe des Reiches Gottes anbetrifft, sondern die Theologen irren sich, deren Geduld nicht ausreicht. Jesus möchte auch das letzte verlorene Schaf und die unter die Räuber Gefallenen nicht allein heimholen und heilen, sondern den Samen in ihr Herz pflanzen, so daß auch sie „schwanger" werden mit dem Reich Gottes. Auch die Arbeiter im Weinberg, die ganz zuletzt dazukommen, erhalten den vollen Lohn, und der ist nicht weniger als das Reich Gottes. Jesus will Wandlung der Menschen, eine Wandlung, die von innen, nicht von außen kommt. Er möchte, daß alle Menschen „guter Boden" werden, auf dem die Frucht, das Reich, heranreift. Die Menschheit ist einbezogen in das Werden des Reiches, sie ist als dessen Mutterboden unverzichtbarer Wegbereiter.

Darum ist es für die Jünger Jesu nötig, für menschenwürdige Verhältnisse auf der Erde zu sorgen, für Gerechtigkeit, für Nahrung, für ein gutes Gesundheitswesen. Dies ist noch nicht das Reich, aber es bereitet den Boden dafür, daß der Same des Evangeliums aufgehen kann. Denn getretene Menschen geben einen Boden ab wie harte Wege, Hungernde sind wie ein felsiger Boden ohne Kraft, Zornige wie ein Boden, auf dem Dornen wachsen. Von diesen bösen Geistern müssen sie zunächst befreit, diese Krankheiten müssen geheilt, diese Taubheit und Blindheit muß zuerst behoben werden. Dies sind die begleitenden Zeichen und Wunder des Heilbringers, und sie sind entsprechend unverzichtbarer Teil der christlichen Verkündigung, die unglaubwürdig wäre, wenn sie den Boden nicht bestellte, in den sie sät.

Es ist nicht so, daß Jesus die Schwere dieser Arbeit nicht bewußt gewesen wäre. Einmal kam ein Mann zu ihm und bat ihn für seinen mondsüchtigen Sohn, den die Jünger nicht hatten

heilen können. Da klagte Jesus: „O du ungläubiges und verkehrtes Geschlecht, wie lange soll ich bei euch sein? Wie lange soll ich
euch ertragen?" (Matthäus 17,17). Und als die Jünger ihn fragten,
warum sie den Jungen nicht heilen konnten, gab er ihnen zur
Antwort: „Um eures Kleinglaubens willen. Denn wahrlich ich
sage euch: Wenn ihr Glauben habt wie ein Senfkorn, werdet ihr
zu diesem Berge sprechen: Hebe dich weg von hier dorthin! und
er wird sich hinwegheben, und nichts wird euch unmöglich sein"
(Matthäus 17,19 ff.).

Für unmöglich hat Jesus einen solchen Glauben nicht gehalten, aber die Unruhe, daß es bis dahin lange dauert und die
Menschen darunter leiden, teilte er durchaus: „Er zog umher
durch alle Städte und Dörfer, lehrte in ihren Synagogen, predigte
das Evangelium vom Reich und heilte jede Krankheit und jedes
Gebrechen. Als er aber die Volksmenge sah, fühlte er Erbarmen
mit ihnen; denn sie waren abgequält und erschöpft wie Schafe,
die keinen Hirten haben. Da sagte er zu seinen Jüngern: Die
Ernte ist groß, aber der Arbeiter sind wenige. Bittet daher den
Herrn der Ernte, daß er Arbeiter in seine Ernte sende!" (Matthäus
9,35-38). Doch selbst in diesem Augenblick der Erschütterung
über das Elend der Menschen hat Jesus nicht um himmlische
Heerscharen gebeten, die das schon nahe Reich nun plötzlich
herbeiführen sollten, sondern seine Jünger aufgefordert, um Arbeiter zu beten, um menschliche Hirten. Doch wohl, weil er
wußte, daß nur das geduldige Bemühen den Boden bereiten
kann für die Saat des Gottesreiches.

Das Brotbrechen

Die vierte Station des Herosweges ist der Mitternachtspunkt, der Nadir. Für Jesus waren es sein Sterben und seine Auferstehung. Die Selbstmitteilung des auferstandenen Christus an dieser „Pforte" hat den Charakter einer heiligen Hochzeit.

„Und siehe, zwei von den Jüngern wanderten an ebendem Tage nach einem Dorf, das von Jerusalem sechzig Stadien entfernt ist, namens Emmaus; und sie redeten miteinander über alle diese Ereignisse. Und es begab sich, während sie miteinander redeten und sich besprachen, da nahte sich Jesus selbst und ging mit ihnen. Ihre Augen jedoch wurden gehalten, damit sie ihn nicht erkannten. Er sprach aber zu ihnen: Was sind das für Reden, die ihr unterwegs miteinander wechselt? Und sie blieben traurigen Blickes stehen. Einer aber mit Namen Kleopas antwortete und sprach zu ihm: Bist du der einzige, der in Jerusalem weilt und nicht erfahren hat, was daselbst in diesen Tagen geschehen ist? Und er sagte zu ihnen: Was? Sie antworteten ihm: Das mit Jesus von Nazareth, der ein Prophet war, mächtig in Tat und Wort vor Gott und allem Volke, und wie ihn unsre Hohenpriester und unsre Oberen zum Todesurteil ausgeliefert und ihn gekreuzigt haben. Wir aber hofften, er sei es, der Israel erlösen sollte. Aber bei dem allen ist es schon der dritte Tag, seit dies geschehen ist. Aber auch einige Frauen aus unsrer Mitte haben uns in Bestürzung versetzt. Nachdem sie früh am Morgen bei der Gruft gewesen waren und seinen Leib nicht gefunden hatten, kamen sie und sagten, sie hätten gar eine Erscheinung von Engeln gesehen, die sagten, er lebe. Und einige der Unsrigen gingen hin zur Gruft und fanden es so, wie es die Frauen gesagt hatten; ihn selbst aber haben sie nicht gesehen. Und er sprach zu ihnen: O ihr, die ihr unverständig und trägen Herzens seid, um zu glauben an alles, was die Propheten geredet haben! Mußte nicht der Christus dies

leiden und in seine Herrlichkeit eingehen? Und er begann bei
Mose und bei allen Propheten und legte ihnen in allen Schriften
aus, was über ihn handelt.

Und sie näherten sich dem Dorf, wohin sie wanderten, und er
stellte sich, als wolle er weitergehen. Und sie nötigten ihn und
sagten: Bleibe bei uns, denn es will Abend werden, und der Tag
hat sich schon geneigt! Und er ging hinein, um bei ihnen zu
bleiben. Und es begab sich, als er mit ihnen zu Tische saß, nahm
er das Brot, sprach das Dankgebet darüber, brach es und gab es
ihnen. Da wurden ihnen die Augen aufgetan, und sie erkannten
ihn; und er entschwand ihren Blicken. Und sie sagten zueinander:
Brannte nicht unser Herz in uns, wie er auf dem Wege mit uns
redete, wie er uns die Schriften erschloß?" (Lukas 24,13-32).

„Unverständigen und trägen Herzens — ihre Augen gehalten,
so daß sie Jesus nicht erkannten", und dann, beim Brotbrechen,
„wurden ihnen die Augen aufgetan". Was hat sie zum Erkennen,
zum Sehen gebracht? Sie hatten diese Geste an Jesus oft erlebt, er
hatte im Kreise seiner Jünger oft das Brot gebrochen und mit
ihnen geteilt; die Mahlzeiten mit ihnen und mit vielen anderen
waren von Jesus als Fest der Nähe des Bräutigams, als Zeichen
des nahen Reiches gedeutet worden. In seinen Gleichnissen hatte
er immer wieder das Reich Gottes mit einem Hochzeitsmahl
verglichen. An der Geste, wie der Fremde das Brot brach, konnten die Jünger ihn wiedererkennen, sehen, daß er lebt, wie die
Frauen ihnen berichtet hatten. Aber sie hätten ihren Sinnen nicht
getraut, wären durch das Brotbrechen nicht auch ihre Seelenaugen geöffnet worden, mit denen sie erkannten, was ihnen auf
dem Wege nur ihr brennendes Herz zu sagen versuchte. Sie
erkannten im Brot, das gebrochen wurde, den gekreuzigten
Jesus, und in dem, der es ihnen gab, den Lebendigen.

Im Johannesevangelium sagt Jesus von sich: „Deshalb liebt
mich mein Vater, weil ich mein Leben hingebe, damit ich es
wieder nehme. Niemand nimmt es von mir, sondern ich gebe es
von mir aus hin. Ich habe Macht, es hinzugeben, und habe
Macht, es wieder zu nehmen. Diesen Auftrag habe ich von
meinem Vater empfangen" (Johannes 10,17f.). Er nennt sich

selbst „lebendiges Brot, das aus dem Himmel herabgekommen ist" und fügt hinzu: „Aber das Brot, das ich geben werde, ist zugleich mein Fleisch" (Johannes 6,51).

Das Symbol Brot und was es in diesem Zusammenhang bedeutet, wird verständlich auf dem Hintergrund des Tammuz-Mythos. Tammuz und die ihm verwandten Gestalten wurden auch als Getreidegötter verstanden. Wurde das Getreide geerntet, gemahlen und zu Brot geröstet, verstand man dies als den Tod des Tammuz. Das erste Brot war nicht etwa als Nahrung für Menschen bestimmt, sondern wurde der Göttin Ishtar geopfert und darum „Ishtarbrot" genannt. Dieser Kult war in Israel bekannt: „Die Kinder lesen Holz zusammen, die Väter zünden Feuer an, und die Frauen kneten Teig, um Opferkuchen für die Himmelskönigin zu backen" (Jeremia 7,18). Dieses Brot war immer ungesäuert wie später das Mazzenbrot des Passahmahls, ungesäuert deshalb, weil es Symbol für das Saatgut war. Auch in Zeiten des Nahrungsmangels Saatgut für das nächste Jahr aufzubewahren wurde als Opfer aufgefaßt. Aber es mußte der Erde, der Göttin des Lebens, „geopfert" werden, damit sie wieder fruchtbar wurde. Gesäuert wird das Saatgut erst im Erdboden, die Ackerkrume, der Mutterschoß waren Symbole für den Sauerteig.

„Wenn das Weizenkorn nicht in die Erde fällt und stirbt, bleibt es allein, wenn es aber stirbt, bringt es viel Frucht", sagt Jesus (Johannes 12,24). Er meinte mit dem Weizenkorn sein Leben, das mit der Erde vermählt werden, in sie hinein sterben müsse. Als Weizenkorn, als natürliches Brot, gleicht er Tammuz, mit dem großen Unterschied, daß Tammuz in Jesus Mensch geworden war. Zugleich aber ist Jesus „Brot vom Himmel". Er ist mehr als Tammuz, er ist Geistsamen, der nicht natürliche, sondern geistige Fruchtbarkeit bewirkt, nicht in der Erde, sondern in den Seelen der Menschen. Er vermählt sich sterbend mit ihnen, um sie durch seine Auferstehung mit hineinzunehmen in sein Reich.

„Das Reich der Himmel ist gleich einem Sauerteig, den eine Frau nahm und unter drei Scheffel Mehl mengte, bis es ganz durchsäuert war" (Matthäus 13,33). Mit den drei Scheffeln Mehl meint Jesus sich selbst; wird er genommen, aufgenommen, vermengt, vermählt die Frau Seele sich mit ihm, dann entsteht das Reich der Himmel.

Indem Jesus das Brot bricht und es den Jüngern zu essen gibt, gibt er sich ihnen selbst. Da er selbst, der Auferstandene, es ihnen gibt, zeigt er ihnen zugleich, daß er Macht hat, sein Leben zu geben und es wieder zu nehmen. „Mußte nicht Christus solches leiden und zu seiner Herrlichkeit eingehen?" (Lukas 24,26). Nur sterbend konnte er sich verbinden mit der menschlichen Seele, nur mit ihr, nicht ohne sie, wollte er sein Reich gründen.

Das Abendmahl wird zu Recht das „Sakrament der Wandlung" genannt. Verstanden wird daran, daß sich Brot und Wein in Leib und Blut Christi wandeln. Die entscheidende Wandlung wird dadurch eher verborgen, die Wandlung, die sich in denen vollziehen soll, die von diesem Brot essen und von diesem Wein trinken. Das Abendmahl meint Kommunion, Vermählung, heilige Hochzeit und damit Wandlung der Empfangenden.

Eine Anthropologie des Empfangens muß deutlich machen, daß Brot und Wein „Speise des ewigen Lebens" nicht durch einen magischen Akt sind, sondern weil sie in der Seele des Menschen die Quelle ewigen Lebens wachrufen, die Erkenntnis des Christus und den Glauben, mit ihm mystisch eins zu sein.

„Ein anderes Gleichnis legte er ihnen vor und sprach: Das Reich der Himmel ist gleich einem Senfkorn, das ein Mensch nahm und auf seinen Acker säte. Dieses ist zwar kleiner als alle Samenarten, wenn es aber herangewachsen ist, ist es größer als die Gartengewächse und wird ein Baum, so daß die Vögel des Himmels kommen und in seinen Zweigen nisten" (Matthäus 13,31 ff.). In immer neuen Bildern hat Jesus das Geheimnis seines Reiches als einen Vorgang der Wandlung und des Wachstums geschildert, der den empfangenden Menschen einbezieht, ihn beteiligt und ihm dadurch Wert verleiht.

Die Wandlung, die Christus an der Seele, seiner Braut, vollzieht, wurde in der frühen Kirche als Taufe bezeichnet. Daher verbindet der Epheserbrief die heilige Hochzeit mit einer Taufe der Braut. „Ihr Männer, liebet eure Frauen, wie auch Christus die

Kirche geliebt und sich für sie dahingegeben hat, um sie zu heiligen, nachdem er sie durch das Wasserbad in Verbindung mit dem Wort gereinigt hat, damit er selbst auf solche Weise die Kirche in herrlicher Gestalt vor sich hinstellte als eine solche, die weder Flecken noch Runzel oder etwas dergleichen hätte, sondern sie soll heilig und untadelig sein" (Epheser 5,25 ff.). Die Hingabe Jesu an den Tod ermöglicht die Wandlung, die Christus an der Menschheit vollbringt, die danach nicht mehr greisinnenhaft, mit Flecken und Runzeln, sondern heilig und untadelig vor ihm erscheint, als seine geliebte Braut. In einer frühen syrischen Liturgie heißt es zum Beispiel: „Verlassen war ich und geschlagen, aber der König, der mich in seiner Liebe befreite, pflegte mich mit Öl und Wasser."[14]

In gnostischen Gemeinden gab es eine Zeremonie des „Brautgemachs" als ein eigenes Sakrament, das als das „Heiligste der Heiligen" verstanden wurde. Es war ein Sterbesakrament, bei dem der Sterbende mit dem „Pleroma", der göttlichen Welt, vermählt wurde, die auch als Brautgemach bezeichnet wurde[15]. Der Tod wurde zur Braut, was zuvor Furcht bereitet hatte, wandelte sich in hingebende Liebe.

„Brannte nicht unser Herz in uns, als er auf dem Wege mit uns redete?" sagten die Emmausjünger zueinander, als sie den Auferstandenen erkannt hatten und er vor ihren Augen verschwunden war. Ihr Gefühl hatte ihnen mitgeteilt, was ihr Verstand noch nicht fassen konnte. Nun hatten sie das „Brot vom Himmel", den lebendigen Christus, empfangen, ihre Seele war zur Braut geworden, und sie kehrten voller Freude nach Jerusalem zurück, um den anderen Jüngern mitzuteilen, daß Jesus lebt.

Zusammenfassung

Der große Kreis des Mandala, das Jesus von seiner Geburt bis zur Auferstehung einmal umschritten hatte, wurde nun ein zweites Mal umschritten in Geschichten von der Selbstoffenbarung des Christus. Sie wurde von seinen Jüngerinnen und Jüngern erfahren als Kommunion des Christus mit ihrer Seele. Was er ihnen zukommen läßt, trägt in allen Variationen den Namen Liebe. Liebe, in der sich geistige Schöpferkraft zeigt, Liebe, die seelische Fruchtbarkeit hervorruft.

Alle Gestalten dieser wandelnden Liebe offenbaren das Geheimnis des Reiches Gottes, wie Jesus es in seinen Gleichnissen geschildert hat. Der sich selbst offenbarende Christus und die Seele, die ihn aufnimmt, sind vom Reich Gottes umschlossen, sie sind dieses Reich. Denn das Reich Gottes bricht nicht senkrecht von oben über die Erde herein, sondern inkarniert sich als Christus in die menschliche Seele wie ein Samenkorn, das dort aufgehen und wachsen will.

Die Kirche ist nur vorläufig, stellvertretend, die „Braut" Christi, sie ist nicht das Ziel, wohl aber vorläufiges Abbild dessen, was kommen soll. Die wahre Kirche aber sind nicht diejenigen, die sagen „Herr, Herr", sondern die empfangen, was Christus ihnen gibt, und es in sich fruchtbar werden lassen.

Der Weisheit eine Wohnung geben

Und was wird aus der Erde?

Was in der Gegenwart, in der die Umweltzerstörung so erschreckende Ausmaße annimmt, daß eine globale Katastrophe nicht mehr fern scheint, Nachdenklichen auffällt, ist die bisher zu beobachtende Gleichgültigkeit der Christen gegenüber dem Schicksal der außermenschlichen Schöpfung. Die bisherige Tradition des Christentums ist anthropozentrisch. Der Mensch, sein Seelenheil, seine Errettung aus dem Jammertal Erde, stand die längste Zeit im Mittelpunkt allen kirchlichen Denkens und Handelns. Ein Umdenken hat erst in den letzten Jahrzehnten begonnen. In vergangenen Jahrhunderten waren es einzelne wie ein Franz von Assisi, eine Hildegard von Bingen, die sich der außermenschlichen Kreatur liebevoll annahmen – sie blieben, insgesamt gesehen, verhältnismäßig wirkungslos. Ihre Impulse werden erst im 20. Jahrhundert wieder entdeckt und gewürdigt.

Was den im engeren Sinn religiösen Raum anbetrifft, hat die christliche Kirche zwar das Tieropfer endgültig abgeschafft, dafür hat sie die Welt außerhalb der Kirchen und Klostermauern aber der Nutznießung des Menschen überlassen. Das Reich Gottes – für die meisten ein Ereignis am Ende aller Zeit, nach einem Weltuntergang, der die Erde einschließt – war ein Reich erlöster Seelen, hatte mit dieser Erde demnach nichts mehr zu tun. Sie war dann nur noch der alte Fetzen, den die Erlösten zurücklassen konnten. Tiere, gar Pflanzen galten als seelenlos, sie waren keine Adressaten des Heils. Die Vorstellungen darüber waren unscharf und vage, weil die umgebende Welt überhaupt kaum in das Blickfeld der christlichen Lehre rückte. Die wenigen sensiblen Christen, die sich dieses Themas doch immer wieder einmal annahmen, galten als Narren, ihre Worte, Schriften und Taten blieben unbeachtet. Heute sind wir konfrontiert mit den „gnadenlosen Folgen des Christentums", die aus einem Weltbild

stammen, das seine Wurzeln in der Schöpfungsgeschichte von
1. Mose 1 hat. Sonne und Mond, Erde, Wasser, Pflanzen und
Tiere sind nichts Göttlich-Numinoses, sondern etwas vom
Schöpfer Gemachtes; er sprach und es stand da. Der Mensch
wurde von ihm als Herr auf diese Erde gestellt, um sie sich
untertan zu machen. Gewiß hat das Alte Testament dies nicht so
verstanden, wie es in der späteren Geschichte interpretiert
wurde. Im Sabbatgebot erkennt das Alte Testament vielmehr ein
Recht der Erde, der Äcker und der Tiere auf Ruhe und damit auf
Freiheit vom menschlichen Eingreifen an. Dieses Sabbatgebot
hat seinen Ursprung in mutterrechtlichen Religionen, in denen
die Erde als Göttin verstanden wurde, die durch den Pflug des
Menschen verletzt wird. Auch die Tiere standen unter ihrem
Schutz. Daher gab es Tage und Bereiche, in denen es nicht
gestattet war, sie zu stören. Aber diese Vorstellung von der
Beseelung und Göttlichkeit alles Lebendigen wurde im frühen
Christentum durch die aufkommende asketische Weltverachtung
und endlich durch die Heiligung der menschlichen Arbeit im
Mönchtum zunehmend in den Bereich finsteren Aberglaubens
geschoben. Die Naturwissenschaft vervollständigte diesen Prozeß bis zur Entgötterung nicht nur der Erde, sondern auch noch
des Himmels, ja des Kosmos. Erst im 20. Jahrhundert wird von
Naturwissenschaftlern, die sich dabei auf einen Pythagoras,
einen Johannes Kepler und neuerdings auf immer mehr berufen
können, erneut die Ahnung laut, der Mensch könnte es bei der
Erde und dem ganzen Kosmos mit etwas Lebendigem, Geisti-
gem, mit einer so erstaunlichen Harmonie und einer so bewunde-
rungswürdigen Ökosymbiose alles Lebenden zu tun haben, daß
sein Verstand bei weitem nicht ausreicht, alle Rätsel dieser Welt
zu entschlüsseln, wie es der Optimismus des 19. Jahrhunderts
noch annahm. Heutige Forscher wie der Physiker Fritjof Capra[1]
oder der Biologe Rupert Sheldrake[2] lernen nicht nur ihre Wissenschaft, sondern versenken sich in Meditation, um gerade auf
diesem Wege mehr von den Geheimnissen des Lebens und der
Energie zu begreifen, als sie es mit den üblichen Methoden der
experimentellen Wissenschaft vermögen. Mystik und Naturwis-

senschaft begegnen sich plötzlich, und diese Naturwissenschaftler haben oft mehr religiöse Ehrfurcht vor dem Leben als Christen.

Viele Frauen denken heute darüber nach, was es wohl bedeutet, daß der Umgang mit der „Mutter Erde" in der patriarchalen
Epoche so verzweifelt ähnlich ist wie der mit ihnen selbst.
Ausbeutung, Vergewaltigung, Folter, Vergiftung, Überschüttung
mit Unrat – das sind Ausdrücke, die auf das Leiden vieler Frauen
ebenso zutreffen wie auf das der Erde.

Psychotherapeuten und Seelsorger machen darauf aufmerk-
sam, daß der Außenweltvergiftung eine Innenweltvergiftung
entspricht. Industrialisierung und Neurosen treten gleichzeitig
auf. Der Schutz der Umwelt, in den sechziger Jahren dieses
Jahrhunderts noch für die närrische Idee einiger Hippies gehalten, ist innerhalb von zwei Jahrzehnten zu einem der wichtigsten
Themen der Politik geworden, auch wenn noch niemand weiß,
wie sich Grundlegendes wandeln soll. Die Zerstörung ganzer
Regionen, die Ausrottung vieler Tierarten, die Vergiftung der
Atmosphäre, die Zunahme der Wüsten, die Abholzung der
Regenwälder – alles ist schon so weit fortgeschritten, daß Um-
weltschutzmaßnahmen nur das noch Schlimmere verhüten, die
weitere Zerstörung kaum aufhalten können, wenn nicht ein
radikales Umdenken die Menschheit sehr bald dazu bewegt, sich
eines Besseren zu besinnen, statt ihren Lebensraum und damit
sich selbst zu zerstören.

Es zeichnet sich ab, daß dies durch Gesetze allein nicht zu
erreichen ist. Eine geistige Wandlung, eine Bewußtseinsveränderung, ein Paradigmawechsel sind nötig. Dies ist vielerorts schon
zu spüren, die bange Frage ist nur, ob die Zeit noch reicht.

Der Sophia-Kreis

Es mag naiv erscheinen, angesichts dieses brennenden Problems an eine Gestalt zu erinnern, von der in der Bibel zudem nur vereinzelt die Rede ist: an Sophia, die Weisheit. Da die Bewußtseinsveränderung gegenüber der Erde aber nicht nur das Denken, sondern auch das Fühlen, die sinnliche Wahrnehmung und schließlich das Verhalten einbeziehen muß, ist es für Christen nötig, sie auch in der Bibel zu verankern und eine Erkenntnis wieder zu gewinnen, die vor langer Zeit schon im Judentum lebendig war, dann aber wieder verschüttet wurde, während der Buddhismus zum Beispiel die Ehrfurcht vor dem Leben von Anfang an als selbstverständliche Konsequenz aus den Lehren Buddhas geübt hat.

Die Sophia stellt sich selbst vor:

„Der Herr schuf mich, seines Waltens Erstling,
als Anfang seiner Werke, vorlängst.
Von Ewigkeit her bin ich gebildet, von Anbeginn,
vor dem Ursprung der Welt.
Noch ehe die Meere waren, ward ich geboren,
noch vor den Quellen, reich an Wasser.
Bevor die Berge eingesenkt wurden,
vor den Hügeln ward ich geboren,
ehe die Erde gemacht und die Fluren
und die ersten Schollen des Erdreichs.
Als er den Himmel baute, war ich dabei,
als er das Gewölbe absteckte über der Urflut,
als er die Wolken droben befestigte
und die Quellen der Urflut stark machte,
als er dem Meer seine Schranken setzte,

daß die Wasser seinem Befehle gehorchten,
als er die Grundfesten der Erde legte,
da war ich als Liebling ihm zur Seite,
war lauter Entzücken Tag für Tag
und spielte vor ihm allezeit,
spielte auf seinem Erdenrund
und hatte mein Ergötzen an den Menschenkindern."

Sprüche 8,22-31

In diesem Text aus der sogenannten Weisheitsliteratur, einer besonderen Gattung der nachexilischen, im Zeitalter des Hellenismus entstandenen jüdischen Tradition, ist die Vorstellung eines Schöpfers wie in 1. Mose 1 durchaus erhalten und selbstverständlich auch das antike Weltbild. Aber es ist etwas Ungewöhnliches hinzugekommen: die Vorstellung von einer Tochter, die Gott vor seiner Schöpfung geschaffen habe und die sein gesamtes Schöpfungswerk begleitet, und zwar mit Jubel und Entzücken, die schließlich ihr besonderes Ergötzen hat an den Menschenkindern. Dem in Einsamkeit durch sein Wort schaffenden Gott tritt etwas Weibliches an die Seite, eine ihn inspirierende „Tochter", heiter wie ein spielendes, ein göttliches Kind.

An anderer Stelle heißt es von ihr:

„Ich bin aus dem Munde des Höchsten hervorgegangen
und habe wie Nebel die Erde bedeckt.
Ich hatte meinen Wohnsitz in der Höhe,
und mein Thron stand auf einer Wolkensäule.
Ich umwanderte allein den Himmelskreis
und schritt durch die Tiefen der Fluten dahin."

Jesus Sirach 24,3-5

Warum wandert Sophia plötzlich allein um den Himmelskreis, hat ihren Thron in den Wolken und allenfalls noch Raum in den Tiefen der Fluten? Sie ist offensichtlich der Erde entrückt.

Wenn eine weiblich-göttliche Gestalt von der Erde entrückt
ist, im Himmel weilt, ist nach den Mythen immer ein Verbrechen
auf der Erde dem vorausgegangen.

Von der griechischen Göttin Dike, deren Name soviel wie
Gerechtigkeit und innere Ordnung der Dinge bedeutet, heißt es,
sie habe sich zunächst in die Berge zurückgezogen, weil die
Menschen die Gerechtigkeit nicht mehr achteten. Als es noch
schlimmer wurde, habe sie die Erde verlassen und sei nun am
Himmel sichtbar als Sternbild der Jungfrau[3].

Dieses mythische Motiv charakterisiert die Spaltung des
Weiblichen, wie sie mit dem Aufkommen des Patriarchats einher-
ging: Es wurde, soweit es sich vom Patriarchat nicht vereinnah-
men ließ, einmal in die Region der Unterwelt verbannt, zum
anderen aber in den Himmel gehoben; dort, weit weg von den
irdischen Geschäften, konnte das Weibliche als Ideal, als das
„ewig Weibliche, das uns hinanzieht", verehrt werden. Je finsterer
und abscheulicher die unterweltliche Großmutter des Teufels, um
so schöner und erhabener die himmlische Jungfrau. Wenn Dike
sich zunächst in die Berge, dann in den Himmel zurückzieht,
beschreibt das die allmähliche Verdrängung der Gerechtigkeit,
nämlich des Mutterrechts, aus Kult und Alltag. In den Bergen, in
abgelegenen Regionen, hat sie sich womöglich länger halten
können, schließlich war auch dort kein Raum mehr für sie.

Der griechischen Dike entspricht die ägyptische Maat, ein
Symbol der kosmischen Ordnung ebenso wie der sozialen und
moralischen. Maat gilt als Tochter des Sonnengottes Re, von ihr
wird wie von der Sophia in Sprüche 8 erzählt, daß sie vor Gott
tanzte. Man vermutet daher, daß sie ein Vorbild für die Vorstellung von der kindlich spielenden Sophia war. Eine ältere griechische Göttin hat den Namen Themis.

„Themis, die Regel der Natur, die Norm des Zusammenlebens
der Geschlechter, ja des Zusammenlebens der Götter und Menschen überhaupt."[4]

Themis und Dike werden auch als dieselbe Göttin verstanden.
Im Judentum der hellenistischen Epoche taucht also plötzlich
eine weibliche Gestalt auf, Sophia, die viele Züge der orientali-

Der Sophia-Kreis

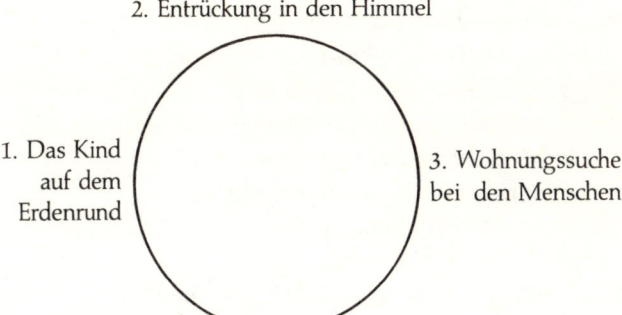

2. Entrückung in den Himmel

1. Das Kind
auf dem
Erdenrund

3. Wohnungssuche
bei den Menschen

4. Wohnung bei den Menschen
und auf der Erde

schen Göttinnen hat. Sie symbolisiert, wie noch zu zeigen ist, die der Schöpfung eingestiftete Ordnung, so etwas wie den Geist, die Seele, die Energie des Lebens überhaupt.

Von Sophia wird erzählt, daß sie es in der Einsamkeit ihres Wolkenthrons nicht aushielt, sie wollte zur Erde, wollte zu den Menschen und bei ihnen wohnen.

Das erste Kreisviertel beim Heros, ein Suchweg aus der Geborgenheit hin zum Zenit, bedeutet für Sophia eine Vertreibung von der Erde, einen unfreiwilligen Aufenthalt in himmlischer Höhe. Und was für den Heros einen schweren Schritt darstellt, die erneute Zuwendung zu den Menschen nach seiner Erhöhung zu göttlicher Gestalt, entspricht bei der Sophia ihrer ureigenen Sehnsucht.

Ebenso wie der Heros es schwer hat, bei den Menschen Gehör zu finden, so auch die Sophia: Sie wird von den Klugen und Gebildeten verlacht und verachtet und wendet sich darum schließlich an die Kinder, an die Unmündigen und Armen. Sie läßt ihre Stimme erschallen:

„Ruft nicht die Weisheit vernehmlich?
erhebt nicht die Einsicht ihre Stimme?
Oben auf den Höhen der Wege,
da wo die Pfade sich kreuzen, steht sie.
Zur Seite der Tore am Ausgang der Stadt,
am Eingang der Pforten ruft sie laut:
Euch, ihr Männer, gilt meine Predigt,
an die Menschenkinder ergeht mein Ruf.
O ihr Einfältigen, lernet Klugheit,
ihr Toren, nehmet Verstand an!
Höret zu! Vortreffliches rede ich,
recht und gerade ist, was meine Lippen eröffnen.
Ja, Wahrheit redet mein Gaumen,
und Frevel ist meinen Lippen ein Greuel.
Rechtschaffen sind alle Worte meines Mundes;
es ist nichts Krummes, Verkehrtes darin.
Klar sind sie alle für den Verständigen
und richtig für den, der Erkenntnis besitzt."

Sprüche 8,1-9

„So höret denn auf mich, meine Söhne,
höret auf die Mahnung, daß ihr weise werdet,
und schlagt sie nicht in den Wind!
Wohl dem Menschen, der auf mich hört,
wohl denen, die meine Wege einhalten,
an meinem Tore wachen Tag für Tag
und meine Türpfosten hüten!
Denn wer mich findet, der findet das Leben
und erlangt Wohlgefallen beim Herrn.
Wer mich aber verfehlt, der schädigt sich selbst;
alle, die mich hassen, lieben den Tod."

Sprüche 9,32-36

„Ich habe lieb, die mich lieben,
und die nach mir suchen, werden mich finden.
Reichtum und Ehre ist bei mir,
stattliches Gut und gerechter Lohn.
Meine Frucht ist besser als Gold,
als gediegenes Gold,
mein Ertrag besser als köstliches Silber.
Ich wandle auf dem Pfad der Gerechtigkeit,
mitten auf den Bahnen des Rechten,
daß ich denen, die mich lieben,
Reichtum gebe und ihre Schatzkammern fülle."

Sprüche 8,17-21

Aber das Rufen der Weisheit findet kein Gehör, die Torheit,
ihre Gegenspielerin, lockt mehr. Sophia sagt darum Unheil voraus:

„Siehe, ich will euch meinen Geist hervorströmen lassen,
will meine Worte euch kundtun,
weil ich rief und ihr nicht wolltet,
mit der Hand winkte und niemand aufmerkte,
weil ihr all meinen Rat in den Wind schlugt
und meine Rüge nicht annahmt,
so will nun auch ich bei eurem Verderben lachen,
will spotten, wenn der Schrecken über euch kommt,
wenn der Schrecken über euch kommt wie ein Wetter,
wenn euer Verderben wie Sturmwind daherfährt,
wenn Not und Drangsal euch überfällt.
Alsdann werden sie mich rufen,
aber ich werde nicht hören;
sie werden mich suchen, mich aber nicht finden."

Sprüche 1,23-28

Einige wenige Menschen aber haben auf sie gehört, haben ihr
eine Wohnung bei sich gegeben, und ihnen erschließt sie dann
auch Erkenntnisse, die anderen verborgen sind. Einer, dem sie
sich mitgeteilt hat, sagt:

„Anfang, Ende und Mitte der Zeiten, den Wechsel der Son-
nenwenden und den Wandel der Jahreszeiten, den Kreislauf der
Jahre und die Stellungen der Gestirne, die Natur der Lebewesen
und die Triebe der wilden Tiere, die Macht der Geister und die
Gedanken der Menschen, die Unterschiede der Pflanzen und die
Kräfte der Wurzeln — alles, was es nur Verborgenes und Sichtba-
res gibt, erkannte ich; denn die Werkmeisterin aller Dinge, die
Weisheit, lehrte es mich. In ihr wohnt ein vernunftvoller, heiliger
Geist, einzigartig, mannigfaltig und fein, beweglich, klar und
unbefleckt, zuverlässig und unverletzlich, dem Guten zugetan
und kraftvoll, unhemmbar, wohltätig und menschenfreundlich,
beständig, sicher und sorgenfrei, allvermögend, allsehend und
alle Geister durchdringend, die verständigen, reinen und feinen.
Denn die Weisheit ist beweglicher als jede Bewegung; infolge
ihrer Reinheit durchzieht und durchdringt sie alles, ist sie doch
ein Hauch der Kraft Gottes, ein lauterer Ausfluß der Herrlichkeit
des Allmächtigen; darum kann keine Befleckung sie treffen. Sie
ist ein Abglanz des ewigen Lichtes, ein fleckenloser Spiegel des
göttlichen Wirkens und ein Abbild seiner Güte. Sie ist nur eines
und vermag doch alles; sie bleibt, was sie ist, und erneuert doch
alle Dinge; von Geschlecht zu Geschlecht geht sie auf heilige
Seelen über und rüstet sie aus zu Freunden Gottes und zu
Propheten. Denn Gott liebt nur den, der mit der Weisheit vertraut ist. Sie ist herrlicher als die Sonne und übertrifft die ganze
Sternenwelt. Mit dem Lichte verglichen, erhält sie den Vorzug;
denn auf dieses folgt die Nacht, gegen die Weisheit aber kommt
die Bosheit nicht auf. Sie erstreckt sich machtvoll von einem Ende
der Welt zum andern und durchwaltet das All aufs beste" (Weisheit Salomos 7,18-30; 8,1).

Die Erhabenheit, Zartheit und Kraft der Weisheit wird hier in
einer Weise gepriesen, die einem Gotteslob in nichts nachsteht.
Die Weisheit aber teilt sich mit, sie eröffnet den Sinn für die

Geheimnisse der ganzen Schöpfung und offenbart sich selbst als deren Licht, Energie und innere Ordnung. Sie ist „Werkmeisterin" der Schöpfung, nicht nur inspirierende Tochter, sondern wirkende, bewegende, schaffende Kraft.

In einzelnen Menschen aber, auch an einem Ort, in einem Land kann sie Wohnung nehmen. Jüdische Weise, die damals im Exil lebten, glaubten, sie wohne im Tempel von Jerusalem, niste dort wie eine Taube. Dies war Zeichen der Einwohnung, der Gegenwart Gottes, hebräisch: Schechina. Die Taube war ein Symbol der Ishtar wie auch später der Aphrodite. Ishtars Titel war unter anderem „Himmelskönigin". In der Bibel wurde die Taube zum Symbol der Sophia, schließlich des Heiligen Geistes.

Wie das Wohnen der Weisheit einem Menschen Erkenntnis gibt, so ihr Wohnen in einem Land diesem Fruchtbarkeit. Nach jüdischer Vorstellung hatte sie auf Weisung „des Schöpfers des Alls" nicht allein in Jerusalem, sondern in ganz Israel Wohnung genommen und entfaltete dort ein Grünen und Blühen, wie einst den großen Göttinnen des Lebens zugeschrieben wurde:

„Und ich schlug Wurzel in dem gepriesenen Volke,
im Erbteil des Herrn, inmitten seines Eigentums.
Wie eine Zeder auf dem Libanon wuchs ich in die Höhe,
wie eine Zypresse auf den Bergen des Hermon;
wie eine Palme zu Engedi schoß ich auf
und wie Rosenbüsche zu Jericho;
wie ein stattlicher Ölbaum in der Niederung
und wie eine Platane am Wasser ragte ich empor.
Wie Zimt und Würzbalsam duftete ich
und verbreitete Wohlgeruch wie erlesene Myrrhe,
wie Galbanum, Räucherklaue und wohlriechendes Harz;
wie Weihrauchdunst im heiligen Zelte.
Wie eine Terebinthe breitete ich meine Wurzeln aus,
und meine Zweige waren voll Pracht und Anmut;
wie ein Weinstock sproßte ich lieblich auf,
und meine Triebe waren voll Schönheit und Reichtum."

Jesus Sirach 24,12-17

Ein heiliger Hain wird das Land, in dem die Weisheit wohnt; in seiner Mitte aber wohnt sie selbst, der Baum des Lebens:

„Ich bin die Mutter der edlen Liebe,
der Furcht, der Erkenntnis und der heiligen Hoffnung;
ich werde allen meinen Kindern geschenkt,
als ewige Gabe aber nur denen,
die von Gott erwählt sind.
Kommet her zu mir, die ihr meiner begehrt,
und sättigt euch an meinen Früchten!
Denn mein zu gedenken ist süßer als Honig,
und mich zu besitzen geht über Honigwaben.
Wer von mir ißt, wird weiter nach mir hungern,
und wer von mir trinkt, wird weiter nach mir dürsten.
Wer mir gehorcht, wird nicht beschämt werden,
und wer mir dient, wird nicht in Sünde fallen."

Jesus Sirach 24,18-22

So traumhaft schön diese Wiederkehr der Göttin als der himmlischen Weisheit auch geschildert wird, die Schriftsteller der damaligen Zeit, die Juden waren, aber nicht in Israel, sondern verstreut im Orient von Babylon bis Ägypten wohnten, wußten genau, daß dieses Bild nicht Realität, sondern Vision war. Tatsächlich hatte die Weisheit keinen Platz auf Erden gefunden, wo sie wohnen konnte. Sie kehrte vielmehr in den Himmel zurück, wo sie ihren Ort unter den Engeln fand. Sie zog sich zurück „in ihre Kammer", und die Menschen verloren das Licht, das sie ihnen geben wollte[5].

Von nun an ist die Weisheit verborgen, wie sie vorhergesagt hatte, man sucht sie, findet sie aber nicht. Im Buch Hiob, Kapitel 28, wird geschildert, daß man sie vergeblich in den Tiefen der Bergwerke, in der Tiefe der Meere, ja selbst im Abgrund oder im Himmel sucht: „Verhüllt ist sie den Augen alles Lebendigen, und den Vögeln des Himmels ist sie verborgen." Nur eines weiß man noch: „Gott, der weiß den Weg zu ihr, und er, er kennt ihre Stätte", und als er die Welt schuf, „da hat er sie gesehen und erforscht, sie hingestellt und auch erprobt". Sein Erschaffen war demnach ein Erkennen der Weisheit.

Tiefenpsychologisch gesehen, entspricht das Aufscheinen der Sophia im hellenistischen Judentum einer „Wiederkehr des Verdrängten". Die große Göttin, durch den Jahwe-Kult rigoros bekämpft und verdrängt, kehrt in Gestalt der Sophia wieder und übt eine besondere Faszination aus. Zum Vergleich eine Selbstvorstellung der Ishtar:

„Mein Vater hat mir den Himmel gegeben,
er hat mir die Erde gegeben.
Die Herrin des Himmels bin ich!
Er hat mir den Himmel als Krone
aufs Haupt gesetzt,
er hat die Erde als Sandalen
an meine Füße gelegt. ·
Den leuchtenden Göttermantel
hat er mir umgetan,
das strahlende Szepter in die Hand gegeben,
die Götter sind wie ängstliche Vögel,
ich aber bin die Herrin."[6]

Aber in Sophia kehrt nicht die alte Muttergöttin zurück, sondern eine spirituelle Gestalt, die Große Göttin. Sie fordert keinen Kult, keine blutigen Opfer, sondern wendet sich an die Einsichtsfähigkeit. Ihre Verborgenheit ist Ausdruck für Verdrängung und daraus folgende Verdunkelung des Geistes. Ihre Selbstoffenbarung entspricht dem Aufscheinen eines gewandelten Welt- und Gottesbildes. Was sich offenbart, wird subjektiv als Einbruch von Transzendentem erlebt.

Die jüngste, sensiblere Naturwissenschaft gleicht jenem Mann aus dem Buch Jesus Sirach, der sich von der Sophia statt von seinem eigenmächtigen Forscherdrang belehren läßt. Dadurch ändert sich das Weltbild. Nicht der Kampf aller gegen alle, der Kampf ums Überleben erscheint mehr als Grundgesetz der Evolution, sondern es zeigt sich eine harmonische Ökosymbiose,

ein erstaunlich aufeinander abgestimmtes und sich selbst regulie-
rendes Ganzes, in dem nichts anderes walten kann als Weisheit,
als lebendiger Geist. In einer solchen Welt ist der Mensch nicht
einsam, sondern Teil einer großen Symphonie, in die er seine
Rhythmen und seine Melodien einschwingen lassen kann und
soll.

Eine solche Sicht, lange verdeckt durch ein nur aufs Erobern
und Ausbeuten gerichtetes Denken, erscheint heute ungewöhnlich neu. Sie gleicht aber dem Bild von der Welt, das Mystiker
aller Zeiten und Zonen von der Erde, vom Leben hatten, Menschen, in denen Sophia „wohnte". Und wenn Klaus-Michael
Meyer-Abich zum Beispiel für die Vorstellung eintritt, eine Erde,
die ökologisch im Gleichgewicht ist, sei nicht unberührte Wildnis, in der für den Menschen kein Raum wäre, sondern das
bessere Bild sei das von einem Garten, greift er unwillkürlich das
Bild vom heiligen Hain auf, dem geheiligten Bezirk der großen
Göttin des Lebens[7]. In einem Garten können menschliches Wirken und Natur in ein harmonisches Gleichgewicht kommen,
zumindest dann, wenn in den Menschen Sophia wohnt und die
Natur zugleich als ihr Reich anerkannt wird.

Allzu lange verkannt und übersehen worden ist die enge
Verbindung zwischen Sophia und Christus, wie sie aus dem
Neuen Testament zu erschließen ist.

Jesus und Sophia

In entscheidenden Situationen des Lebens Jesu treten Engel auf.
Bei den Engeln hatte Sophia vorläufig Wohnung genommen, als
die Menschen sie verstießen, sie sind offenbar wesensverwandt.
Bei allen Versuchen, das Leben Jesu als ein historisches Ereignis
zu rekonstruieren, wurden die Engel ausgeblendet und damit der
transzendente Raum, in dem Jesus zu Hause war und aus dem er
seine Kraft schöpfte.

Der Engel Gabriel verkündet Maria die Geburt Jesu und sagt:
„Die Kraft des Höchsten wird dich überschatten." Von Vishnu
heißt es, er sei durch seine Mayakraft Mensch geworden. Maler
zeigen diese Kraft als eine Taube, die über Marias Haupt
schwebt, Symbol der Gegenwart, des Wohnens der Sophia. Sie
ist gleichsam das Medium der Menschwerdung Gottes. Was die
Geburt bedeutet, offenbaren Engel den Hirten von Bethlehem.
Sophia, die immer gern bei den Menschen sein will, erleuchtet
die Hirten, so daß sie erkennen, was in der Höhle geschehen ist.
Von dem Kind Jesus heißt es: „Und er nahm zu an Weisheit und
Alter und Gnade bei Gott und den Menschen" (Lukas 2,52).
Weisheit und Gnade sind Gaben der Sophia, es ist, als sei sie die
himmlische Amme Jesu, die ihn nährt. So ist es Sophia wohl auch,
die bei der Taufe wie eine Taube auf ihn herabschwebt und ihn zu
ihrem geliebten Sohn erklärt. Ebenso ist sie der Geist, der ihn in
die Wüste treibt, wo er vom Satan versucht wird und sich vom
alten Gottesbild endgültig lossagt, weil es ihn trennen würde
von Sophia, die gleichsam seine himmlische Seele ist. Der rätsel-
hafte Satz bei Markus: „Und er war bei den Tieren, und die Engel
dienten ihm" (Markus 1,13) könnte bedeuten, daß er das Niedrige und das Hohe zugleich erkannte und damit sich selbst.

Im Garten Gethsemane ist es ein Engel, der Jesus stärkt. Bevor
er hinabsteigt in die Tiefe, um die menschliche Seele aus ihr zu

befreien, erscheint ihm noch einmal ihr himmlisches Bild, Sophia.

Seine Jünger haben gestaunt darüber, daß ihm Wind und Meer gehorchten und daß er mit wenigen Broten und Fischen Tausende speisen konnte. Wenn Sophia in ihm wohnte, die „nur eines ist und doch alles vermag", die Energie und Vernunft in allen Geschöpfen, ist dies eine gewiß zutreffendere Erklärung als jede andere.

Viele Wendungen, die aus der Weisheitsliteratur als Rede der Sophia bekannt sind, tauchen fast wörtlich in den Reden Jesu auf:

„Zu jener Zeit begann Jesus und sprach: Ich preise dich, Vater, Herr des Himmels und der Erde, daß du dies vor Weisen und Verständigen verborgen und es Unmündigen geoffenbart hast. Ja, Vater, denn so ist es wohlgefällig gewesen vor dir. Alles ist mir von meinem Vater übergeben worden, und niemand erkennt den Sohn als nur der Vater, und den Vater erkennt niemand als nur der Sohn und wem es der Sohn offenbaren will" (Matthäus 11,25-27). Diese als „Jubelruf" bezeichneten Worte Jesu werden von Exegeten wie Felix Christ und Hartmut Gese als Sophia-Worte bezeichnet[8]. Ebenso wie sie Offenbarerin und Medium des Erkennens in einem ist, so nun Jesus. Ebenso wie sie von den Gelehrten verlacht und abgelehnt wurde und sich den Unmündigen zuwandte, so auch Jesus.

An den „Jubelruf" schließt sich der „Heilandsruf" an: „Kommet her zu mir alle, die ihr mühselig und beladen seid, so will ich euch Ruhe geben. Nehmet mein Joch auf euch und lernet von mir, denn ich bin sanftmütig und von Herzen demütig; so werdet ihr Ruhe finden für eure Seelen. Denn mein Joch ist sanft und meine Last ist leicht" (Matthäus 11,28-30).

In Jesus ist, so die Erkenntnis der Exegeten, die himmlische Weisheit erschienen, denn sie spricht aus ihm, er ist ihre irdische Gestalt, ihre Inkarnation[9]. Der sanfte und demütige Messias, der in Jerusalem einzog, ist der wahre Messias, weil in ihm die Sophia wohnt. Das sanfte Joch und die leichte Last meinen, daß es dem Menschen leichtfällt, den Gesetzen des Lebens zu gehorchen, wenn er deren Weisheit erkannt hat. Das schwere Joch ist dagegen ein Gehorsam ohne Einsicht. Jesu Einladung richtet sich an

Jesus und Sophia

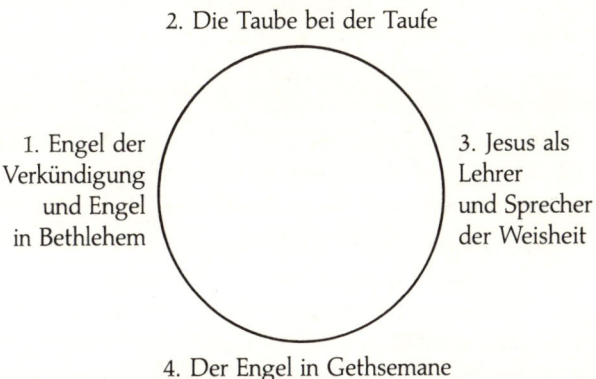

2. Die Taube bei der Taufe

1. Engel der
Verkündigung
und Engel
in Bethlehem

3. Jesus als
Lehrer
und Sprecher
der Weisheit

4. Der Engel in Gethsemane

einzelne, an Erwählte, ebenso wie die Weisheit sich jedem einzelnen besonders zuwendet[10]. „Es ist für die Weisheit wesentlich", schreibt Hartmut Gese, „daß sie sich von den priesterlich bewährten und gepflegten Traditionen des Kultes und des Rechts unterscheidet. Diese sind den einzelnen geschichtlichen Kollektiven, den Völkern, jeweils eigentümlich. Aber in der Weisheit ging es um etwas, was darüber hinaus lag, was in die Entscheidung, ja in die Selbstbeziehung des Einzelnen gestellt war, was der jetzt bewußt erkannten Ordnung entsprach. Es bildete sich der bewußt erzogene Mensch. Der durch die Welterkenntnis zur Selbständigkeit gelangte, urteilende Mensch hatte Maßstäbe menschlichen Handelns und Seins entdeckt, die von den herkömmlichen kollektiven Ordnungen des Kultes, des Rechts und der Sitte gar nicht abgedeckt waren. Man kann sich diesen Unterschied am Beispiel der Begriffe Gebot und Rat vor Augen halten. Das Gebot etwa des Dekalogs steht unter der göttlichen Autorität der Offenbarung an Israel und gehört zur elementaren priesterlichen Tradition, die für Israel als Ganzes verbindlich ist. Der Rat wird dagegen vom Weisen dem Einzelnen erteilt. Er mag ihn befolgen oder nicht, das steht in seiner individuellen Verant-

wortung. Man sollte aber diesen in der Sache liegenden Unterschied nicht zum Anlaß nehmen, die hinter dem Rat stehende
letzte Autorität der göttlichen Weltordnung zu übersehen."[11]

In dieser Weisheitstradition steht auch Jesus. Was er lehrt, ist
„Rat" an den einzelnen, der sich dafür oder dagegen entscheiden
kann. Jesus lehrt das „neue Gesetz", das sich vom alten unterscheidet, indem es nicht blinden Gehorsam, sondern Einsicht und
bewußte Entscheidung dafür erwartet. Das neue Gesetz zwingt
niemanden, sondern lädt ein zu einer freien Wahl. Allerdings
steht hinter dem Rat die Weisheit selbst; wer sie verachtet, wird
die Konsequenzen zu tragen haben.

Auch der Zorn der Weisheit auf diejenigen, die nicht auf sie
hören, begegnet bei Jesus wieder. Er schilt die Schriftgelehrten
und Pharisäer Heuchler, weil sie sich um Kleinigkeiten wie den
Zehnten für Minze, Anis und Kümmel kümmern, die wichtigsten
Stücke des Gesetzes aber außer acht lassen, das Recht, die
Barmherzigkeit und die Treue. Jesus nennt sie „blinde Blinden-
führer". Äußere Gesetzeserfüllung ist ihnen wichtig, aber sie
gleichen Bechern, die „von Raub und Unmäßigkeit" gefüllt sind,
getünchten Gräbern voller Totengebein (Matthäus 23,23 ff.).
Ebenso wie sie die Sophia verachtet haben, haben sie auch alle
diejenigen verachtet und getötet, die in ihrem Namen sprachen,
die Weisen und Propheten (Matthäus 23,23 ff.)[12].

Die Sorge der Weisheit, die ihre Kinder ruft, von ihnen aber
nicht gehört wird, und die voraussieht, daß sie deshalb in ihr
eigenes Verderben laufen, wird im „Jerusalemwort" Jesu laut:
„Jerusalem, Jerusalem, das die Propheten tötet und die steinigt,
die zu ihm gesandt sind, wie oft habe ich deine Kinder sammeln
wollen, wie eine Henne ihre Küchlein unter ihre Flügel sammelt,
und ihr habt nicht gewollt! Siehe, euer Haus wird euch öde
gelassen. Denn ich sage euch: Ihr werdet mich von jetzt an nicht
mehr sehen, bis ihr sprechen werdet: ‚Gepriesen sei, der da
kommt im Namen des Herrn'" (Matthäus 23,37 ff.). In diesen
Sätzen offenbart sich Jesus als die Sophia, die wie eine Taube
oder Henne in Jerusalem nistet. Felix Christ folgert aus all diesen
Sophia-Worten Jesu: „Jesus tritt bei den Synoptikern als *Sprecher*

und Träger der Weisheit, darüber hinaus aber auch als die *Weisheit selbst* auf."[13] Er meint weiter: Ebenso wie die Weisheit in ihre himmlische Wohnung zurückkehrt, weil die Menschen sie abgelehnt haben, kehre auch Jesus bei seiner Himmelfahrt zurück, sein Scheitern sei zugleich sein „Aufstieg als Weisheit". Auch das „Sitzen zur Rechten Gottes läßt Jesus als die im Himmel bei Gott thronende Allherrscherin erscheinen"[14].

Sosehr Felix Christ zuzustimmen ist, wenn er Jesus als Sprecher und Träger der Weisheit versteht, seine Schlußfolgerung, er sei Sophia selbst und wie sie gescheitert, übersieht die Bedeutung der Passion und Auferstehung Jesu. So nahe beieinander Jesus und Sophia waren, es verwirrt, wenn man sie als ein und dasselbe auffaßt. Sophia war bei, mit und in Jesus, er war zu ihr hin geöffnet, und sie sprach geradezu aus ihm, aber identisch sind Christus und Sophia nicht. Sowohl ihre Nähe als auch ihre Unterschiedenheit sollen bei der Betrachtung der Himmelfahrt und des Pfingstereignisses noch deutlicher werden. Beides ist wichtig, damit die Anthropozentrik des Christentums, die durch das Christusgeschehen nahegelegt wird, aufgebrochen und der Horizont der Schöpfung einbezogen wird.

Die neue Schöpfung

Himmelfahrt

Die „Umkreisung der Mitte", die der Heros zu vollenden hatte und die sich an den Erzählungen der Evangelien vom Leben Jesu ablesen ließ, ein weiteres Mal am Sophia-Kreis, kann auch als Muster herangezogen werden, um sich zu vergegenwärtigen, was die neutestamentliche Botschaft von der neuen Schöpfung meint.

Sie beginnt mit der Auferstehung; Christus ist der „Erstgeborene von den Toten", der Anfang der neuen Schöpfung. Sie ist in ihm keimhaft enthalten als ein göttliches Kind. Dieses göttliche Kind ist gezeugt aus der Kraft des Höchsten, die Evangelien sagen, Jesus wurde von Gott auferweckt. Es ist zugleich geboren aus der Jungfrau, der menschlichen Seele. So wie Maria zu dem Engel sagte: „Mir geschehe nach deinem Wort. Siehe, ich bin des Herren Magd", so haben die Jüngerinnen und Jünger den Auferstandenen empfangen und in ihrer Seele geboren.

Der Heros verläßt schließlich den Ort seiner Herkunft, zieht aus, um wie Jesus bei der Taufe eingeweiht zu werden in die göttlichen Geheimnisse und den Schatz zu erwerben, den er anderen bringen wird. Dieses Auszugsmotiv ist wiederzuerkennen in der Geschichte von der Himmelfahrt, seine Jünger werden Zeugen, wie er hinübergeht, eintaucht in eine neue Dimension:

„Er führte sie aber hinaus bis in die Nähe von Bethanien und erhob seine Hände und segnete sie. Und es begab sich, während er sie segnete, entschwand er ihnen und wurde in den Himmel emporgehoben. Und sie warfen sich anbetend vor ihm nieder und kehrten mit großer Freude nach Jerusalem zurück" (Lukas 24,50-52).

In der Apostelgeschichte heißt es: Er „wurde vor ihren Augen emporgehoben, und eine Wolke nahm ihn auf, so daß er ihren Blicken entschwand. Und als sie zum Himmel aufschauten, wäh-

rend er dahinfuhr, siehe, da standen zwei Männer in weißen
Kleidern bei ihnen, die sagten: Ihr galiläischen Männer, was steht
ihr da und blickt zum Himmel auf? Dieser Jesus, der von euch
weg in den Himmel emporgehoben worden ist, wird so kommen, wie ihr ihn habt in den Himmel fahren sehen" (Apostelgeschichte 1,9-11).

Das Johannesevangelium deutet an, um welchen „Schatz" es
geht, den der Auferstandene mit seiner Himmelfahrt erwerben
will, und weshalb er seine Jünger verlassen muß: „Euer Herz
erschrecke nicht! Glaubet an Gott und glaubet an mich! In meines
Vaters Hause sind viele Wohnungen. Wo nicht, würde ich euch
dann gesagt haben, daß ich hingehe, um euch eine Stätte zu
bereiten? Und wenn ich hingegangen bin und euch eine Stätte
bereitet habe, komme ich wieder und werde euch zu mir nehmen,
damit auch ihr seid, wo ich bin" (Johannes 14,1-3). Die „Wohnung", die Jesus seinen Jüngern bereiten will, ist das ewige
Leben. Es ist noch nicht vollendet, er hat im Himmel noch eine
Aufgabe zu erfüllen. Obwohl es in seines Vaters Hause viele
Wohnungen gibt, die Wohnung für die Menschen ist noch nicht
„eingerichtet".

Die Himmelfahrt Jesu erinnert an das Märchen von Amor und
Psyche. Als Amor seine Psyche aus ihrem todesähnlichen Schlaf
erweckt hat, bleiben die Liebenden noch nicht vereint. Amor
sendet Psyche zu Venus, selbst aber fliegt er zum Göttervater,
um von ihm Unsterblichkeit für Psyche zu erbitten. Ähnlich hatte
der Auferstandene zu Maria Magdalena gesagt: „Rühre mich
nicht an, ich bin noch nicht aufgefahren zu meinem Vater."

Die Begrüßung Amors durch den Göttervater wird so geschildert: „Da ergreift der mit der Hand das Bäcklein Cupidos (Amor)
und spricht zu ihm: ‚Du magst zwar, Herr Sohn, die durch
Zustimmung der Götter mir erklärte Ehre niemals gewahrt
haben, sondern hast diese meine Brust, in der die Gesetze der
Elemente und der Wechsel der Sterne geordnet werden, mit
unablässigen Schlägen verwundet und durch häufige Fälle von
irdischer Liebe verunstaltet; und hast meine Achtung und meinen Ruf durch schimpfliche Buhlschaften gegen die Gesetze und

sogar gegen das Julische über den Ehebruch verletzt, indem du meine heiteren Züge unsauber in Schlangen, Feuer, Bestien, Vögel und Herden-Vieh verkehrtest: aber dennoch werde ich, eingedenk meiner Milde, und weil du unter diesen meinen Händen heranwuchsest, dir alles vollführen...'"[1]

Die liebevolle Schelte des Göttervaters bezichtigt Amor, ihn selbst verwundet zu haben, indem Amors Pfeile ihn in irdische Liebschaften verwickelten, die seiner göttlichen Ehre Abbruch taten. Trotzdem, aus Liebe zu ihm, beruft er eine himmlische Götterversammlung ein und verkündet: „Er hat ein Mädchen erwählt: behalte er sie, besitze er sie und genieße er, Psyche umarmend, allezeit seine Liebe."[2] So wird Psyche unsterblich und in den Olymp erhoben. – Ein Märchen, erzählt in den Mustern griechisch-römischer Mythologie, und doch erinnert diese Heimkehr Amors zu Jupiter an das Gleichnis von der Heimkehr des verlorenen Sohnes zum Vater:

„Ein Mann hatte zwei Söhne. Und der jüngere von ihnen sagte zum Vater: Vater, gib mir den Teil des Vermögens, der mir zusteht! Der aber verteilte seine Habe unter sie. Und nicht viele Tage danach nahm der jüngere Sohn alles mit sich und zog hinweg in ein fernes Land, und dort vergeudete er sein Vermögen durch ein zügelloses Leben. Nachdem er aber alles durchgebracht hatte, kam eine gewaltige Hungersnot über jenes Land, und er fing an, Mangel zu leiden. Und er ging hin und hängte sich an einen der Bürger jenes Landes; der schickte ihn auf seine Felder, Schweine zu hüten. Und er begehrte, seinen Bauch mit den Schoten (vom Johannisbrotbaum) zu füllen, die die Schweine fraßen, und niemand gab sie ihm. Da ging er in sich und sprach: Wie viele Tagelöhner meines Vaters haben Brot im Überfluß, ich aber komme hier vor Hunger um! Ich will mich aufmachen und zu meinem Vater gehen und zu ihm sagen: Vater, ich habe gesündigt gegen den Himmel und vor dir, ich bin nicht mehr wert, dein Sohn zu heißen; stelle mich wie einen deiner Tagelöhner! Und er machte sich auf und ging zu seinem Vater. Als er aber noch fern war, sah ihn sein Vater und fühlte Erbarmen, lief hin, fiel ihm um den Hals und küßte ihn. Der Sohn aber sprach zu ihm:

Vater, ich habe gesündigt gegen den Himmel und vor dir; ich bin
nicht mehr wert, dein Sohn zu heißen. Doch der Vater sagte zu
seinen Knechten: Bringt schnell das beste Kleid heraus und ziehet
es ihm an und gebet ihm einen Ring an die Hand und Schuhe an
die Füße, und holet das gemästete Kalb, schlachtet es und lasset
uns essen und fröhlich sein. Denn dieser mein Sohn war tot und
ist wieder lebendig geworden, er war verloren und ist wiederge-
funden worden. Und sie fingen an, fröhlich zu sein" (Lukas 15,
11-24).

Es könnte sein, daß Jesus mit dem „verlorenen Sohn" sich
selbst meinte, der in „ein fernes Land", auf die Erde, gezogen war,
den sein Vater für tot und verloren gehalten hatte. Der Vater des
Gleichnisses wäre dann Gott selbst. Es mag unerhört klingen,
von Vorgängen im Himmel, gar von Gott in so märchen- und
mythenähnlicher Weise zu sprechen. Doch es ist noch unerhör-
ter, daß das Evangelium für viele Menschen heute unzugänglich
und verschlossen bleibt, weil sie die Dogmen nicht begreifen und
die abstrakten theologischen Erklärungen ihnen nichts sagen.
Jesus hat immer wieder Gleichnisse erzählt. Er hat damit zu
verstehen gegeben, daß die Vorgänge auf Erden und die im Reich
Gottes nach vergleichbaren Mustern ablaufen. Die alte Weisheit
der Esoterik „wie oben so unten" hat er angewandt. Eines spiegelt sich im anderen, und so ist auch die Sprache der Mythen und
Märchen eine ebenso geeignete wie ungeeignete Weise, über
Gott zu sprechen, wie die der Philosophie, bei der die Theologen
ihre Anleihen machen. Es sei darum, ausgehend von dem Gleichnis Jesu, ein Märchen erzählt über das, was sich bei der Heimkehr
Jesu zu seinem Vater im Himmel abgespielt haben mag.

Christus hatte das Erbe, das ihm zustand, seine Göttlichkeit,
genommen und war in ein fernes Land gezogen, auf die Erde, wo
er sein Vermögen an die Menschen verschleuderte. Aus der Sicht
gewisser himmlischer Mächte ein „zügelloses" Leben. Schließlich
hütete er Schweine. Aus himmlischer Sicht und mit Engeln
verglichen, mögen Menschen nicht viel edler als Schweine aussehen. Er begehrt schließlich, aller göttlichen Speise beraubt, sich
von den Schoten zu ernähren, von denen die Schweine leben,

von dem bißchen Mitmenschlichkeit, das es schließlich auch unter ihnen gibt. „Aber niemand gab sie ihm", heißt es im Gleichnis.

So ist es Jesus auf Erden ergangen, er hatte kein Dach über dem Kopf, wurde angefeindet und verachtet. Er war einer der ärmsten Menschen und mußte zum Beispiel eine Samariterin um einen Schluck Wasser bitten. Als Sohn Gottes hatte er es nicht nötig, so zu darben. Aber der Schweinehirt Jesus hat noch länger ausgehalten als der im Gleichnis. Er ist für seine „Schweine" sogar gestorben und hat sie dadurch verwandelt. Es kann kein Zufall sein, daß Jesus in seinem Gleichnis den verlorenen Sohn ausgerechnet Schweine hüten ließ. Das Schwein ist für Juden ein unreines Tier, weil es der Muttergöttin, zum Beispiel Isis, heilig war und Schweine ihr geopfert wurden. Schweine zu hüten war für die Zuhörer Jesu die tiefste Erniedrigung, die sie sich vorstellen konnten. Jesus aber hat die „Schweine" geheiligt und gewandelt, indem er sich sterbend mit ihnen vermählte. Die ersten Früchte davon hat er als Auferstandener ernten können. Seine Jüngerinnen und Jünger haben ihm von ihren Schoten gegeben. Die Schoten des Johannisbrotbaums sind Hülsenfrüchte, außen schwarz, innen enthalten sie süßes Fruchtmark. Hülsenfrüchte gelten als Symbole weiblicher Fruchtbarkeit und Kreativität. Das süße Fruchtmark, das Menschen geben können, bekam der Auferstandene zu schmecken: die erschrockene Freude der Frauen am Grab, die Liebe Maria Magdalenas, das bereitwillige Erkennen der Jünger, in deren Mitte er erschien, und das der Jünger von Emmaus. Die schwarze Schote, ihre Seele, die einem Grab geglichen hatte, war aufgegangen.

So kommt Christus bei seiner Himmelfahrt zwar, verglichen mit seiner früheren göttlichen Gestalt, abgerissen zum Vater zurück, doch nicht mit leeren Händen. So wie Psyche Amor ihre Liebe gezeigt hatte, als sie die Dose öffnete, so kann auch Jesus sagen, daß er etwas gewonnen hat im fernen Land: die Liebe einiger weniger Menschen, von denen er sich nicht wieder trennen will. Und der Vater begrüßt den totgeglaubten und wiedergefundenen Sohn mit einem Kuß, nimmt ihn mit Freuden auf, umkleidet ihn mit königlichem Schmuck, streift ihm einen Ring auf den Finger — stattet ihn mit allen göttlichen Eigenschaften erneut aus, die er drangegeben hatte. Dann wird ein Freudenfest ausgerufen.

Aber einer bleibt fern: der ältere Bruder, der zu Hause geblieben war und den jüngeren für einen Taugenichts und Tunichtgut hält. Vergeblich bittet der Vater ihn, am Fest teilzunehmen, er grollt und bleibt fern. Solange er aber fern bleibt, hat der Jüngere einen Feind im Haus seines Vaters, der es ihm schwermachen wird, für die Seinen eine Wohnung zu bereiten, den von ihm Geliebten ewiges Leben zu geben. Der „ältere Bruder" könnte Satan sein, auch er einer der „Söhne" Gottes.

Der Koran erzählt, Satan habe von Anfang an etwas gegen den Menschen gehabt. Als Gott Adam erschuf, habe er vor Freude über sein Werk alle Himmlischen und die Engel herbeigerufen, damit sie sich vor Adam verneigten und das Geschöpf Gottes ehrten. Der ganze Himmel tat es, Satan aber verweigerte dem Menschen die Ehrerbietung, er hielt nichts von dieser neuesten Schöpfung. So wurde er zum Ankläger des Menschen vor Gott, wie es das Hiobbuch erzählt.

Die Erde ist sicher nicht alles, was Gott geschaffen hat, aber in der Beziehung zu ihr und zur Menschheit hat der Schöpfer drei „Gesichter", drei „Kinder": Satan, Sophia und Christus.

Von Sophia heißt es, daß sie von Anfang an ihre Freude hatte an den Menschenkindern. Sie, die Spielende, hat ihnen auch ein Patengeschenk gegeben: die Phantasie, die sich in Träumen, in Mythen, in Märchen, Liedern und Gedichten mitteilt. Sie bewirkt das Wunder, daß die Muster in der Seele des Menschen den Mustern der Schöpfung entsprechen, und nicht nur den Mustern der Schöpfung, sondern sogar denen des Himmels.

Auch Christus hat Adam gewiß anerkannt und Gott gelobt für seine Erschaffung. Sein Patengeschenk könnte so gelautet haben: „Ich gebe dir den Willen, Gott zu erkennen und damit dich selbst als sein Ebenbild." Christus hat von Anbeginn an den Menschen geglaubt. Jesus hat dies gezeigt. Er konnte zu einem Menschen sagen: „Geh hin und sündige hinfort nicht mehr." Er hielt ihn dafür für fähig. In der Bergpredigt sagte er sogar: „Ihr nun sollt vollkommen sein, wie euer Vater im Himmel vollkommen ist" (Matthäus 5,48). Größeres als er kann niemand vom Menschen halten.

Satan aber gab dem Menschen mit seiner Verachtung die Selbstverachtung ein und mit der Selbstverachtung auch die Verachtung des Schöpfers. Und wenn der Mensch aus Haß auf Gott und aus Selbsthaß sich dann aufbläht und sagt: Ich bin selbst ein Gott, dann konnte Satan mit Recht auf ihn zeigen und sagen: Seht, was für ein gottloses Geschöpf!

Mit diesen drei Gaben von Christus, Sophia und Satan ausgestattet, begann der Mensch seinen Weg, sich einmal dieser, einmal jener bedienend. Je nachdem, was er tat, verhielt sich auch Gott zu ihm: Einmal lieh er bei seinem Tun Sophia, ein andermal Christus, oft aber auch Satan sein Ohr und dem, was sie empfahlen. Bei der Sintflutgeschichte zum Beispiel hat er offensichtlich auf Satan gehört. Er ersäufte die Menschen und ließ mit ihnen die ganze Schöpfung leiden. „Das Dichten und Trachten des menschlichen Herzens ist böse von Jugend auf", zürnte er. Dann aber „reute" ihn sein Vernichtungswerk, er hörte wieder auf Christus, als er Noah berief und rettete, und er hörte auf Sophia und versprach ihr, niemals wieder um des Menschen willen die ganze Schöpfung zu verderben. „Solange die Erde steht, soll nicht aufhören Saat und Ernte, Frost und Hitze, Sommer und Winter, Tag und Nacht." Froh darüber, zeigte sich Sophia als Regenbogen in den Wolken, um Natur und Menschen zu erfreuen.

Die Sache mit dem Menschen aber blieb unentschieden im Himmel. Sophia mußte zugeben, daß nur wenige Menschen auf sie hören und ihr eine Wohnung bei sich geben; Christus mußte einräumen, daß sich nur wenige um Erkenntnis bemühen; und Satan konnte immer wieder triumphieren: Das habe ich von Anfang an gewußt! Auch die Menschen wußten nicht, mit wem sie es bei Gott zu tun hatten. Erfuhren sie ihn einmal als liebevoll und gütig wie Sophia, einmal als heilig wie Christus, dann auch wieder als zornigen Feind wie Satan.

Da beschloß Christus, etwas zu unternehmen, ganz in eigener

Verantwortung, nicht ohne, aber auch nicht gerade mit dem Segen seines Vaters. „Gib mir, Vater, das Erbe, das mein ist." Sein Vater gab es ihm. Sein Erbe war seine Gottgleichheit, aber auch sein Glaube an die Menschen. So wurde Christus Mensch und verkündete den Menschen, daß sie einen Vater im Himmel haben, der sie liebt, wohl wissend, daß immer noch Satan zwischen ihnen stand. Sophia hatte sich spontan entschlossen, Christus zu begleiten, ihm zu helfen. Beide waren von jeher verbunden, weil sie der Erde und den Menschen zugetan waren. So wohnte sie in Jesus, ermutigte und stärkte ihn auf seinem Weg. Satan dagegen versuchte, seinen Weg zu behindern. Er trat ihm entgegen: „Wenn du niederfällst und mich anbetest, will ich dir die Herrschaft über die Erde geben." Herrschaft über die Erde, das wollte Christus, aber er wollte sie anders als Satan und wies ihn ab. Trotzdem schien Satan recht zu behalten: Die Menschen verstanden und glaubten Jesus nicht, verurteilten ihn zum Tode und richteten ihn auf grausame Weise hin. Aber Jesus hatte auf seinem Wege seine Worte in die Herzen der Menschen gesät, und einige hatten sie aufgenommen. Zuletzt machte sich Jesus selbst zur Saat, versenkte sich sterbend in die Menschenseele, um das göttliche Kind des Glaubens zu zeugen.

Als Jesus vom Tode auferstanden war, konnte er erste Früchte seines Tuns ernten. Bei seiner Heimkehr zum Vater verkündete er seine neue Erkenntnis über den Menschen: Er ist weder nur gut noch nur böse, er ist vor allem wandlungsfähig, er ist fähig zu lieben. Die Liebe aber macht ihn fähig, Gott zu erkennen. Dieser Schatz, diese kostbare Perle, die Christus im Acker der Erde gefunden, für die er alles verkauft hatte, hat sogar den Himmel verwandelt, hat Gott zu den Menschen bekehrt und diesmal endgültig. Als Satan zum Freudenfest des Himmels über den heimgekehrten Christus nicht erscheinen wollte, hatte Gott keine Geduld mehr mit ihm, er wollte ihm niemals wieder das Ohr leihen. So nahmen die Engel ihn und vertrieben ihn aus dem Himmel auf die Erde.

Als Jesus zum ersten Mal gemerkt hatte, daß seine Saat auf fruchtbaren Boden fiel, als die Siebzig, die er ausgesandt hatte, froh zu ihm zurückkehrten, hatte er diesen seinen Sieg vorausgesehen: „Die Siebzig aber kehrten mit Freuden zurück und sagten: Herr, auch die Dämonen sind uns untertan kraft deines Namens. Da sprach er zu ihnen: Ich sah den Satan wie einen Blitz vom Himmel fallen" (Lukas 10,17 f.).

Der Seher Johannes von Patmos hat in einer Vision auch davon erfahren: „Und es entstand Krieg im Himmel, so daß Michael und seine Engel Krieg führten mit dem Drachen. Und der Drache führte Krieg und seine Engel; und sie vermochten nicht standzuhalten, und eine Stätte für sie war im Himmel nicht mehr zu finden. Und geworfen wurde der große Drache, die alte Schlange, genannt der Teufel und der Satan, der den ganzen Erdkreis verführt, geworfen wurde er auf die Erde, und seine Engel wurden mit ihm geworfen. Und ich hörte eine laute Stimme im Himmel sagen: Jetzt ist das Heil und die Kraft und die Herrschaft unsrem Gott und die Macht seinem Gesalbten zuteil geworden; denn hinabgeworfen wurde der Ankläger unsrer Brüder, der sie vor unsrem Gott Tag und Nacht verklagt. Und sie haben ihn überwunden um des Blutes des Lammes willen" (Offenbarung 12,7-11).

Was bei der Taufe Jesu schon aufleuchtete, seine Inthronisation zum Herrn des Kosmos, wie Daniel sie in seiner Vision gesehen hatte, wird bei der Himmelfahrt bestätigt: „Ich schaute: da wurden Throne aufgestellt, und ein Hochbetagter setzte sich nieder. Sein Gewand war weiß wie Schnee, und das Haar seines Hauptes rein wie Wolle; sein Thron war lodernde Flamme und die Räder daran brennendes Feuer. Und ein Feuerstrom ergoß sich und ging von ihm aus. Tausendmal Tausende dienten ihm, zehntausendmal Zehntausende standen vor ihm. Das Gericht setzte sich nieder, und die Bücher wurden aufgetan. Darnach schaute ich hin ob des Lärms der großen Worte, die das Horn redete" (Daniel 7,9-11). Das Horn, beschreibt Daniel vorher, wuchs auf einem schrecklichen Tier, an diesem Horn waren Augen wie Menschenaugen und ein Maul, das große Dinge redete. Dieses Tier und sein Horn sind Symbol für den Satan und seine Anklagen.

Daniel erzählt weiter: „Ich schaute: da wurde das Tier getötet, sein Leib vernichtet und dem Feuerbrand übergeben. Und den anderen Tieren ward ihre Macht genommen und ihre Lebensdauer auf Zeit und Stunde bestimmt" (Daniel 7,11-12). Der Feuerbrand ist Symbol für den Zorn des Hochbetagten, der sich gegen das Tier richtet. „Ich schaute in den Nachtgesichten", erzählt Daniel weiter, „und siehe, mit den Wolken des Himmels kam einer, der einem Menschensohn glich, und gelangte bis zu dem Hochbetagten, und er wurde vor ihn geführt. Ihm wurde Macht verliehen und Ehre und Reich, daß die Völker aller Nationen und Zungen ihm dienten. Seine Macht ist eine ewige Macht, die niemals vergeht, und nimmer wird sein Reich zerstört" (Daniel 7,13f.).

„Menschensohn" ist der neue Name für Christus, der seine Göttlichkeit drangab, um in den Herzen der Menschen wiedergeboren zu werden als Liebe und Erkenntnis Gottes. Sie wird von Gott erwidert, und darum ist Christus nun Menschen- und Gottessohn in einem. „Darum hat ihn auch Gott erhöht und hat ihm einen Namen gegeben, der über alle Namen ist, damit in dem Namen Jesu sich beuge jedes Knie derer, die im Himmel und auf Erden und unter der Erde sind, und jede Zunge bekenne, daß Jesus Christus der Herr ist, zur Ehre Gottes, des Vaters" (Philipper 2,9-11).

Der Menschensohn, den Daniel in seiner Vision mit den Wolken des Himmels kommen sieht, wird von Hartmut Gese als eine Inkarnation der Sophia aufgefaßt[3]. Wie nahe Jesus und Sophia sich waren, ist deutlich geworden. Ihre Gabe, die des Traums und der Vision, hat wohl auch Daniel Einblick gegeben in himmlische Vorgänge. Und was Christus entdeckt hat auf Erden, die Wandlungsfähigkeit auch des Menschen, ist ein Gesetz, das im Reich der Sophia, in der Schöpfung, immer gegolten hat und noch gilt als Grundregel der alten und nun auch der neuen Schöpfung.

Nachdem Satan aus dem Himmel geworfen war, konnte das Freudenfest beginnen, das Fest einer himmlischen Hochzeit zwischen Christus und Sophia. Das Schicksal der Menschen und das der Erde wird nun unauflöslich miteinander verbunden. Von Christus heißt es nun: „Er ist das Ebenbild des unsichtbaren Gottes, der Erstgeborene der ganzen Schöpfung, denn in ihm ist alles, was in den Himmeln und auf Erden ist, geschaffen worden, das Sichtbare und das Unsichtbare ... Und er ist vor allem, und alles hat in ihm seinen Bestand. Und er ist das Haupt des Leibes, nämlich der Kirche, er, der der Anfang ist, der Erstgeborene von den Toten, damit er in allem den Vorrang hat. Denn in ihm beschloß Gott die ganze Fülle wohnen zu lassen und durch ihn alles mit sich zu versöhnen, indem er durch sein Kreuzesblut Frieden stiftete, zu versöhnen, sei es, was auf Erden, sei es, was in den Himmeln ist" (Kolosser 1,15-20). Christus ist nun das Bild, das Angesicht, das Gott den Menschen zuwendet. „Wer mich sieht, der sieht den Vater", sagte Jesus. In ihm beschloß Gott aber auch, die ganze Fülle wohnen zu lassen, die Fülle seiner Schöpfung, Sophia, die schon in Jesus wohnte. So gilt nun, daß alles durch ihn und auf ihn hin geschaffen wurde.

Auch Sophia wandelt sich in dieser heiligen Hochzeit mit Christus. Sie, Symbol der Schöpfung, trägt nun Christus in sich wie ein göttliches Kind. Was zuvor Ahnung, Phantasie, Vision war, ist nun bewußt geworden, klares, leuchtendes Wort, Logos. Sophia sagt: „Am Anfang war das Wort, und das Wort war bei Gott, und das Wort war Gott. Dieses war im Anfang bei Gott. Alle Dinge sind durch dasselbe geworden, und ohne das Wort ist auch nicht eines geworden, das geworden ist. In ihm war das Leben, und das Leben war das Licht der Menschen. Und das Licht scheint in der Finsternis, und die Finsternis hat es (lange Zeit) nicht angenommen." Aber: „Das wahre Licht, das jeden Menschen erleuchtet, kam" — mit Jesus — „in die Welt. Es war in der Welt, und die Welt ist durch ihn geworden, und die Welt erkannte ihn nicht. Er kam in das Seine, und die Seinen nahmen ihn nicht auf. So viele ihn aber aufnahmen, denen gab er Anrecht darauf, Kinder Gottes zu werden, denen, die an seinen Namen glauben" (Johannes 1,1-5.9-13).

Was durch die Himmelfahrt Jesu sich im Himmel geändert hat, die Bestätigung der neuen Schöpfung, wird nun angedeutet als

Anfang der Schöpfung überhaupt. Der Erstgeborene der neuen Schöpfung wird gerühmt als Wort und Licht, auf das hin von Anfang an alles geschaffen worden ist. Die Menschen werden in dieser neuen Schöpfung nicht mehr Geschöpfe, sondern Kinder Gottes genannt. Garant dieser neuen Schöpfung ist im Himmel die Trinität: Gott – Christus – Sophia. Christus und Sophia sind nicht Gott, sie sind das liebende Angesicht, das er den Menschen und der Erde zuwendet und das die Züge der in Liebe Verbundenen trägt.

Allerdings: Vollendet ist die neue Schöpfung damit noch nicht. Um des Menschen willen wurden Satan und dessen Engel aus dem Himmel verbannt. Er, ursprünglich auch ein Gottessohn, wurde aus der ursprünglichen Ganzheit, deren Zahl die Vier ist, herausgebrochen. Ein Ungleichgewicht ist entstanden, das Dynamik enthält, dafür steht die Zahl Drei.

Aus himmlischer Sicht sieht es auf Erden wahrscheinlich recht dunkel aus. Da wirkt nun Satan. Aber da sind auch ein paar Menschen, die Christus in sich tragen – winzige Lichtpunkte.

Die neue Schöpfung

2. Himmelfahrt

1. Auferstehung
Christi

3. Das Kommen
des
Heiligen Geistes

4. Das Offenbarwerden
der Söhne Gottes

Ihnen hat Jesus bei seinem Abschied einen Beistand, einen Trö-
ster versprochen, der sie in alle Wahrheit leiten wird. Wen könnte
er Besseres senden als Sophia, die auch ihm Beistand und Trost
gewesen war? Sophia geht zu den Menschen als Heiliger Geist,
denn sie ist durch Christus gewandelt, sie trägt den Logos und
bringt darum nicht mehr allein Traum und Vision, sondern
Erkenntnis und Bewußtsein.

Die neue Schöpfung ist in den Himmel erhöht worden, nun
kommt sie zu den Menschen, die ihre Partner werden sollen, um
sie einzuladen. Es wird Pfingsten auf Erden.

Die apostolische Kirche

Der Wahrnehmung dessen, was Heiliger Geist ist und wie er wirkt, steht für viele die Kirche im Wege, wie sie sich in Vergangenheit und Gegenwart als Institution darstellt. Sie will Träger und Künder des Heiligen Geites sein, aber es läßt sich nicht leugnen, daß sich im Laufe der Kirchengeschichte neben vielem, das bis heute Anerkennung und Bewunderung weckt, auch sehr viel durchaus nicht heiliger Zeitgeist im Denken und Tun der Kirche Ausdruck verschafft hat. Sie hat die Macht, die sie in vielen Jahrhunderten hatte, für sehr weltliche Interessen eingesetzt und weniger das Reich Gottes als ein Reich der Menschen gefördert. Haupt und Glieder der verfaßten Kirchen zeigten wohl immer wieder einmal etwas von der Freiheit der Kinder Gottes gegenüber ihrer Umwelt, allzuoft und mit erschreckenden Folgen waren sie aber wie alle anderen Kinder ihrer Zeit, teilten die Interessen, die Vorurteile und die Verblendung ihrer Umwelt. Gemessen an dem, was Jesus gesagt und vorgelebt hat, ist das Sündenregister der Kirche und besonders ihrer Leitung lang. Ausgerechnet diejenigen, die sich gern „Stellvertreter Christi auf Erden" oder seine berufenen Diener nennen, waren allzuoft Vertreter menschlicher Schwächen und menschlichen Größenwahns.

Eine historische Sichtweise allein kann aber nicht erfassen, wer Jesus war, und ebensowenig, wer der Heilige Geist ist. Die Geschichtsschreibung wurde schon einmal „rückwärtsgewandte Prophetie" genannt. Das bedeutet, sie ist von gegenwärtigen Interessen geleitet und sucht dafür Belege in der Vergangenheit. Lange Zeit hindurch war Geschichtsschreibung darum die Geschichte der Sieger, rechtfertigte rückblickend ihre Macht. Das trifft auch auf die Kirchengeschichte zu. Sie wurde so verfaßt, daß sie die Existenz der bestehenden Kirche und ihrer Ordnungen begründete und noch dazu aus der bloßen Gegenwart dieser Kirche den Schluß zog, ihr Erfolg sei offenbar Gottes Wille gewesen. Der Geschichtsschreibung als Selbstverherrlichung der Sieger folgte seit dem 19. Jahrhundert kritische Geschichtsschreibung, die aus ihrer Perspektive aus der Vergangenheit oft genug das Gegenteil von dem ans Licht zog, was zuvor berichtet wurde. Entsprechend wissen wir heute auch etwas von den Verlierern in der Kirchengeschichte, von denen, die als Häretiker und Ketzer verurteilt, verdammt und ausgerottet wurden – oft genug „im Namen Gottes". Auch Jesus ist als Gotteslästerer zum Tode verurteilt worden. Aus heutiger Sicht scheint es manchmal so, als sei die „wahre Kirche" unter denen gewesen, die von der Siegerkirche nicht anerkannt wurden. Erfolg im weltlichen und damit auch in historischem Sinn allein kann kaum als Ausweis des Heiligen Geistes gelten.

Als Jesus vor Pilatus stand, sagte er zu ihm: „Mein Reich ist nicht von dieser Welt. Wäre mein Reich von dieser Welt, so würden meine Diener kämpfen, damit ich den Juden nicht überliefert werde; nun aber ist mein Reich nicht von hier" (Johannes 18,36). Wer nach seinem Reich sucht und danach, wie es unter den Menschen wächst, braucht offenbar eine andere Sichtweise als die eines Pilatus, eines Weltkindes.

Auch kritische Geschichtsschreibung ist rückwärts gewandte Prophetie, sie verfolgt das Interesse, gegenwärtigen Institutionen nachzuweisen, daß sie nicht allein im Recht sind. Die frühesten „Häretiker" der Kirchengeschichte waren die Gnostiker. Bis in die Mitte dieses Jahrhunderts wußte man fast ausschließlich aus den Verdammungsurteilen der „Kirchenväter" etwas über sie. Die Theologiegeschichte bezichtigt sie eines dualistischen Gottesbildes und der Weltverachtung. Die Funde von Nag Hammadi in Ägypten in der Mitte des 20. Jahrhunderts haben eine große Zahl gnostischer Schriften ans Tageslicht gebracht. Sie belegen zunächst, daß die Gnosis keine einheitliche Bewegung war, sondern sich aus vielen verschiedenen Gruppen und Gemeinden mit unterschiedlichen Ansichten zusammensetzte. Die amerikanische Historikerin Elaine Pagels hat die Meinungsverschiedenheiten gnostischer Schriftsteller und der „Kirchenväter" über das, was ein Christ sei und was Kirche, herausgearbeitet[4].

In gnostischen Gemeinden waren Frauen gleichberechtigt. Sie waren Prophetinnen und Lehrerinnen des Glaubens ebenso wie Männer. Dafür wurden sie von den „Kirchenvätern" gescholten, weil diese in der orthodoxen und katholischen Kirche schon bald durchsetzten, daß nur Männer für christliche Ämter in Frage kamen und Frauen zu schweigen hatten.

In gnostischen Gemeinden galt ein Christ, eine Christin als erleuchtet und darum fähig, zwischen wahr und falsch selbst zu unterscheiden. In der frühen Kirche galt sehr bald der Bischof als der einzige, der die rechte Lehre kannte, ihm mußten alle anderen gehorchen.

In gnostischen Gemeinden war derjenige ein Christ, der eine Vision vom auferstandenen Christus hatte, dies war die „Taufe der Wahrheit", Ablehnung der Welt. Die Vision gab Einsicht in die Natur der Wirklichkeit. „So denke nicht hinsichtlich der Auferstehung, daß sie ein Hirngespinst ist. Sie ist nicht ein Hirngespinst, sondern wahr. Vielmehr aber ziemt es sich zu sagen, daß die Welt ein Hirngespinst ist, mehr als die Auferstehung"[5], heißt es in einer gnostischen „Abhandlung über die Auferstehung". In der frühen Kirche dagegen wurde jemand Christ, wenn ein Priester ihn getauft hatte, der Vollzug des Sakramentes genügte. Gnostiker hielten dem entgegen: Es gibt viele, die „hinabsteigen in das Wasser und herauskommen, ohne etwas empfangen zu haben"[6].

Für Gnostiker war die Suche nach Selbsterkenntnis und nach Gotteserkenntnis eins. Die Botschaft Christi war für sie Ermutigung, sich auf den Prozeß des Suchens einzulassen. „Die verständige Seele aber, die sich suchend bemüht hat und Erkenntnis über Gott erlangte, die sich forschend abmühte, am Leibe litt, sich die Füße wundlief zu den Predigern und Erkenntnis über den Unerforschlichen erlangte... Sie kam zur Ruhe in dem Ruhenden, legte sich in das Brautgemach, aß von dem Mahl, nach dem sie gehungert hatte... Sie fand das, wonach sie gesucht hatte. Diejenigen dagegen, die unwissend sind, suchen nicht nach

Gott... sie forschen nicht nach Gott... der unverständige
Mensch hört die Einladung, ist aber unwissend darüber, wohin er
geladen wurde."⁷ In der frühen Kirche wurde vom Christen nicht
Suche gefordert, sondern er sollte glauben, daß die Kirche das
Heil hat, und ihr gehorchen.

Lehrer und Propheten hatten in gnostischen Gemeinden die
Aufgabe, Suchende auf ihrem Weg zu begleiten, bis sie Gnosis,
Erkenntnis, erlangt hatten, dann waren sie selbst Autorität. Denn
wer Gnosis empfängt, wird „nicht mehr zu einem Christen,
sondern zu einem Christus"⁸.

Die frühe Kirche erkannte nur den zwölf Aposteln Autorität
zu und in ihrer Folge den Amtsträgern, die in der apostolischen
Sukzession standen. Die „Lehre der Apostel" gründete darauf,
daß nur sie den Auferstandenen gesehen hatten, wie es die
Evangelien bezeugen, die in den Kanon aufgenommen wurden.
Daß es selbst nach diesen kanonischen Evangelien Frauen waren,
die den Auferstandenen zuerst gesehen hatten, wurde übersehen. Begegnungen mit dem Auferstandenen, von denen Gnostiker erzählten, wurden als Einbildung abgetan. Bischof Irenäus
zum Beispiel klagte, daß „jeder einzelne von ihnen jeden Tag
etwas Neues hervorbringt, so gut er eben kann; denn niemand
gilt als eingeweiht bei ihnen, solange er nicht ein paar ungeheure
Fiktionen entwickelt hat... Man muß sie tadeln, weil... sie
menschliche Gefühle und Leidenschaften und geistige Neigungen beschreiben... und Dinge, die den Menschen zustoßen, und
was immer sie selbst als Erfahrung erkennen, dem göttlichen
Wort zuschreiben."⁹

Das gnostische Evangelium „Apokryphon des Johannes"
schildert eine Begegnung mit dem Auferstandenen. Es erzählt,
wie Johannes nach der Kreuzigung Jesu „in großer Trauer"
hinausging. „Sofort öffneten sich die Himmel, und die ganze
Schöpfung, die unter dem Himmel ist, leuchtete, und die Welt
erbebte. Ich erschrak und ich sah in dem Licht einen Jüngling...
während ich schaute, wurde er gleich einem Greis. Und er
wechselte seine Gestalt von neuem und wurde gleich einem...
[An dieser Stelle ist der aufgefundene Text nicht mehr lesbar.] Ich

sah eine Erscheinung mit vielfachen Gestalten in dem Licht." Als Johannes sich wunderte, sprach die Gestalt: „Johannes, Johannes, weshalb zweifelst du oder weshalb fürchtest du dich? Dir ist doch diese Gestalt nicht unvertraut, oder? Erschrick nicht! Ich bin der eine, der immer bei dir ist. Ich bin gekommen, dich zu lehren, was ist und was war und was sein wird."[10]

Es erscheint ungerecht, dies als eine „ungeheure Fiktion" abzutun. Aber die frühe Kirche hat mit den vier Evangelien die Erfahrung der einen, der Apostel, kanonisiert und damit die Erfahrungen aller anderen abgewertet. Aus der Erfahrung der Apostel aber wurde ihre Autorität abgeleitet. Diese Autorität der kirchlichen Amtsträger haben gnostische Gemeinden nicht anerkannt, und das ist der Grund, weshalb sie verfolgt und schließlich ausgerottet wurden.

Sie sind zwar für Häretiker erklärt worden, und doch hat sich im Lauf der Kirchengeschichte der Geist der Gnosis immer wieder als lebendig erwiesen. Viele Reformbewegungen haben sich auf die Inspiration und Erkenntnis ihrer Mitglieder berufen und sie gegen die Autorität der Kirche gestellt. Der Geist der Gnosis ist auch heute lebendig bei den vielen, denen die Lehre der Kirche nicht genügt und die sich darum selbst auf die Suche machen. Die eigene Erfahrung hat für sie dann mehr Autorität als die kirchlicher Amtsträger.

Bis heute wendet die kirchliche Lehre dagegen ein, daß doch nun wirklich nicht die Erfahrung jedes einzelnen als göttliche Offenbarung angesehen werden kann. Sind da nicht, wie Irenäus schrieb, „menschliche Gefühle und Leidenschaften und geistige Neigungen" immer mit im Spiel? Gewiß, das läßt sich nicht ausschließen. Doch das Urteil des Irenäus fällt auf Amtsträger und Theologen selbst zurück. Sieht man sich an, was im Laufe der Kirchengeschichte von Bischöfen, Päpsten und Theologen schon alles als „Gottes Wort" ausgegeben wurde, ist darunter auch allzuviel, das allein ihren allzu menschlichen Gefühlen, Leidenschaften und Neigungen entsprungen ist. Man kann sehr leicht seinen eigenen Vogel für den Heiligen Geist halten. Welche Autorität soll darüber befinden?

Jesus hat ein Kriterium angegeben: „Hütet euch vor den falschen Propheten, die in Schafskleidern zu euch kommen, inwendig aber sind sie räuberische Wölfe! An ihren Früchten sollt ihr sie erkennen" (Matthäus 7,15 f.).

Wie es in gnostischen Gemeinden wirklich zuging, weiß niemand. Nach ihren Schriften lebten sie untereinander „in Vaterschaft und Mutterschaft und wahrer Bruderschaft und Weisheit", als solche, die einander als „geistliche Freunde" lieben[11]. Die apostolische Kirche hat sich nachweislich sehr oft als „räuberischer Wolf" gezeigt, ob sie Ketzer oder Hexen verfolgte, ob andere Religionen, oder ob sie Kriege und die Ausrottung ganzer Völker wenn nicht förderte, so doch duldete. Wer an ihr ablesen wollte, ob der Heilige Geist wirklich gekommen ist, hätte allen Grund zu zweifeln.

Und doch hat es in den vergangenen zwei Jahrtausenden neben allen Schrecken zweifellos auch zahllose Frauen und Männer gegeben, ob in der Kirche oder nicht, deren Tun vom Heiligen Geist geleitet war, Menschen, von denen Geschichtsschreiber nichts melden, weil sie nicht „Geschichte gemacht" haben, sondern „Früchte des Geistes hervorbrachten wie Liebe, Freude, Friede, Geduld, Freundlichkeit, Güte, Treue, Sanftmut und Enthaltsamkeit" (Galater 5,22).

„Die Welt", sagt Christus im Johannesevangelium, „kann den Geist der Wahrheit nicht empfangen, weil sie ihn nicht sieht und nicht erkennt" (Johannes 14,17). So kann die weltliche Geschichte und auch die Kirchengeschichte, soweit sie zu ihr gehört, nicht der geeignete Ort sein, um nach dem Wirken des Heiligen Geistes zu suchen. Es kann nur in der „unsichtbaren Kirche" wahrgenommen werden und von „verständigen Seelen".

Das Kommen des Heiligen Geistes

Aus Trauer wird Freude geboren

Die Apostelgeschichte datiert das Kommen des Heiligen Geistes auf einen bestimmten Tag in der Geschichte, fünfzig Tage nach Ostern, an einem bestimmten Ort und zu einer begrenzten Zahl, den Zwölfen. So eindrucksvoll die Pfingstgeschichte auch erzählt ist, der Heilige Geist kann nicht begrenzt werden auf Zeit und Raum, sowenig wie eine apostolische Lehrautorität bestimmen kann, wem der lebendige Christus erschienen ist und wem nicht.

Was an der Zeitangabe von den fünfzig Tagen bemerkenswert ist, ist ihre Übereinstimmung mit einem seelischen Erlebnismuster, dem von Trauernden. Bis heute wird in der katholischen Kirche sieben Wochen nach dem Tod eines Gestorbenen für ihn eine Totenmesse gelesen. 49 Tage umfaßt die Liturgie des Tibetanischen Totenbuches[12]. Auch in vielen anderen Kulturen kommt den sieben Wochen nach dem Tod eine besondere Bedeutung zu. Sie rührt offenbar aus der Erfahrung, die auch heute viele Trauernde machen. Einige Wochen nach seinem Tod scheint der Gestorbene in den früheren Wohnräumen noch anwesend zu sein, sie spüren ihn. Das Gefühl für seine Nähe schwindet erst nach sechs bis sieben Wochen. Auch die Seele der Trauernden braucht geraume Zeit, bis sie die Trennung von einem geliebten Menschen begreifen und von ihm Abschied nehmen kann. Erst wenn die Endgültigkeit seines Todes anerkannt wurde, kann die Liebesbeziehung zu ihm auf anderer Ebene wieder aufgenommen werden. Der Gestorbene wird zu einem inneren Bild, seine Kraft, sein Rat, seine Eigenschaften können vom Trauernden teilweise als eigene Möglichkeiten wahrgenommen werden.

Ein junger Mann, Georg, starb plötzlich an einem Herzinfarkt. Die junge Frau, die ihn geliebt hatte, durchlebte einen schmerzhaften Trauerprozeß, der von vielen Träumen begleitet war. Der letzte Traum lautet: „Ich bin in einem Heilbad. Ich kann sehr schlecht gehen, weil ich an meinem rechten Bein offenbar Brüche hatte und Wunden, die jetzt ausheilen sollen. Ich denke, ich müßte wohl in eine Lawine geraten sein, und finde, es sei eigentlich sonderbar, daß ich daran nicht ganz gestorben bin. Das Traumbild ändert sich: immer noch im Heilbad: im warmen Wasser. Georg ist da, und ich streite mich mit ihm über ‚Sinn'. Meine These ist: Das Leben kann unmöglich einen Sinn haben, wenn die Leute, die man liebt, sterben und die Leute, die man nicht liebt, leben. Georg versucht mir beizubringen, daß gerade wegen des Todes das Leben einen Sinn hat. Ich bin ungehalten, sage ihm, das wäre Gerede; im Moment, als er gestorben sei, da sei mir das Leben gar nicht als lebenswert aufgeleuchtet, sondern als eine verdammte Bürde, die ich schleppen mußte. Ich tauchte weg. Plötzlich weiß ich, daß es im Leben jedes Menschen etwas gibt, das weit über die gegenwärtige Existenz hinausgeht. Es ist nicht formulierbar, aber ich bin plötzlich erfüllt von dem starken Gefühl, daß darauf sich zu beziehen Sinn vermittelt. Ich steige aus dem Heilbad. Eine ältere Frau ist da und sagt: Sie haben ja plötzlich ganz veränderte Augen. Ja, sage ich, es ist auch gerade etwas in mir gestorben. Ich sage das mit strahlendem Gesicht."[13]

Das ist die Sprache, in der sich Transzendenzerfahrung heute mitteilt. Sie wird aus der Trauer geboren. Das Heilbad des Traumes ist zudem ein deutlicheres Symbol der Taufe als viele andere. Gerade weil in diesem Bad etwas stirbt, taucht die Träumerin mit veränderten, mit strahlenden Augen daraus auf. Sie hat etwas erkannt von dem, was jenseits dieses Lebens Sinn gibt.

In seinen Abschiedsreden hat der Christus des Johannesevangeliums das Kommen des Beistandes, des Heiligen Geistes, an die Erfahrung der Trauer über sein Weggehen geknüpft: „Wahrlich, wahrlich, ich sage euch: Ihr werdet weinen und wehklagen, aber die Welt wird sich freuen; ihr werdet traurig sein, doch eure

Traurigkeit wird zur Freude werden. Wenn die Frau gebiert, hat sie Traurigkeit, weil ihre Stunde gekommen ist, wenn sie aber das Kind geboren hat, denkt sie nicht mehr an die Angst um der Freude willen, daß ein Mensch zur Welt geboren ist. Auch ihr habt nun Traurigkeit; ich werde euch aber wiedersehen, und euer Herz wird sich freuen, und eure Freude nimmt niemand von euch" (Johannes 16,20ff.).

Freude, die aus der Trauer geboren wird, Wahrheit, die durch den Tod hindurch aufleuchtet, ein Erkennen dessen, was die Welt nicht sehen kann, das sind Merkmale des Heiligen Geistes, der die Auferstehung zur inneren Gewißheit macht. Eine schwangere Frau kann sich bis zur Entbindung nicht wirklich vorstellen, daß aus ihrem Leib ein lebendiges, selbständiges Kind hervorkommt, sie spürt nur ihre Last und dann ihre Schmerzen. Etwas ähnlich Unvorstellbares und dann doch Wirkliches ist nach den Worten Jesu der Heilige Geist.

Das Geschenk einer so ungewöhnlichen Freude scheint ganz besonders den Trauernden auf dieser Erde vorbehalten zu sein. In ihrer Seele ist durch den Schmerz, den sie durchleiden, gleichsam der Boden bereitet, daß sie empfangen, was „die Welt" nicht empfangen kann. So haben es die Frauen erfahren, die am Ostermorgen mit ihren Salben zum Grab gingen. So erfahren es auch heute Trauernde immer wieder.

„So sei auch gepriesen,
mein Herr,
für unsere Schwester
die Traurigkeit!
Still
geht sie durch jeden unserer Tage,
heilt nicht Wunden,
trocknet nicht Tränen,
stillt nicht den Wehlaut,
die Schreie der Angst,
der bittern Verzweiflung.

Doch manchmal
in sternloser Nacht
fällt
ihr von Blut und Tränen
schweres Gewand,
und da steht sie
hellen Gesichts
als der strahlendste
Engel des Lichts."

Clarita Schmid[14]

Engel des Lichts kündigen in einer dunklen Welt die Geburt eines göttlichen Kindes an, Engel des Lichts erscheinen denen, die trauernd zum Grabe gehen, einem Engel des Lichts gleicht das Aufscheinen eines Sinnes, der die Augen eines Menschen strahlen macht. Erfahrungen dieser Art sind von Menschen aller Religionen schon immer Engel genannt worden. Denn was eine solche Wandlung hervorruft, kann nicht Einbildung sein, es muß eine transzendente Kraft sein. Engel sind immer in dem Augenblick schon wieder unsichtbar, in dem die verwandelnde Erkenntnis eingeleuchtet hat. Ihre Lichtgestalt ist Symbol für die Erleuchtung, die sie gebracht haben und die dem Empfänger bleibt, auch wenn er den Engel nicht mehr sieht.

„Das Überwältigtwerden eines Menschen von wunderbarer Wandlung wird, solange es Menschen gibt, Worte finden wie die: ‚Es war, als käme ein Engel hinein', oder: ‚Ein Engel ging durch den Raum', oder: ‚Es hat sie ein Engel behütet.' Das Überwältigtwerden von begegnender Schönheit, von Worten, die wie von jenseits kommen, von Glanz und Glut, die über ein Dasein hereinbrechen, dies wird immer die Menschen an Engel erinnern."[15]

Gabriel, der Verkündigungsengel, ist nach der Tradition bekleidet mit dem grünen Mantel der Hoffnung. Der persische Dichter Rumi preist ihn: „eine Erscheinung der übermenschlichen Schönheit, eine Gestalt, die aus der Erde aufblüht wie eine Rose, wie ein Bild, das sein Haupt erhebt aus dem geheimen Grund des Herzens"[16]. Sein Symbol ist oft die Lilie. Es ist, als sei Gabriel Symbol der Jungfrau mit dem göttlichen Kind, des erwachenden Lebens im Frühling, der aufbrechenden Freude nach langer Trauer. Durch seine Schönheit vermittelt er das Erlebnis der liebenden Verbindung von Seele und Geist, von harmonischem Einklang zwischen Mensch und Natur. Denn wo Harmonie ist, wo die Gegensätze sich vereinen, leuchtet Heilung auf und damit Heil. Gabriel bedeutet: „Gott ist meine Kraft". Damit ist nicht die Kraft gemeint, die sich durchsetzt, sondern seelische Kraft, die zum Lieben befähigt, die Frieden um sich verbreitet.

Von solcher Kraft sprach Jesus, als er den Jüngern den Beistand verhieß: „Frieden lasse ich euch zurück, meinen Frieden gebe ich euch. Nicht wie die Welt gibt, gebe ich euch. Euer Herz lasse sich nicht beunruhigen und verzage nicht!" (Johannes 14,27). Oder: „Wer aber mich liebt, wird von meinem Vater geliebt werden, und ich werde ihn lieben und mich ihm offenbaren" (Johannes 14,21).

Wenn Jesus in der Bergpredigt sagt: „Selig sind die Trauernden, denn sie werden getröstet", meint er wohl die Seligkeit, die heilend in verwundete Herzen strömen kann und für die nur Worte wie überirdische Schönheit der angemessene Ausdruck sind. Dieser Trost ist gegenwärtige Erfahrung, wie nur Dichter sie wiedergeben können:

„Schönster Herr Jesu, Herrscher aller Herren,
Gottes und Marien Sohn,
dich will ich lieben, dich will ich ehren,
du meiner Seele Freud' und Wonn'.

Schön sind die Wälder, schöner sind die Felder
in der schönen Frühlingszeit;
Jesus ist schöner, Jesus ist reiner,
der unser traurig Herz erfreut.

Schön leucht' die Sonne, schöner leucht' der Monde
und die Sternlein allzumal;

Jesus leucht' schöner, Jesus leucht' reiner
als alle Engel im Himmelssaal.

Schön sind die Blumen, schöner sind die Menschen
in der frischen Jugendzeit;
sie müssen sterben, müssen verderben,
doch Jesus lebt in Ewigkeit.

Alle die Schönheit Himmels und der Erden
ist verfaßt in dir allein;
nichts soll auf Erden lieber mir werden
als du, der schönste Jesus mein."[17]

Es ist Heiliger Geist, der so singen lehrt, Heiliger Geist, durch den aus der Liebe die Erkenntnis aufbricht, daß die Schönheit der Schöpfung in ihm „verfaßt" ist, aus dem und zu dem alles geschaffen wurde. Wer in der Schönheit der Natur Christus erfahren hat, wird in ihrer Zerstörung auch den leidenden Christus erkennen. Wer erfahren hat, daß Liebe nicht allein ein Gefühl, sondern eine geistige Kraft ist, kann auch das Liebesgebot Christi verstehen und befolgen. Er wird das erleben, als ob ein Engel Gabriel zu ihm einträte und auf dem Grund der Trauer Hoffnung erblühte.

Zur Erkenntnis kommen

Bei einem Gemeindeseminar zum Thema Taufe fragte ich die Teilnehmer, was die Taufe für sie bedeute. Die einhellige Meinung war, durch sie werde man aufgenommen in die Kirche. Die Antworten klangen, als sei die Taufe eine freundliche Einladung in eine ebenso freundliche Gemeinschaft. Die apostolische Lehre hat sich bis in die Gegenwart behauptet. Als ich im gleichen Seminar davon sprach, daß die Taufe ein Muster zum Bestehen von Lebenskrisen sei, in denen es gelte Abschied zu nehmen von einer Lebensphase, um sich einer fremden, bedrohlichen Leere auszuliefern, weil die Taufe die Verheißung einer geistigen Wie-

dergeburt enthalte, horchten die Teilnehmer auf. Ein solches
Verständnis war ihnen neu, und einige vertrauten mir unter vier
Augen an, wie hilfreich ihnen dieser Gedanke gewesen sei, weil
sie mitten in einer Krise steckten.

Die Kritik der Gnostiker an der kirchlichen Taufpraxis und
Tauflehre – „der unverständige Mensch hört die Einladung, ist
aber unwissend darüber, wohin er geladen wurde" – trifft den
entscheidenden Punkt. Lebens-, Sinn- und Identitätskrisen sind
geradezu typische Merkmale des heutigen Menschen. Aber
nicht einmal aktive Gemeindeglieder haben eine Ahnung davon,
daß die Taufe nicht allein ein Ritual für Säuglinge ist, sondern
eine Einladung dazu, sich selbständig auf die Suche nach Wahrheit zu machen, wenn das Gehäuse ihrer Vorstellungen und ihres
Glaubens zerbricht. Ich höre manchmal Klagen von Gemeinde-
gliedern über die geistige Enge in ihrer Gemeinde. Aber sie
wagen keinen selbständigen Schritt aus dieser Bindung hinaus,
weil sie fürchten, die Geborgenheit zu verlieren, das Gefühl der
Zugehörigkeit und des „richtigen Glaubens".

Andere aber, es sind in den letzten Jahren in meinem Umkreis
besonders viele Frauen, machen sich auf die Suche nach einem
neuen Gottesbild, weil sie den von der Kirche verkündeten Gott
als einen patriarchalen Götzen empfinden und ihre Identität nicht
mehr finden können in dem überlieferten, gerade auch von der
Kirche sanktionierten Rollenbild der Frau. Sie erschrecken jedoch
immer wieder über das Ungeheuerliche ihres Unternehmens:
Wie kann ich, eine einzelne, mich gegen eine zweitausendjährige
Tradition stellen und meinen, mehr Wahrheit zu finden?

Sie sind so ganz beispiellos nicht, weder in der Vergangenheit
noch in der Gegenwart, aber das Muster der Initiation, das mit
der Taufe verbunden ist, ist unbekannt. Womöglich kann es nicht
anders sein, weil die Initiation immer wieder und immer neu der
Weg des einzelnen ist. Jeder wird *seinen* Auszug aus dem Gehäuse seiner Erziehung, seiner Glaubensvorstellungen und dem,
was ihm als selbstverständlich gilt, selbst riskieren müssen.
Immer mehr Menschen erleben diesen Auszug als etwas, was
ihnen einfach widerfährt, sie fallen heraus aus Sinnzusammen-

hängen und finden sich wieder in den Trümmern einer Tradition, die keine Geborgenheit mehr gibt, sie nicht mehr schützt vor den Schrecken der Wirklichkeit in ihnen und um sie her. Ihnen stellt sich die alte Frage: Wer bin ich, woher komme ich, wohin gehe ich? Es gibt keinen breiten, gebahnten Weg, der aus einer solchen Krise herausführt. Das rasche Herauskommen ist nicht einmal der Sinn solcher Krisen, sondern der Weg ist das Ziel, ein Weg, auf dem immer mehr Selbstverständlichkeiten sich auflösen, immer mehr schützende Wände fallen und immer mehr Tabus durchbrochen werden, gesellschaftliche ebenso wie religiöse. Die Psychologie weiß heute, daß jeder Mensch sein eigenes Weltbild, und das schließt ein Menschen- und ein Gottesbild ein, mit sich trägt, zusammengesetzt aus biographischen Prägungen und konventionellen Antworten und Vorstellungen. Manchmal wird einzelnen dieses eigene Weltbild bewußt, sie haben das Gefühl, in einer Glasglocke zu sitzen, die festhält und den Kontakt mit allem um sie her verhindert. Wenn diese Glasglocke Risse bekommt oder aufspringt, kann das wie ein Weltuntergang erlebt werden, ist aber doch nur der Untergang dessen, was ein Mensch bisher für sein Ich, seine Identität gehalten hat.

Wie der Weg eines einzelnen weitergeht, steht in keinem Buch geschrieben, und doch gibt es Muster und Symbole, die in der Weglosigkeit zur Orientierung dienen können. Wenn alle äußeren Autoritäten fragwürdig geworden sind, kann eine innere Autorität die Führung übernehmen. C.G. Jung spricht vom Selbst, dem größeren Menschen, andere sprechen vom göttlichen Funken, wieder andere von dem Engel, der über jedem einzelnen wacht, seinem Schutzengel. Viele sprechen heute auch vom „inneren Guru". Die vielen Bezeichnungen weisen darauf hin, daß man nicht Bescheid wissen kann über diese Instanz. Sie entzieht sich dem Zugriff der allgemein anerkannten Lehre, hat nichts zu tun mit Kult oder dem, was man denkt und glaubt. Jeder kann diese Instanz nur in sich selbst erfahren, als eine innere Stimme, die nicht zu verwechseln ist mit dem Gewissen, denn das Gewissen ist oft genug nur die Stimme der äußeren Autoritäten, die einen erzogen haben.

Als Maria Magdalena weinend am leeren Grab stand, weglos und ohne Orientierung, und sich hinunterbeugte ins Grab, begann die innere Stimme in ihr zu sprechen: „Weib, was weinst du?" und leitete damit eine Wende ein, die zur Begegnung mit dem Auferstandenen führte. Es war kein Weg zurück, die Vergangenheit war für sie unwiederbringlich verloren, es war ein Weg in eine neue Dimension der Wirklichkeit jenseits des Todes.

Auf sie trifft zu, was die Gnostiker von der verständigen Seele sagten, „die sich suchend bemüht hat, am Leibe litt, sich die Füße wundlief ... sie kam zur Ruhe in dem Ruhenden, legte sich in das Brautgemach, aß von dem Mahl, nach dem sie gehungert hatte".

Die Wandlung, die geschieht, wenn die Glasglocke geborsten ist und bisher Transzendentes sich erschließt, nennt Jesus Erkennen und ewiges Leben. „Das aber ist das ewige Leben, daß sie dich, den allein wahren Gott, und den du gesandt hast, Jesus Christus, erkennen" (Johannes 17,3). Und er sprach vom Heiligen Geist als von der inneren Autorität, die zur Erkenntnis leitet: „Der Beistand aber, der heilige Geist, den der Vater in meinem Namen senden wird, der wird euch alles lehren und euch an alles erinnern, was ich euch gesagt habe" (Johannes 14,26). Nicht an äußere Autoritäten hat Jesus verwiesen, sondern an den Heiligen Geist, der in ihnen wohnt.

In den Menschen zu wohnen ist der Wunsch Sophias, und sie ist zugleich Zeichen der Gegenwart Gottes. Das Erleben dieser Gegenwart wird mit anderen Worten als Nähe eines Engels geschildert. Für Jesus war diese Vorstellung selbstverständlich: „Sehet zu", sagte er einmal als Warnung an solche, die andere vom Glauben an ihn ablenken wollen, „daß ihr keinen dieser Kleinen verachtet! Denn ich sage euch: Ihre Engel in den Himmeln schauen allezeit das Angesicht meines Vaters in den Himmeln" (Matthäus 18,10). Er sprach davon, daß er und der Vater eins seien, und konnte zugleich dieses Einsseins mit den Worten schildern: „Wahrlich, wahrlich ich sage euch: Ihr werdet den Himmel offen und die Engel Gottes auf und nieder steigen sehen auf den Sohn des Menschen" (Johannes 1,51). Im Gebet für seine Jünger hat er sich gleichsam selbst als ihr Schutzengel geschildert

und seinen Vater gebeten, diesen Schutz für sie nun zu übernehmen: „Als ich bei ihnen war, erhielt ich sie bei deinem Namen,
den du mir gegeben hast, und ich habe sie behütet, und keiner
von ihnen ist verlorengegangen... Jetzt aber gehe ich zu dir...
Ich habe ihnen dein Wort gegeben, und die Welt hat sie gehaßt,
weil sie nicht aus der Welt sind, wie ich nicht aus der Welt bin. Ich
bitte nicht, du wollest sie aus der Welt wegnehmen, sondern du
wollest sie vor dem Bösen bewahren" (Johannes 17,12.14f.).

Unter Bewahrung vor dem Bösen verstehen viele nur die
Rettung von Leib und Leben aus Gefahr. Selbst religionslose
Menschen danken manchmal ihrem Schutzengel, wenn sie einen
Verkehrsunfall wohlbehalten überlebt haben. Auch dies mögen
Schutzengel tun. Aber das Böse, das Jesus meint, kommt eher in
der Redewendung zum Ausdruck, daß ein Mensch „von allen
guten Geistern verlassen" sei. Vor allem darüber wacht der
Schutzengel, daß dies nicht geschieht. Wie er allezeit das Angesicht Gottes schaut, wacht er darüber, daß auch der Mensch zu
dieser Schau, dieser Erkenntnis erwacht, daß ihm die Augen
aufgehen. So kann er auch die innere Triebkraft sein, die in Krisen
führt, so wie der Geist Jesu in die Wüste führte, damit er vom
Satan versucht würde. „Versuchung" ist ein anderes Wort für
Krise. In einer Krise heißt es Abschied nehmen von alten Gottesbildern, alten Weltbildern und alten Selbstbildern, damit Raum
wird für den Christus, der im Menschen wohnen will als Heiliger
Geist.

Johannes der Täufer sagte im Blick auf Jesus: „Er muß wachsen, ich aber muß abnehmen." Wo das Vergangene in einem
selbst abnimmt, an Kraft verliert, wächst die Christuskraft. Symbol für diese Wende ist das Fest des Johannes, das um die
Sommersonnenwende gefeiert wird, wenn die Sonnenkraft, die
natürliche Lebenskraft, sich anschickt, schwächer zu werden. Was
dann wachsen soll, ist die geistige Kraft. Sie führt nicht aus der
Welt hinaus, sondern beauftragt und befähigt im Gegenteil dazu,
„Frucht zu bringen".

Die asketische Moral, mit der die frühe Kirche sich bald
verbunden hat, die These Luthers, daß in der Taufe „der alte

Adam ersäuft" werden müsse, und ungezählte weitere sexual- und leibfeindliche Predigten haben in vielen die Überzeugung genährt, ein Christ zu werden bedeute in erster Linie, Triebverzicht zu leisten und ein Leben nach kirchlichen Moralvorschriften zu führen. Diese freudlose Lehre hat viele abgeschreckt.

Jesus hat aber eine höhere Weisheit gelehrt. Er erzählte einmal folgendes Gleichnis: „Das Reich der Himmel ist gleich einem Menschen, der guten Samen auf seinen Acker säte. Doch während die Leute schliefen, kam sein Feind und säte Unkraut dazu mitten unter den Weizen und ging davon. Als aber die Saat sproßte und Frucht brachte, da zeigte sich auch das Unkraut. Da traten die Knechte des Hausherrn herzu und sagten zu ihm: Herr, hast du nicht guten Samen auf deinen Acker gesät? Woher hat er nun das Unkraut? Er aber sagte zu ihnen: Ein feindlicher Mensch hat das getan. Da sagten die Knechte zu ihm: Willst du nun, daß wir hingehen und es zusammensuchen? Er aber sagt: Nein, damit ihr nicht, indem ihr das Unkraut zusammensucht, zugleich mit ihm den Weizen ausrauft. Lasset beides miteinander wachsen bis zur Ernte, und zur Zeit der Ernte will ich den Schnittern sagen: Suchet zuerst das Unkraut zusammen und bindet es in Bündel, damit man es verbrenne, den Weizen aber sammelt in meine Scheune!" (Matthäus 13,24 ff.).

Jesus nahm die Realität des Menschen ernst. Auch derjenige, der zum Acker für den guten Samen der Erkenntnis geworden ist, bleibt behaftet mit dem, was die Tiefenpsychologie seinen Schatten nennt, Symbol für die Summe alles dessen, was nicht licht geworden ist. Aber Jesus, der Hausherr, ist nicht für die Ausrottung des Bösen. Die Kraft des Ackerbodens reicht für beide, für den Weizen und das Unkraut. Entscheidend ist, daß der gute Same gedeiht, daß die Frucht heranreift, die für das Reich der Himmel wächst. Die Lebensenergie, die jedem Menschen zur Verfügung steht, hat die Tendenz, zu wirken; diese Lebensenergie darf nicht getötet werden. Sie ist die Kraft, die gebraucht wird, um zu lieben, zu erkennen, Frieden zu stiften oder barmherzig zu sein. Was in der Taufe sterben soll, ist das Ich, das seine Energie ausschließlich für egoistische Zwecke verwendet. Einsicht in das, was die Weisheit, was die Liebe Christi lehren, leitet die Lebensenergie um in neue Kanäle. Anders ausgedrückt: Manches, was früher wichtig schien und Vergnügen bereitete, kommt einem dann schal und sinnlos vor, man verwendet spontan keine Energie mehr dafür; anderes wird wichtig, und dort strömt die Energie von selbst hin.

Aber ein Rest bleibt, eine Reihe von Eigenheiten wird jeder auch dann noch nähren, „Unkraut" aus der Sicht des Reiches Gottes, aber geduldet, um das Gedeihen des anderen nicht zu stören. Nicht moralische Perfektion macht einen zum Acker für guten Weizen. Die Suche danach verkrampft eher, tötet nicht selten alle Energie ab; sie kommt ins Stocken und strömt nicht mehr, der Mensch wird unfruchtbar. Zum fruchtbaren Acker für das Reich Gottes kann nur der werden, in dem die Lebensenergie frei pulsiert, der nicht durch Zwang, sondern durch Einsicht dazu kommt, zu verwirklichen, was als guter Same in ihm angelegt ist.

Das gilt schließlich auch für die ganze Schöpfung. Sie ist ein Ort der Energiewandlung, der Transformation. Die Fähigkeit des Wachstums, der Evolution, ist in ihr angelegt als ein guter Same, und das macht sie zum Reich Gottes. Es ist wohl noch nicht vollendet, es ist noch im Werden, aber die Erde hat den Menschen hervorgebracht als ein Wesen, das zur Selbst- und Gotteserkenntnis fähig ist. So ist der Mensch wohl auch dazu berufen, die Frucht seiner Erkenntnis nicht allein anderen Menschen, sondern zuletzt auch der Erde zukommen zu lassen. Denn keine Initiation, keine Transformation auf eine geistige Ebene enthält nicht zugleich die Berufung, sie anderen mitzuteilen.

Wenn ein Mensch sich aber nun vom Berg der Verklärung, wo er sich erkannt und geliebt weiß, wie er erkennt und liebt, wieder der Welt zuwendet, in der er wirken und Frucht bringen soll, muß er sich bewußtmachen, was er erkannt hat im Unterschied zu vorher. Bevor Jesus zu den Menschen ging, nach der Taufe, bei der er den Himmel offen sah, wurde er in die Wüste geführt, wo er sich vom alten Gottesbild endgültig lossagte, sich bewußt machte, welchen Schatz er nun zu geben hatte: die Liebe und das Reich Gottes, seine Gegenwart, die Schechina, die Sophia.

Noch heute ist das Gottesbild, von dem Jesus sich lossagte, in der Kirche wirksam. Die apostolische Lehre hat den Vater, den Jesus meinte, wieder zurückverwandelt in den Gott des Alten Bundes, in das Super-Ego, weil dieses Gottesbild eines allmächtigen Herrn sich für die Begründung apostolischer Macht besser eignete. Jesus hatte in seiner Abschiedsrede gesagt: „Ich nenne euch nicht mehr Knechte, denn der Knecht weiß nicht, was sein Herr tut; euch aber habe ich Freunde genannt, denn alles, was ich von meinem Vater gehört habe, das habe ich euch kundgetan" (Johannes 15,15). Die apostolische Lehre aber hat das alte Verhältnis Herr – Knecht wieder eingeführt. Gott ist der Herr, die Bischöfe sind seine Stellvertreter und alle anderen Knechte, die ihnen zu gehorchen haben, weil sie angeblich selbst nicht wissen und auch nicht wissen können, was für sie gut ist. Die Bezeichnung „Freunde" oder Freundinnen, die Jesus gewählt hatte, und die Freiheit, die er damit begründete, wurden in sklavischen Gehorsam umgedreht.

Jedes Gottesbild enthält aber zugleich ein Menschenbild. Ist Gott allmächtig, so der Mensch ohnmächtig, ist Gott der Richter, so der Mensch ein Angeklagter, ist Gott eine Vaterprojektion nach dem Maßstab irdischer Herren und Väter, dann der Mensch ein unmündiges Kind, das gehorchen muß, für das aber auch gesorgt wird, wie die Väter der Kirche es natürlich versprachen. Ist Gott gut, so der Mensch böse. Das Gottesbild legt den Menschen fest auf eine bestimmte Rolle, ebenso wie es ihn befreien kann, so daß er zu sich selbst findet.

Besonders auf Frauen hat das Gottesbild der apostolischen Lehre versklavend gewirkt. Es legte sie fest auf die Rolle der Eva, durch die angeblich die Sünde in die Welt kam, und erzeugte dadurch einen tiefsitzenden Minderwertigkeitskomplex in der Frau, der ihr den Weg zur eigenen Identität verstellte. Wenn Frauen heute auf der Suche nach ihrer Identität nach weiblichen Gottesbildern suchen und sie nur in vorchristlichen Religionen finden, wird ihnen vorgehalten, sie kehrten ins Heidentum zurück. Aber nicht Rückkehr in matriarchale Kulturen ist das, was Frauen suchen, sondern eine Spiritualität, die sie dazu befreit, ihre weiblichen Fähigkeiten so zu entfalten, daß sie fruchtbar werden.

Die apostolische Kirche hat es zwar Frauen verordnet, sie sollten Güte, Barmherzigkeit, Vergebungsbereitschaft und Dienst an Armen üben, aber sie hat ihnen die Quelle versperrt, aus der die Gaben des Geistes in der Frau strömen könnten. Das Weibliche und das Leibliche, die leibliche Liebe und der weibliche Geist wurden verachtet und verdammt. Weise Frauen wurden bezichtigt, mit dem Teufel im Bunde zu sein, und als Hexen verbrannt.

Wenn Frauen heute fordern, die Kirche sollte Gott zumindest auch Mutter nennen, wenn sie ihn schon Vater nennt, meinen sie damit, daß die menschlichen Verhaltensweisen, die guten Müttern zugeschrieben werden, endlich den Rang bekommen sollten, der ihnen schon immer hätte zukommen müssen, und daß nicht allein die Frauen, sondern auch Männer sich in dem üben, was Jesus gelehrt hat: dienen statt herrschen, Frieden stiften, statt Gewalt anwenden, geschwisterliches Verhalten statt Über- und Unterordnung, teilen statt an sich reißen, Geduld haben statt befehlen.

Trotzdem ist zu fragen, ob es genügt, neben den Vatergott eine göttliche Mutter zu stellen. Es wäre die Korrektur einer einseitigen Tradition, aber noch nicht die Befreiung der spirituellen Fähigkeiten, auf die es ankommt. Denn im Vater- wie im Mutterbild ist das eines unmündigen Kindes mit enthalten, solange es die Überhöhung menschlicher Verhältnisse meint.

Der Streit um die Gottesbilder läßt sich auch nicht so lösen, wie es Theologen oft versuchen. Sie sagen, Gott sei weder männlich noch weiblich, sondern unanschaulich. Obwohl das in jeder Dogmatikvorlesung so gelehrt wird, haben die Pfarrer und Kirchenführer doch nichts unternommen, um in der Liturgie und in den Gebeten, in Gesangbuchliedern und in der kirchlichen Sprache die patriarchalen Wendungen zu ändern. Das Weibliche und damit die Frauen blieben weiterhin ausgeschlossen und mußten sich damit begnügen, als „Brüder mitgemeint" zu sein.

Nicht das dogmatisch Richtige, sondern erst neue Erkenntnis, die den Menschen wandelt, kann dazu führen, daß sich dann auch

die Sprache und das Verhalten wandeln. Inzwischen werden
Frauen ihren eigenen Weg suchen müssen, einen einsamen Weg,
der sie hinausführt aus dem Gehäuse der patriarchalen Kirche. Sie
werden auf ihrer einsamen Suche ihre eigene Initiation erfahren
und damit nichts anderes tun, als wozu Jesus eingeladen hat.

Was sich am Horizont der Gegenwart abzeichnet, ist ein
„Gottesbild", das die Züge von Christus und Sophia trägt, Heiliger Geist, der Frauen Freundinnen und Männer Freunde nennt.
Dies ist kein selbstgemachtes Gottesbild, sondern in dieser Erkenntnis wird lebendig, was aus der „Taufe der Wahrheit" geboren wird: „Nicht ihr habt mich erwählt, sondern ich habe euch
erwählt und euch dazu bestimmt, daß ihr hingeht und Frucht
traget und daß eure Frucht bleibe" (Johannes 15,16).

Die Gemeinschaft der Liebenden

Wie aus der Liebe zu Christus Erkenntnis Gottes wächst, so aus
der Erkenntnis Liebe zu den Menschen. „Daran wird jedermann
erkennen", sagt Jesus, „daß ihr meine Jünger seid, wenn ihr Liebe
untereinander habt" (Johannes 13,35). An der Liebe der Jünger
wiederum sollen andere zur Erkenntnis gelangen, daß in den
Jüngern Christus wohnt. „Wer meine Gebote hat und sie hält, der
ist es, der mich liebt. Wer aber mich liebt, wird von meinem Vater
geliebt werden, und ich werde ihn lieben und mich ihm offenbaren" (Johannes 14,21). „Wenn jemand mich liebt, wird er mein
Wort halten, und mein Vater wird ihn lieben, und wir werden
kommen und Wohnung bei ihm machen" (Johannes 14,23).
Mehrfach beschreibt er eine Beziehung, die Transparenz erzeugt:
Der Vater, Christus, die Jünger sind in ihrer Liebe transparent
füreinander, und die Liebe der Jünger macht für andere transparent, daß in ihnen Christus gegenwärtig ist. Es ist, als stiegen
in dieser Liebe Engel auf und nieder.

Diese Liebe ist wohl mit Agape gemeint. Sie ist erkennende
und Erkenntnis schaffende Liebe, eine Gabe des Heiligen Geistes.
Viel ist schon über die Agape gesagt und nachgedacht worden.

Sie als das „neue Gebot" Jesu wurde immer wieder ein schweres
Joch, das dem Menschen auferlegt wurde, und sie ist auch
unerträglich schwer, wenn sie aus Gehorsam kommen soll. Denn
nicht Gehorsam, sondern die Erleuchtung, die der einzelne in der
Initiation erfährt, befähigt ihn, das leichte Joch der Nächstenliebe
zu tragen. Denn aus seiner Selbst- und Gotteserkenntnis ist er
fähig, im anderen durch die irdische Gestalt hindurch den Christus wahrzunehmen, der auch in ihm wohnt. Die vom gleichen
Geist Geleiteten sind eine Familie der Wahlverwandten, die in
Christus eins ist. Agape ist keine Leistung, sondern eine Frucht,
die von selbst wächst aus der Erkenntnis. Die radikalen Worte
Jesu: „Wer Vater oder Mutter mehr liebt als mich, ist meiner nicht
wert; und wer Sohn oder Tochter mehr liebt als mich, ist meiner
nicht wert" (Matthäus 10,37) oder: „Wer ist meine Mutter und
wer sind meine Brüder?" (damit meinte er Maria und seine
Brüder) „Siehe *das* sind meine Mutter und meine Brüder!" (damit
wies er auf die, die ihm zuhörten – Markus 3,31 ff.), stellen die
Agape über die natürliche Liebe unter Verwandten. Zwischen
beiden steht die Initiation. Nur der wird die Erkenntnis gewinnen, die ihn zur Agape befähigt, der Vater und Mutter verläßt,
sich herauslöst aus den ursprünglichen Bindungen an Familie,
Volk und Rasse. Die aus dem Geist geborene Familie der Wahlverwandten achtet die früheren Unterschiede zwischen Menschen nicht mehr, weder die zwischen Juden und Heiden noch die
sozialen Unterschiede, noch die der Geschlechter. Alle sind
Kinder Gottes, Freundinnen und Freunde Christi, und als solche
erkennen und lieben sie einander. An dieser Grenzen, Sprachen,
Rassen, Kulturen, arm und reich überwindenden Liebe können
andere erkennen, daß in dieser Gemeinschaft ein Geist wohnt,
der nicht von dieser Welt ist. Diese Gemeinschaft ist die Inkarnation des auferstandenen Christus. Wie er durch verschlossene
Türen zu den Jüngern hereintrat und sie anhauchte mit Heiligem
Geist, findet die Liebe Zugang zu den Herzen derer, die noch
eingeschlossen sind in ihr Milieu, sie öffnen sich dem Geist dieser
Gemeinschaft, so daß sie wächst. „Auch für die, welche durch ihr
Wort an mich glauben, bitte ich, daß alle eins seien, wie du, Vater,

in mir bist und ich in dir, daß auch sie in uns eins seien, damit die
Welt glaubt, daß du mich gesandt hast" (Johannes 17,20f.).

Nicht eine Kirche, die sich von anderen abgrenzt, sondern eine
Gemeinschaft, deren Liebe sichtbar ist, die ausstrahlt und einlädt
wie ein Weinstock und seine Reben, ist Keimzelle des Reiches
Gottes, das auf Erden wachsen soll. Wachstum geschieht von
innen heraus, entspringt aus dem ewigen Leben, nach außen ist
es nicht begrenzt, kann sich fortpflanzen von Ort zu Ort, von
Zeit zu Zeit. Wie die neue Schöpfung nicht geschaffen, sondern
geboren wurde, breitet sie sich aus, indem sie immer neu gezeugt
und empfangen wird, Saat, die auf fruchtbaren Boden fällt.

Eine Rebe ist zugleich ein Bekenntnis zum Weinstock, an dem
sie wächst, ein von Liebe Strahlender Bekenntnis zur Quelle
seiner Liebe. Auch das Bekenntnis zu Christus ist keine Leistung,
sondern Frucht. „Wer immer sich zu mir bekennt vor den Menschen, zu dem wird sich auch der Sohn des Menschen bekennen
vor den Engeln Gottes" (Lukas 12,8). Das Bekennen wächst aus
dem Erkennen und erneuert es zugleich. Das Bekenntnis der
Gemeinschaft zu Christus enthält für andere die Einladung, seine
Liebe kennenzulernen. Sie sind für andere Zeugen seiner lebendigen Kraft. Aber das Bekenntnis der Jüngerinnen und Jünger ist es
nicht allein, das der Einladung Glaubwürdigkeit gibt. „Wenn der
Beistand kommt, den ich euch vom Vater senden werde, der
Geist der Wahrheit, der vom Vater ausgeht, so wird der von mir
zeugen" (Johannes 15,26). Der Heilige Geist, dem Winde gleich,
kann die Saat der Liebe weitertragen, auch dorthin, wo die
Jüngerinnen und Jünger es nicht vermuten. Doch ebenso wie
Jesus nicht nur Gegenliebe gefunden hat, so auch seine Jünger, er
hat es ihnen vorhergesagt: „Wenn die Welt euch haßt, so erken-
net, daß sie mich zuerst, vor euch, gehaßt hat. Wenn ihr aus der
Welt wäret, würde die Welt das Ihrige lieben, weil ihr aber nicht
aus der Welt seid, sondern ich euch aus der Welt erwählt habe,
deshalb haßt euch die Welt. Haben sie mich verfolgt, werden sie
auch euch verfolgen, haben sie mein Wort gehalten, so werden
sie auch das eure halten" (Johannes 15,18-20). „Wenn sie euch
aber überliefern, so sorget euch nicht darum, wie oder was ihr

reden sollt, denn es wird euch in jener Stunde gegeben werden, was ihr reden sollt. Denn nicht ihr seid es, die reden, sondern der Geist eures Vaters ist's, der in euch redet" (Matthäus 10,19f.). Der Haß der Welt, von dem Jesus spricht, ist nicht menschlicher Haß, sondern in ihm äußert sich der Widerstand Satans gegen Christus. Darum ist nicht menschliche Klugheit ihm gewachsen, sondern nur der Heilige Geist, denn es geht nicht um einen Machtkampf unter Menschen, sondern um einen geistigen Kampf zwischen Satan und seinen Engeln und den Engeln Gottes. Was im Himmel begonnen hat, wird auf Erden fortgesetzt.

Symbol des Lichts ist der Erzengel Michael mit der schimmernden Rüstung und dem Schwert des Geistes. Sein Name „Wer ist wie Gott?" klingt wie ein Kampfruf. Er streitet für die Wahrheit gegen die Lüge. Sowenig Jesus sanft umging mit seinen Gegnern, sondern mit scharf geschliffenen Worten ihre Heuchelei, ihre Machtgier und vor allem ihre doppelte Moral im Umgang mit anderen enthüllte, hat er auch seinen Jüngern verheißen, daß sie inspiriert werden und für die Wahrheit eintreten können. „Heilige sie in der Wahrheit; dein Wort ist die Wahrheit!" (Johannes 17,17) hat er für sie gebetet. Diese Wahrheit aber ist nicht eine Wahrheit von dieser Welt, nicht das, was in ihr als richtig und offensichtlich gilt, sondern es ist die Wahrheit, daß das Reich Gottes in den Menschen wächst und sich ausbreiten wird. Es wird den Verfolgern nicht gelingen, es auszurotten, auch dann nicht, wenn sie viele töten. Was das Mädchen, das König Kansa an die Wand schleuderte, ihm zurief, sich in Maya verwandelnd, gilt auch hier: „Tor! Was nützt es dir, wenn du mich tötest? Wisse, geboren ist der, der deinem Leben ein Ende bereitet! Er ist überall gegenwärtig, darum morde nicht unschuldige Kinder!" Die Verwandlung des kleinen Mädchens in die Göttin Maya ist ein mythisches Bild für Inspiration und für das, was Jesus verhieß: „Der Geist ist's, der in euch redet."

An der Wahrheit, daß das Reich Gottes auf Erden wächst, festzuhalten scheint heute besonders schwer. Eine Katastrophe nach der anderen deutet auf eine endgültige Katastrophe hin, welche die Menschheit sich selbst bereitet und in die sie das

Leben auf der Erde mit hineinzieht. Die Geschichte lehrt, daß der Mensch nur aus Katastrophen lernt, aber wenn er die große Katastrophe herbeigeführt hat, wird es voraussichtlich keine Menschen mehr geben, die noch Lehren daraus ziehen könnten. Die Ohnmacht derer, die schon jetzt für Frieden, Gerechtigkeit und die Bewahrung des nichtmenschlichen Lebens eintreten, ist offensichtlich. Einem Gift und Feuer speienden Drachen gleich droht der nahe Untergang die Hoffnung gerade auch in Christen zu erwürgen.

Angesichts dieser Verfolgungssituation wird das Gebet Jesu wichtig: „Heilige sie in der Wahrheit", und das Gebet, das er seine Jünger lehrte: „Geheiligt werde dein Name. Dein Reich komme. Dein Wille geschehe wie im Himmel, so auf Erden." Heilig bedeutet unantastbar, weil numinos und überwältigend. In der Wahrheit geheiligt ist demnach ein Mensch, der sich vom heiligen Gott mehr überwältigen läßt als von den Schrecken der Geschichte und darum den Namen Gottes heilig hält in der Welt. In der Wahrheit geheiligt ist ein Mensch, der seine Hoffnung nicht antasten läßt im Vertrauen auf das Reich, das nach Gottes Willen kommen soll.

Ein Bild für dieses Geheiligtsein in der Wahrheit ist die schimmernde Rüstung des Erzengels Michael, er ist gleichsam eingehüllt in die Heiligkeit Gottes, so daß Gift und Feuer des Drachen ihn nicht verletzen können. Das Michaelsfest ist am 29. September, zur Zeit des Herbstäquinoktiums. Er steht in der Jahreszeit an der Schwelle, an der die Macht der Finsternis unaufhaltsam zunimmt. Dort erscheint er als eine Lichtgestalt, die nicht von der Sonne, sondern aus Gott leuchtet, und steht dafür ein, daß das wahre Licht nicht verlöschen wird.

Im Glaubensbekenntnis wird von der Gemeinschaft der Heiligen gesprochen. Sie ist nicht von sich aus heilig, sondern geheiligt durch die Wahrheit, die sie bezeugt. Von Jesus wird erzählt, daß er sich immer wieder einmal zurückzog in die Einsamkeit, um zu beten. Auch er heiligte sich, um seiner Aufgabe gewachsen zu sein. Er brachte sich selbst wieder in Einklang mit Gott, um heilen zu können.

Das Kommen des Heiligen Geistes

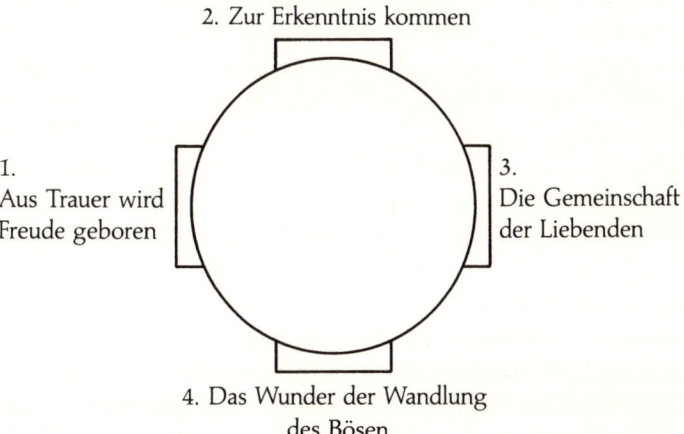

2. Zur Erkenntnis kommen

1.
Aus Trauer wird
Freude geboren

3.
Die Gemeinschaft
der Liebenden

4. Das Wunder der Wandlung
des Bösen

Eine östliche Legende erzählt von einem Weisen, der in eine Gegend gerufen wurde, wo es lange nicht geregnet hatte. Er sollte Regen herbeirufen. Der Mann sah sich den Ort an und bat dann um eine Hütte, in die er sich zurückziehen könne. Als er nach einem Tag wieder hervorkam, zogen Regenwolken auf, und es begann zu regnen. Man fragte ihn, wie er das bewirkt habe. Er gab zu Antwort: „Als ich kam, sah ich, daß diese Gegend nicht im Einklang mit dem Tao war, und von diesem Ungleichgewicht der Kräfte wurde ich selbst angesteckt. Darum zog ich mich zurück, um selbst wieder in Einklang mit dem Tao zu kommen. Als mir dies gelungen war, konnte es auch wieder regnen."

Es gibt heute viele Christen, die aus ehrlicher Überzeugung meinen, sie müßten sich der rasenden Fahrt der Menschheit in den Untergang buchstäblich mit ihren Körpern entgegenwerfen. Sie lassen sich das Gesetz des Handelns von außen aufzwingen und sind oft nach kurzer Zeit erschöpft, resignieren, weil ihre Kräfte nicht weit reichen. Es stellt sich aber die Frage, ob die wirkliche Auseinandersetzung heute auf der Straße oder nicht

vielmehr im Geist der Menschheit zu führen ist und die Stätte,
wo sie auszutragen ist, zunächst jeder einzelne selbst ist. Angesteckt von den zerstörerischen Kräften, ist es notwendig, sich
immer wieder zu heiligen, in Einklang zu kommen mit der
Wahrheit vom Heil, um dann erneut heilend wirken zu können.

Das Wunder der Wandlung

Als die Tempelwache in den Garten Gethsemane kam, um Jesus
zu verhaften, zog einer der Jünger das Schwert, um ihn zu
verteidigen. Da sagte Jesus zu ihm: „Stecke dein Schwert in die
Scheide! Oder meinst du, daß ich nicht meinen Vater bitten
könnte, und er würde mir sogleich mehr als zwölf Legionen
Engel zur Seite stellen?" (Matthäus 26,52f.). Als Anführer der
Engel-Legionen gilt Michael. In Gethsemane hat Jesus auf ihn
und seinen Schutz verzichtet, selbst auf die schimmernde Rüstung, er wurde verwundbar und zuletzt sogar unter die Verbre-
cher gezählt. Für ihn hatte ein anderer Wegabschnitt begonnen,
der zum Mitternachtspunkt, auf dem er sich den Mächten der
Finsternis auslieferte.

Nach seiner Auferstehung wurde einem seiner Jünger ein
ähnlicher Weg zugemutet. Ananias, einem Jünger in Damaskus,
erschien der Herr in einem Gesicht und gebot ihm: „Mache dich
auf und geh in die Gasse, welche die gerade heißt, und frage im
Hause des Judas nach einem Mann aus Tarsus mit Namen Saulus.
Denn siehe, er betet, und er hat einen Mann mit Namen Ananias
gesehen, der hereinkam und ihm die Hände auflegte, damit er
wieder sehend würde. Ananias aber antwortete: Herr, ich habe
von vielen über diesen Mann gehört, wieviel Böses er deinen
Heiligen in Jerusalem zugefügt hat. Und hier hat er Vollmacht
von den Hohenpriestern, alle, die deinen Namen anrufen, zu
fesseln. Aber der Herr sprach zu ihm: Geh hin, denn dieser ist mir
ein auserwähltes Werkzeug, um meinen Namen vor Heiden und
Könige und die Söhne Israels zu tragen" (Apostelgeschichte
9,11-15). Ananias wird geradewegs zu dem gesandt, der gekom-

men war, um ihn und seinesgleichen zu verhaften, denn Saulus „schnaubte Drohung und Mord wider die Jünger des Herrn" (Apostelgeschichte 9,1).

Eine Vision und die Stimme des Auferstandenen aber lehrte Ananias erkennen, daß Saulus innen ein anderer war, als es von außen aussah. Im Vertrauen darauf ging er hin, trat in das Haus zu Saulus, „legte ihm die Hände auf und sprach: Bruder Saul, der Herr, welcher dir erschienen ist auf dem Wege, den du herkamst, Jesus, hat mich gesandt, damit du wieder sehend und mit dem heiligen Geist erfüllt werdest. Und alsbald fiel es Saulus von den Augen wie Schuppen, und er wurde wieder sehend" (Apostelgeschichte 9,17f.). Segnende, heilende Hände und die liebevolle Anrede „Bruder" wandeln Saulus in den späteren Paulus. Er schlägt die Augen auf und ist ein Wiedergeborener. Gewiß, es war nicht Ananias, der dieses Wunder der Wandlung vollbracht hatte, sondern Christus, der Saulus auf dem Weg nach Damaskus erschienen war, und doch wurde die Wandlung erst vollendet durch die Liebe des Jüngers, der seine Angst überwand und im Vertrauen auf eine Inspiration das nach menschlichem Ermessen Unerhörte wagte.

„Liebet eure Feinde und bittet für die, welche euch verfolgen, damit ihr Söhne eures Vaters in den Himmeln seid", hatte Jesus gesagt (Matthäus 5,44f.). Erst die Gabe des Heiligen Geistes läßt erkennen, was die Jünger Jesu als „Söhne des Vaters in den Himmeln" vermögen, wenn sie diesem Gebot folgen. Sie entdekken durch ihre Liebe zum Feind das Geheimnis der Auferstehung. Die Macht des Bösen ist gebrochen, selbst die Seele eines Saulus ist bereits durchdrungen vom Licht Christi. Auch sein Herz brennt schon, wie das der Emmausjünger, als sie noch auf dem Wege waren. Aber wie auch sie den Auferstandenen erst an der Geste des Brotbrechens erkannten, so fiel es auch Saulus erst wie Schuppen von den Augen, als Ananias ihm von seiner Liebe mitteilte, die den Tod nicht fürchtete.

Der lebendige Christus und seine Jünger, verbunden im Heiligen Geist, wirken gleichsam von zwei verschiedenen Ebenen her an der Wandlung des Bösen: er von innen her, im seelischen

Bereich, sie von außen her, im alltäglichen Bereich. Bei seinem Abschied hatte Jesus seinen Jüngern verheißen: „Wahrlich, wahrlich, ich sage euch: Wer an mich glaubt, der wird die Werke, die ich tue, auch tun und wird größere als diese tun; denn ich gehe zum Vater, und was ihr in meinem Namen erbitten werdet, das werde ich tun, damit der Vater im Sohn verherrlicht wird. Wenn ihr in meinem Namen etwas erbitten werdet, werde ich es tun" (Johannes 14,12 ff.). Größere Werke als Jesus? — Unter den vielen Geschichten, die von ihm überliefert sind, ist keine, die erzählt, daß er einen Feind in einen Freund gewandelt hätte. Im Gegenteil, sein Jünger Judas wurde zu seinem Verräter. Durch seinen Tod und seine Auferstehung erst und die Kraft des Heiligen Geistes, der ihn und seine Jünger verbindet, ist dieses Wunder möglich geworden, durch das Haß gegen Christus und sein Reich in Liebe umschlägt.

Satan und seine Engel haben auf Erden Macht, aber nur auf der Erde. Wenn Himmel und Erde eins sind wie Christus und seine Jüngerinnen und Jünger, dann verliert er seinen Einfluß auf Menschen. Paulus hat seine entscheidende Erkenntnis so formuliert: „Wenn ich in den Zungen der Menschen und der Engel rede, habe aber die Liebe nicht, so bin ich ein tönend Erz oder eine klingende Schelle. Und wenn ich die Gabe der Rede aus Eingebung habe und alle Geheimnisse weiß und alle Erkenntnis, und wenn ich allen Glauben habe, so daß ich Berge versetze, habe aber die Liebe nicht, so bin ich nichts" (1. Korinther 13,1 f.). Eine solche Liebe hat seit der Auferstehung Christi weltüberwindende Kraft. Jesus hat gesagt: „Selig sind die Sanftmütigen, denn sie werden das Erdreich besitzen" (Matthäus 5,5). Er meinte wohl den sanften Mut der Entfeindungsliebe, der dem Fürsten dieser Welt, dem Satan, seinen Besitz entwindet.

Das apokryphe „Buch Tobit" erzählt von einem Engel, der unerkannt Reisebegleiter des jungen Tobias wurde. Sein Name ist Raphael, Gott heilt. Raphael wird mit Pilgerhut, Wanderstab und einem Gefäß dargestellt, das Wasser des Lebens oder Heilsalbe enthält. Tobias soll für seinen erblindeten alten Vater Geld holen, das dieser bei einem Geschäftsfreund hinterlegt hatte.

Aber er begegnet auf dieser Reise Gefahren, die er nur durch seinen Begleiter wohlbehalten überlebt. Die an Mythen und Märchen erinnernde Reise der beiden gleicht einer Reise in die Unterwelt. Sie müssen den Tigris überqueren, doch aus dem Fluß springt Tobias ein Fisch an, der ihn zu verschlingen droht. „Faß ihn!" ruft Raphael ihm zu, und Tobias packt den Fisch, dessen Eingeweide sich durch den Rat Raphaels später als Substanzen erweisen, die Böses bannen und heilen. Der Fisch erinnert an Tod und Todesangst. Da Tobias sie fassen und erkennen lernt durch den Engel, vermag er Sara zu erlösen aus der Macht eines Dämons, der schon sieben ihrer Freier getötet hatte. Raphael sagt zu Tobias: „Sie ist dir von Ewigkeit her bestimmt." Er weist ihn an, wie er den Dämon vertreiben und so mit Sara das Brautlager teilen kann, ohne zu sterben. Bei der Heimkehr zu seinem Vater endlich kann Tobias ihm, erneut von Raphael angeleitet, das Augenlicht wiedergeben. Raphael sieht in seiner Weisheit, was niemand erkennt, und weiß in entscheidenden Situationen Rat.

Heiligen Geist, Inspiration nach Art Raphaels brauchen die Jünger Jesu, wenn sie den dunklen Rätseln und Gefahren dieser Welt begegnen. Da ihnen das Geheimnis des Reiches Gottes offenbar ist, warum sollten ihnen die der irdischen Sphäre undurchdringlich sein? Schon Jesus stellte fest: „Die Söhne dieser Welt sind ihrem Geschlecht gegenüber klüger als die Söhne des Lichts" (Lukas 16,8), aber er gab seinen Jüngern den Rat: „Seid klug wie die Schlangen und ohne Falsch wie die Tauben" (Matthäus 10,16). Aber dies scheint bisher eine seltene Verbindung zu sein. Die apostolische Kirche hat ihren Schäflein Gehorsam verordnet und ihnen das eigenständige Denken untersagt. Zwar waren die Kirchenführer selbst oft klug wie die Schlangen, aber dann nicht zugleich ohne Falsch wie die Tauben. Dummheit und Unwissenheit wurden, besonders für Frauen, geradezu zur christlichen Tugend erklärt. Der Mangel an wirklich christlicher Weisheit und Welterkenntnis hat oft dazu geführt, daß die Kirche sich vom Zeitgeist blenden ließ und blind übernahm, was die „Söhne dieser Welt" an neuesten Weisheiten ausgaben. Auch wenn die Kirche sich gegen neue Erkenntnisse zur Wehr setzte, tat sie es, indem sie auf ihrer „Lehre" beharrte, aber nicht, indem sie ihnen besseres Wissen, Weisheit, entgegenzusetzen hatte. Zumindest in der europäischen Geistesgeschichte der letzten Jahrhunderte waren es nicht die Christen, von denen guter Rat, inspirierende Ideen und wegweisende Erkenntnisse kamen. Es waren der Kirche eher Fernstehende oder gar ihre Kritiker, welche die Hexenverfolgung beendeten, die feudale Gesellschaft stürzten, für Demokratie, für Frauenbefreiung, für Menschenrechte, gegen den Krieg, für soziale Gerechtigkeit und die Bewahrung der Umwelt zuerst aufstanden. Die Kirche hat sich als Institution diesen Bewegungen meistens widersetzt und oft erst nach langem Zögern einsehen müssen, daß sie dem Geist des Evangeliums näher waren als sie selbst. Wer wirklich ein Jünger Jesu war, hat sich in der Geschichte oft erst nachträglich herausgestellt, wurde erkannt an der Frucht, die sein Wirken hatte. Jesus hat es vorher gesagt: Nicht diejenigen, die sagen: „Herr, Herr", sondern die barmherzig waren mit Hungrigen, Gefangenen und Flüchtlingen, haben ihn wirklich geliebt (Matthäus 25,31 ff.).

Um durch die Vorurteile und die Ideologien der Gegenwart hindurchblicken zu können, statt von ihnen gefesselt zu sein, ist Erleuchtung, ist Heiliger Geist nötig, Weisheit, die von Gott kommt. Jesus hat diesen Geist seinen Jüngern verheißen: „Es ist gut für euch, daß ich fortgehe. Denn wenn ich nicht fortgehe, wird der Beistand nicht zu euch kommen; wenn ich aber gehe, werde ich ihn zu euch senden. Und wenn jener kommt, wird er die Welt überführen in bezug auf die Sünde und in bezug auf das, was (für mich) recht ist, und in bezug auf das Gericht: in bezug auf die Sünde, insofern sie nicht an mich glauben; in bezug auf das, was (für mich) recht ist, insofern ich zum Vater gehe und ihr mich nicht seht; in bezug auf das Gericht, insofern der Fürst dieser Welt gerichtet ist. Noch vieles habe ich euch zu sagen, aber ihr könnt es jetzt nicht tragen. Wenn aber jener kommt, der Geist der Wahrheit, wird er euch in die ganze Wahrheit leiten; denn er wird nicht von sich aus reden, sondern was er hört, wird er reden, und das Zukünftige wird er euch verkündigen. Er wird mich verherrlichen; denn aus dem Meinigen wird er es nehmen und euch verkündigen" (Johannes 16,7 ff.). Noch heute ist es schwer, zu begreifen, was Jesus mit diesen Worten mitteilen wollte. Dieser Schwierigkeit entspricht, daß es heute so gut wie keine Antwort gibt auf die brennende Frage, wie die Menschheit zu der dringend nötigen Umkehr bewegt werden kann, die von Einsichtigen gefordert wird. Kein Befehl kann das bewirken. Es bleibt nur die Hoffnung, daß der Heilige Geist weiter auf der Suche ist nach Menschen, die ihm eine Wohnung geben, um sie zu lehren, was wahr, was das Künftige ist und inwiefern der Fürst dieser Welt, der übermächtig scheint, doch schon „gerichtet" ist. Denn es scheint, daß nur Inspirierte ähnlich einem Ananias, welche die neue Schöpfung hindurchscheinen sehen durch die alte Welt und ihre Angst überwinden, dieses Geheimnis aufdecken können.

Der Engel Raphael befähigte Tobias, aufzudecken, daß Sara, der man nachsagte, sie töte ihre Freier, eine liebende Braut war. Jesus hat durch sein Sterben und seine Auferstehung aufgedeckt, daß die Seele des Menschen fähig ist, zu lieben und ihn zu erkennen. Die Entdeckung, daß die Finsternis doch die Geburtsstätte der neuen Schöpfung ist, scheint denen vorbehalten zu sein, die in der Kraft des Geistes hinabzusteigen wagen in die dunklen Tiefen der Menschenseele und der Schöpfung. Durch heilende Liebe kann sich selbst Abgründiges wandeln.

Das Offenbarwerden der Söhne und Töchter Gottes

Der Kreis der neuen Schöpfung ist noch nicht vollendet. Sie begann mit der Auferstehung, wurde bei der Himmelfahrt zu Gott erhöht, kam als Heiliger Geist, um die Gemeinschaft der Liebenden zu sammeln und in ihr zu wohnen. Das Mandala vom Kommen des Geistes hat erkennen lassen, wieviel noch Verheißung ist. Das Kommen des Geistes und sein Ziel wären erst vollendet, wenn die Menschheit sich zusammengefunden hat zu jener Gemeinschaft der Liebenden, die durch den Heiligen Geist mit Christus eins ist. Wir haben, meinte Paulus, nur die „Erstlingsgabe des Geistes", und diese Einschätzung gilt bis heute.

Die mehrfache Umkreisung der Mitte durch die vier Kardinalpunkte hat ein Muster erkennen lassen: Die Geschichten von der Geburt des göttlichen Kindes korrespondieren mit denen vom leeren Grab, von der Auferstehung und von dem Erwachen der Gewißheit, daß es einen Sinn jenseits der irdischen Zeit gibt.

Die Geschichten von der Initiation korrespondieren mit der von der Taufe Jesu, vom liebenden Erkennen Maria Magdalenas, von der Himmelfahrt und der Erkenntnis, die durch den Heiligen Geist jedem Suchenden offensteht.

Die Geschichten vom Weg zu den Menschen korrespondieren mit dem Lehren und Heilen Jesu, seinem Erscheinen bei den Jüngern in der offenen Tür, dem Kommen des Geistes und dem Wachsen der liebenden Gemeinschaft, die alle irdischen Grenzen zwischen Menschen überwunden hat.

Die Geschichten von der Unterweltsfahrt und der heiligen Hochzeit korrespondieren mit der Passion Jesu, der Erlösung der menschlichen Seele, mit dem Brotbrechen des Auferstandenen für die Emmaus-Jünger und setzen sich fort in der wandelnden Feindesliebe eines Ananias, zu der ihn die Kraft des Auferstandenen und der Heilige Geist befähigen.

An dieser vierten Station der Umkreisung, am Nadir, muß sich jeweils bewähren, ob der neue Geist auch die Jungfrau und mit ihr den Schatz gewinnen und sich mit ihnen verbinden kann, indem er hindurchdringt durch die Mächte der Finsternis, die sie gefangenhielten. Erst dann kann das neue Reich gegründet werden.

Im Neuen Testament wird dieses neue Reich „neuer Himmel und neue Erde" genannt, ein Reich, das mit der Wiederkunft Christi beginnt. Verschiedene Vorstellungen gibt es, wie dies geschehen kann. Eine bisher wenig beachtete Vorstellung davon, die des Paulus, korrespondiert aber mit dem bisher beschriebenen Muster. Paulus war ein Visonär. Er schreibt einmal: „Ich weiß von einem Menschen in Christus, daß vor vierzehn Jahren – ob im Leibe, weiß ich nicht, ob außer dem Leibe, weiß ich auch nicht, Gott weiß es – der Betreffende bis in den dritten Himmel entrückt wurde. Und ich weiß von dem betreffenden Menschen, ... daß er unaussprechliche Worte hörte, die ein Mensch nicht sagen darf" (2. Korinther 12,2 ff.). Vielleicht hat er etwas von dem, was er hörte, im Römerbrief doch angedeutet: „Die Sehnsucht des Geschaffenen wartet auf das Offenbarwerden der Herrlichkeit der Söhne Gottes. Denn der Nichtigkeit wurde das Geschaffene unterworfen, nicht freiwillig, sondern um dessen willen, der es ihr unterwarf; auf die Hoffnung hin, daß auch das Geschaffene selbst befreit werden wird von der Knechtschaft des Verderbens zur Freiheit der Herrlichkeit der Kinder Gottes. Denn wir wissen, daß alles Geschaffene insgesamt seufzt und sich schmerzlich ängstigt bis jetzt. Aber nicht nur das, sondern auch wir selbst, die wir die Erstlingsgabe des Geistes haben, auch wir seufzen in uns selbst und warten auf die volle Offenbarung der Annahme an Sohnes Statt, auf die Erlösung unsres Leibes" (Römer 9,19 ff.).

Von Paulus schon wurde zusammengesehen, was in der bisherigen Geschichte des Christentums immer wieder auseinanderbrach: die Erlösung der Schöpfung und das Heil der Menschheit. Er deutet sogar noch mehr an: Nicht Gott, sondern das Geschaffene wartet sehnsüchtig auf das Offenbarwerden der Söhne

Gottes. Offenbarung geschieht immer von einer gleichsam hö-
heren an eine niedrigere geistige Ebene. Die nichtmenschliche
Schöpfung ist es, die auf Offenbarung und damit auf Befreiung
und Erlösung durch den Menschen hofft, einen Menschen, der
als Sohn, als Tochter Gottes zu ihr kommt. Demnach wird das
Reich Gottes nicht vollendet durch die Seligkeit der Menschen in
einem himmlischen Jenseits, sondern so, daß die Menschheit
zum Heilbringer für die nichtmenschliche Kreatur wird. Wie Jesus
zum Christus der Menschheit wurde, ist die Menschheit berufen,
zum Christus der Schöpfung zu werden. Die Erde soll aufgenommen werden in die Liebesbeziehung, die den Vater mit Christus,
Christus mit der Gemeinschaft der Jünger verbindet. Medium
dieser Beziehung ist der Heilige Geist, Sophia, die den Logos in
sich trägt. Aus dieser Hochzeit zwischen der Menschheit und der
Erde würde dann das neue Reich, neuer Himmel und neue Erde,
geboren.

Wie dies geschehen könnte, ist noch verborgen. Aber Bilder
dafür sind gegeben. Von Christus heißt es, daß in seinem Namen
sich beugen solle alles, was im Himmel, auf Erden und unter der
Erde ist (Philipper 2,10), daß in ihm alles erschaffen wurde und
Gott die ganze Fülle in ihm wohnen zu lassen beschloß (Kolosser
1,16.19) und daß er der Logos sei, das Licht, durch das alles
geschaffen ist und das sich den Menschen offenbart hat (Johannes 1,1 ff.). Sophia, die Schöpfungsmittlerin, die Weisheit und
Energie in allem, was lebt, ist mit Christus verbunden und teilt
sich als Heiliger Geist den Menschen mit. Sie schafft eine Men-
schengemeinschaft, die eins ist in Christus. Ist die Menschheit in
Christus eins und blickt aus der Erkenntnis, die ihr gegeben ist,
auf die Schöpfung, kann sie in ihr, die bedrohlich schien, die
Jungfrau erkennen und lieben, die ihr als Braut bestimmt ist, und
das Geheimnis aufdecken, daß Christus auch in ihr schon lebt.
Die Menschheit sieht dann mit Augen des Geistes durch die
Welt der Erscheinungen hindurch auf das, was in ihr Sophia und
Christus entspricht. Wohnt dann die Menschheit auf der Erde,
wie Christus in ihr und in allen Gott, alle verbunden durch
Heiligen Geist, dann ist das Reich Gottes vollendet. Die Offen-

barung des Johannes entwirft ein solches Bild des Wohnens und
der Transparenz (Offenbarung 21).

Wo aber bleibt in dieser Vision das Böse, Satan, der aus dem
Himmel geworfen worden war? Es gibt die Bilder von einem
Jüngsten Gericht, von Hölle und ewiger Verdammnis. Die Mystikerinnen und Mystiker aber haben dieser Vorstellung schon
immer den Glauben an eine „Wiederbringung aller" entgegenge-
halten.

Etwas vereinfacht lassen sich zwei Arten des Bösen unterscheiden: Da ist einmal das Abgründige, das in die Schöpfung
eingewoben scheint, Schmerz, Leid, Sterben, Gottesferne, Sünde.
Dafür werden vielfach weibliche Symbole verwendet: Hölle,
Unterweltsgöttin, Mutter Erde, die verschlingt, was sie geboren
hat. Und dann: Satan, der Widersacher Christi, der Geist, der
stets verneint, Vater der Lüge, Gottesleugner.

Dem Abgründigen ist der Mensch wie auch andere Lebewesen leidend ausgeliefert, das Satanische aber bemächtigt sich des
Willens und macht Menschen zu seinen Handlangern. Gerade
durch das Licht, das Christus heißt, ist auch ein tiefer Schatten auf
die Erde geworfen worden: sein Gegensatz, sein Widerpart.
Satan ist eine Macht, die in Menschen wohnt und durch sie wirkt.
Wenn im Menschen aber Heiliger Geist wohnt, verliert der Satan
seine Macht über ihn. Anders gesagt: Die Macht des Satans
reicht so weit wie menschlicher Größenwahn und Mangel an
Selbsterkenntnis. Warum sollte es dann nicht möglich sein, daß
Satan in Luzifer, in den Lichtbringer, verwandelt wird? Mystiker
haben schon manchmal angedeutet, daß selbst Gott des Menschen zu seiner Erlösung bedarf. Wird die Menschheit eins in
Christus, wird sie offenbar als „Sohn Gottes", wie auch Christus
„Sohn Gottes" ist, dann ist kein Satan mehr. Ein einzelner kann
diese Wandlung wohl nicht vollbringen, sie ist nur denkbar in
einer Menschengemeinschaft, die in Liebe verbunden ist.

Bleibt das Abgründige, das Leiden in der Schöpfung. Von
Sophia heißt es, daß sie dem, in dem sie wohnt, die Geheimnisse
des Lebens erschließt. Bisher hat die Menschheit von der Weisheit in der Schöpfung nur Bruchteile erkannt, lange hat sie ihre

nichtmenschliche Umgebung als seelenlos und geistlos empfun-
den. In der Gegenwart schon leuchtet ein, daß diese Sicht der
Welt menschlicher Unwissenheit entspringt, mit der Wirklichkeit
aber nicht übereinstimmt. Wenn Paulus schreibt, daß das Geschaffene seufzt und sich schmerzlich ängstigt bis jetzt, deutet er
an, daß dieses Leiden nicht dauern muß. Seinen Worten ist sogar
zu entnehmen, daß Gott das Geschaffene „der Nichtigkeit unterwarf" um des Menschen willen, bis er die Weisheit hat, das
Geschaffene so zu lieben und zu erkennen, wie es gemeint ist.

Biologen meinen heute manchmal, vielleicht könne die Erde es
schließlich doch überleben, wenn der Mensch sich zugrunde
richtet. Aber so kann nur kühler Intellekt denken. Die enge
Verbindung zwischen Jesus und Sophia und ihre „himmlische
Hochzeit" kann als Symbol dafür aufgefaßt werden, daß Sophia,
der Geist in der Schöpfung, schon gewählt hat: Sie hat mit
Christus den Menschen gewählt und sich damit zugleich gegen
Satan entschieden, gegen den selbst verschuldeten Untergang
der Menschheit. Sophia, die bei den Menschen wohnen will und
als Heiliger Geist hinwirkt zu einer liebenden Gemeinschaft,
kann Symbol dafür sein, daß die außermenschliche Schöpfung
nach wie vor auf den Menschen hofft.

Mehr als solche Andeutungen sind wohl nicht möglich,
Traumbilder, die nur verwirklicht werden können, wenn der
Geist der Menschheit weit hinausgewachsen ist über seine bishe-
rige Beschränktheit. Das Neue Testament aber schließt mit der
Vision des Johannes auf Patmos: „Gott wird alle Tränen abwi-
schen von ihren Augen, und der Tod wird nicht mehr sein, und
kein Leid noch Geschrei noch Schmerz wird mehr sein, denn das
Erste ist vergangen" (Offenbarung 21,4).

Soweit reichen die Erkenntnisse und die Zukunftsbilder, die
das Neue Testament enthält. Sie lassen sich zusammenfassen in
dem Satz: „Es ist in keinem anderen Heil, es ist auch kein anderer
Name unter dem Himmel für die Menschen gegeben, durch den
wir gerettet werden sollen", als Jesus, der Christus (Apostelgeschichte 4,12).

Was mythisches Bild war, so ist deutlich geworden, soll Erkenntnis werden, was Religion war, Geist, der im Menschen wohnt. Was Traum und Vision war, soll klares, erleuchtendes Wort werden, Logos, und damit das Bewußtsein erweitern und verändern. Das Wachsen des Reiches Gottes, von dem Jesus sprach, ist ein Bild, das auf ein Werden, eine Evolution und noch mehr eine Transformation hinweist, eine Wandlung von Glauben in Erkenntnis. Wer in der Gegenwart erkennen will, wo das Reich Gottes im Werden ist, wird die Bewußtseinsveränderung beachten, wie sie mitten in einer Zeit, die von Zerstörung und Untergang geprägt ist, sich trotzdem bei einzelnen Menschen und in verschiedenen Gruppen zeigt.

Bewußtseinsveränderung

Zeichen des Wachsens

Der Wind weht, wo er will, und du hörst seine Stimme, aber du weißt nicht, woher er kommt und wohin er fährt. So ist jeder, der aus dem Geist geboren ist" (Johannes 3,8).

Es ist ein Merkmal der Gegenwart, daß ein Wind der Veränderung spürbar ist und Bewegungen hervorruft, deren Ideen sich oft mit erstaunlicher Geschwindigkeit über Länder und Kontinente hin ausbreiten. Die Ursachen dieser Bewegungen lassen sich nicht ergründen. Im Hinblick auf die Zeit, in der sie leben, sprechen ihre Mitglieder von ihren Leiden, von ihrer Unzufriedenheit und ihrer Sorge um das Überleben der Menschheit. Woher aber der Impuls kommt, der sie aus Resignation oder Gleichgültigkeit weckt, bleibt unerklärlich. Marilyn Ferguson sprach von einer „sanften Verschwörung"[1], Fritjof Capra faßte diese Erscheinungen unter dem Stichwort „Wendezeit" zusammen[2]. Wassermannzeitalter, New Age, Paradigmawechsel sind weitere Stichworte, die andeuten, was sich im Lebensstil, im Bewußtsein und im Verhalten an neuen Werten zeigt. Die Literatur darüber ist inzwischen so umfangreich, daß ich mich hier auf Andeutungen beschränke. Die Vielfalt in den Bewegungen wird überschaubarer, wenn sie den vier „Pforten" des Mandala zugeordnet werden.

Das Weibliche, Psyche und Natur

Zur Zeit der Romantik wurden sie zum ersten Mal spürbar, die neue Empfindsamkeit für seelisches Erleben und für die Natur und die Selbstwahrnehmung der Frauen.

Es hat, wie sich heute herausstellt, schon zur Zeit des Hellenismus und auch im Mittelalter Frauenbewegungen gegeben, trotzdem erleben sich heute viele Frauen, als erwachten sie aus einem jahrhundertelangen Todesschlaf, aus der Betäubung durch männliche Vorurteile, aus ohnmächtigem Leiden unter Unterdrückung, aus dem Alptraum der Minderwertigkeit und Sündhaftigkeit, aus mancherlei Rollenzwängen. Zum ersten Mal wagen sie zu sagen, daß sie leiden, und stellen die Diagnose, daß das Patriarchat für sie eine Krankheit zum Tode ist, eine Krankheit, die sie dem Weiblichen entfremdet hat. Aber es ist ein langer Trauerprozeß, bis es der Frau gelingt, sich zu lösen aus einer Kultur, mit der sie auf vielfältige Weise verwoben ist, deren Vorurteile auch gegenüber dem Weiblichen sie durch Erziehung, Lebensform und Kirche übernommen hat. Es ist leichter, zu den Richtigen und Anerkannten zu gehören, friedlich und das bedeutet angepaßt zu sein. Oft äußert sich die Trauer zunächst in ohnmächtigem Zorn gegenüber den Männern, den Autoritäten, den Mächtigen überhaupt. Zwischendurch sind viele Frauen zufrieden, wenn sie gleichberechtigt sind, gleiche Chancen wie der Mann haben, sich bilden und einen Beruf ausüben, Führungspositionen einnehmen können. Wirkliche Trauer beginnt erst dann, wenn Frauen einsehen, daß ihre Integration in die Männergesellschaft sie noch mehr sich selbst entfremdet, wenn ihnen deutlich wird, daß gerade christliche Tugenden wie Dienen, Helfen, Demut und Nächstenliebe dazu mißbraucht wurden, sie in untergeordneten Positionen festzuhalten. Wenn ihnen aufgeht, daß sie mit ihrer Hilfsbereitschaft, Geduld und ihrem Schweigen selbst dazu beigetragen haben, daß Gewalt, Krieg und Umweltzerstörung andauern. Wenn sie sich klarmachen müssen, daß sie die besten Kräfte für falsche Herren eingesetzt, eine lange Zeit ihres Lebens falschen Idealen geopfert haben. In dieser Trauerphase suchen Frauen den Kontakt mit anderen, um dem Erschrecken über diese Einsichten standhalten zu können. In immer neuen Wellen kommen dann Leidenserfahrungen zur Sprache und vor allem die Einsicht, daß es insbesondere die Glaubensvorstellungen der Kirche sind, ihr Gottesbild, ihr Frauenbild, die dazu führten, daß Frauen sich selbst mißachtet und sich selbst nichts zugetraut haben.

Die Suche nach Eigenem, nach Echtem ist schwer und langwierig, weil es in der Geschichte des Patriarchats kaum weibliche Vorbilder gibt und selbst von den wenigen nichts überliefert wurde. In der Tiefe der eigenen Seele nur und in längst vergangenen Religionen, die weibliche Gottheiten verehrten, kann die Frau finden, was sie als Quelle eigener Kreativität erkennt. Sie kehrt dann dem Patriarchat den Rücken zu, ist nicht mehr erreichbar für Anklagen, aber sie wird einsam, eine Trauernde. Doch in dieser Trauer wächst auch Vertrauen zum eigenen Gefühl, zur eigenen Intuition und schließlich der Mut, zu sich selbst zu stehen. Aus der Trauer wird eine neue Spiritualität geboren, die Frau bekommt Zugang zu ihrer Seele und zu dem, was aus transzendenten Dimensionen ihr zuströmt und ihr eine neue Identität gibt.

Ähnliche Wege gehen viele, die mit dem Alltag, in dem sie lebten, nicht länger zurechtkamen und darüber krank wurden. Wenn ein Therapeut ihnen beisteht, der sie auf einem langen Trauerweg begleitet und sie hinführt zu den Quellen in ihnen selbst, den Selbstheilungskräften der Seele, werden sie frei von äußeren Rollenzwängen und entdecken eine innere Wirklichkeit, von der sie zuvor nichts ahnten.

Die Wiederentdeckung der Psyche und ihrer Struktur, insbesondere durch C. G. Jung und die humanistische Psychologie, hat einen Erkenntnisweg erschlossen, der durch die positivistische Wissenschaft lange Zeit verdeckt war. Der Mensch, sein Ich, *hat* nicht ein seelisches Innenleben, sondern er *ist* Psyche; verliert er den Kontakt zu ihr, ist er entwurzelt und wird krank. Übt er, offen zu sein für seine Träume, Imaginationen und spontanen Regungen, sein Ich durchlässig zu machen, lernt er dadurch nicht nur kennen, was er bisher ängstlich unterdrückt hat, seinen Schatten, sein ungelebtes Leben, sondern kommt auch in Verbindung mit den großen Symbolen der Religionen, wie sie in den Mythen überliefert sind, mit einer Welt jenseits von Zeit und Raum, mit geistigen Eingebungen und schließlich mit den Schwingungen des Kosmos. Die Erkenntnisse der Tiefenpsychologie haben dem icheinsamen Menschen, der eingeschlossen ist in die Eindimensionalität seines Alltags, einen Zugang erschlossen zu Dimensionen der Wirklichkeit, die er leugnen kann, die ihn aber unbewußt lenken. Je unbewußter er bleibt, um so bedrohlicher erscheint ihm die Wirklichkeit jenseits seines Ich, je mehr er sich öffnet, um so mehr strömt ihm die Gewißheit zu, eingebettet zu sein in das Reich der Psyche, das die Grenzen des Individuums weit überschreitet und weiser ist, als ein einzelner Mensch sein kann.

Ebenso wie die Psyche etwas Weibliches zu sein scheint, so auch die Natur. Ihr Symbol ist die Göttin, welche die Frauen wieder entdecken, um zu ihrer eigenen Identität zu finden. Kontakt mit der eigenen Seele und eine innere Verbindung zu den Rhythmen des Lebens und seiner Weisheit führten zu dem sicheren Empfinden, daß der Mensch Teil eines kosmischen Ganzen ist und nur dann überleben wird, wenn er sich dem Strom überläßt, der von ihnen ausgeht. Auch die Natur ist beseelt, in ihr wirkt der gleiche Geist wie im Menschen, regenerierend, heilend und schöpferisch.

Vom Weiblichen her, aus dem Einklang von Seele und Natur, muß, so meinen immer mehr Menschen, die Heilung, die Rettung der heutigen Menschheit kommen. Die Einseitigkeit des auf Erfolg, Egoismus, Unterdrückung und Ausbeutung gerichteten patriarchalen Systems muß aufgegeben werden zugunsten eines mehrdimensionalen, ganzheitlichen Denkens und Handelns. Mit der Ahnung und Hoffnung, daß vom Weiblichen her das Neue kommen muß, münden die Vorstellungen der Gegenwart wieder ein in die mythische Rede, daß eine Jungfrau ein göttliches Kind gebären wird, das der Welt Heilung und Heil bringt.

Transzendenz

Immer mehr Menschen üben sich in der Meditation. Die Meditationspraxis des Ostens und seine Spiritualität faszinieren die geistig ausgehungerten Bürger einer säkularisierten Gesellschaft. Was die Gnosis bereits lehrte, daß Selbst- und Gotteserkenntnis eins sind, führt dazu, daß immer wieder einzelne aussteigen aus ihrem Alltag und sich auf die Suche nach sich selbst und einem wirklichen Sinn des Lebens machen. Sie „sterben" ihrem bisherigen Leben, ebenso wie Meditation das Opfer des Ich meint, und erwachen zu der Erkenntnis, daß der Mensch mehr ist, als er von sich wußte.

Die Transpersonale Psychologie von Stanislav Grof zum Beispiel macht die natürliche Geburt zum Paradigma einer Wiedergeburt. Wer durch bestimmte Techniken seine natürliche Geburt noch einmal erlebt, kann befreit werden von krankmachenden Komplexen und transzendente Erfahrungen machen, die ihn wandeln[3]. Grof kommt durch die Erfahrungen, die er mit sich selbst und mit anderen gemacht hat, zu der Überzeugung, daß nur ein Menschenbild, das transzendente Dimensionen einbezieht, der Wirklichkeit gerecht wird, und nur eine Therapie, die den einzelnen anleitet, selbst den Zugang zu transzendenten Erfahrungen zu finden, wirklich Heilung bringen kann. Ein Paradigmawechsel in der Anthropologie und Psychologie ist nötig, der sich nicht auf Spekulationen, sondern auf Erfahrung stützt.

Von ganz anderen Voraussetzungen her kommt der Biologe Rubert Sheldrake zu einem ähnlichen Ergebnis[4]. Anknüpfend an die Analytische Psychologie C.G. Jungs, stellt er die Hypothese auf, daß nicht das Gen die Erbfaktoren für die Psyche enthalten könne. Ähnlich wie die Physik von einem energetischen Feld spricht, müsse es vielmehr ein „morphogenetisches Feld" geben, ein Netzwerk des Geistes, in das jedes lebende Wesen jeder

Gattung eingewoben ist, aus dem es Impulse der Evolution bezieht und auf das es selbst zurückwirkt. Dieses morphogenetische Feld ist etwas dem Individuum Transzendentes, es sendet ihm soviel zu, wie es zu empfangen fähig ist, und ebenso speichert es die Erfahrungen des Individuums für die ganze Gattung.

Naturwissenschaft und Mystik klaffen nach einem Paradigmawechsel nicht mehr auseinander, sondern es breitet sich die Überzeugung aus, daß es eine Konvergenz gibt zwischen Glauben und Wissen und daß Vorstellungen von der Welt, welche die besten Traditionen der Religionen schon längst lehren, zunehmend dem begegnen, was die Forschung entdeckt, wenn sie selbst ganzheitlich zu denken übt. Kosmos und Mensch, Natur und Sinn treffen sich im Geist, sind Inkarnationen des Geistes. Der Weg der Selbsterkenntnis wird zugleich zum Weg der Erkenntnis der Wirklichkeit des Geistes.

Alternative Bewegungen

Die Frauenbewegung, die Friedensbewegung, die Ökologiebewegung, Bürgerinitiativen, Gruppen, die sich für soziale Gerechtigkeit in der Dritten Welt, für die Freilassung politischer Gefangener und die Aufhebung der Apartheid einsetzen – sie machen sichtbar, daß es in allen Ländern und Kulturen Menschen gibt, die frei sind von den Ideologien und Denkzwängen ihrer Umgebung. Ihre Mitglieder haben entdeckt, daß der einzelne ohnmächtig ist gegenüber den herrschenden Strukturen, daß die Gemeinschaft aber sie befähigt, Widerstand und selbst Mißerfolge zu ertragen, wenn sie für ihre Ziele engagiert eintreten. In solchen Bewegungen und Initiativgruppen spielen Herkunft und soziale Stellung keine Rolle, was sie eint, ist die Überzeugung, die sie zusammengeführt hat, und das Ziel, dem sie dienen. Für nicht wenige hat die Mitarbeit in einer solchen Bewegung sogar heilende Kraft. Sie überwinden ihre Resignation, ihre Unsicherheit und ihr Ohnmachtsgefühl, gewinnen Freunde und finden einen Sinn in ihrem Leben.

In diesen Bewegungen wächst die Überzeugung, daß ein neues Denken und Verhalten schließlich auch die sozialen und politischen Verhältnisse wandeln wird, die bisher noch dem Frieden, der Gerechtigkeit und dem Schutz der Umwelt entgegenstehen. Nicht Organisation von oben her, sondern Gruppenbildung von der Basis her ist das Prinzip, nach dem solche Gruppierungen entstehen. Sie wachsen und breiten sich aus auf eine für Beobachter oft unerklärliche Weise, durch Kontakte vom einen zum anderen. Die Erfahrungen mit diesem Wachstum von unten her nährt die Einsicht, daß nicht die großen Institutionen mit ihren hierarchischen Gliederungen und ihrer Bürokratie den Aufgaben der Gegenwart gewachsen sind, sondern überschaubare Gemeinschaften. Die Vernetzung dieser Gemeinschaften

ermöglicht Kommunikation ohne Verwaltung. Vernetzung bedeutet: Denke global, handle lokal! Das Ganze im Sinn haben
und dabei das tun, was im eigenen Umkreis nötig ist, bewahrt
ebenso vor Überforderung wie vor einem zu engen Horizont.
Dezentralisierung erst ermöglicht echte Demokratie, die nur in
überschaubaren Gruppen möglich ist, und damit die Chance, daß
sich die Begabungen jedes einzelnen entfalten und dem Ganzen
zugute kommen können. Dezentralisierung und zugleich die
Einbindung des einzelnen in eine Gemeinschaft, die ihn ebenso
trägt wie er sie, ist ein Modell für das Zusammenwachsen zu
einer Menschheit, in der Kommunikation möglich ist und in der
sich die verschiedenen Gruppen durch Resonanz stärken.

Gewaltlosigkeit

Das alte Gesetz, daß der Zweck die Mittel heilige, wurde von Gandhi, in seiner Nachfolge von Martin Luther King und Tausenden anderer durchbrochen. Sollen Frieden und Gerechtigkeit wachsen, müssen Frieden und Gerechtigkeit gesät werden, das Mittel muß dem Zweck entsprechen. Nur Gewaltlosigkeit kann auf die Dauer die Gewalt überwinden. Gewaltlosigkeit schließt die Bereitschaft ein, selbst Gewalt zu leiden. Dazu, stellte Gandhi fest, gehört mehr Mut, als ein Soldat braucht, um zu töten. Gewaltloses Verhalten wird nur derjenige durchhalten können, der von geistiger Kraft getragen ist und die Vision von einer Welt hat, die anders ist als die gegenwärtige. Gewaltlosigkeit hat auf die Dauer nur Sinn, wenn sie getragen ist vom Glauben an eine Wandlung, die nicht von Menschen allein, sondern von geistigen Kräften kommt, die auch den Gegner überwinden. Zum Töten kann jedermann gezwungen werden, gewaltloses Verhalten entspringt der freien Entscheidung jedes einzelnen, es kann nur von innen her und in völliger Unabhängigkeit geübt werden.

Historisch gesehen, sind die Erfolge der Gewaltlosigkeit noch kaum meßbar, aber es wächst die Zahl der Menschen, die erkennen, daß auch die Selbstüberwindung jedes einzelnen dazu beiträgt, das Gewaltpotential in der Menschheit zu mindern und damit die Friedensfähigkeit zu stärken.

Ein Beispiel aus der Gegenwart für ein neues Verhältnis zwischen Mensch und Natur ist die Geschichte der Gärten von Findhorn. So märchenhaft sie auch klingt, sie ist nachprüfbar. Auf einer einsamen Düne im Nordosten Schottlands, wo außer Sturm, Kälte, Sand und etwas Strandhafer nichts war, strandeten Anfang der sechziger Jahre drei Menschen, das Ehepaar Caddy und seine Freundin Dorothy. Eine Reihe von Mißhelligkeiten

hatten ihnen nichts als einen Wohnwagen gelassen, den sie auf
der Düne parkten. Arm wie sie waren, begann Peter Caddy, auf
den Dünen etwas Gemüse anzubauen, obwohl er von Gärtnerei
nichts verstand. Dorothy half dabei – und empfing auf einmal
Botschaften von den Geistern der Pflanzen, die sie Devas nannte,
später auch vom Geist der Landschaft, den sie den Landschaftsengel nannte. Die Devas gaben an, wie die Pflanzen zu setzen, zu
düngen und zu wässern seien, und der Landschaftsengel sprach
für alle. Nur Dorothy nahm diese Stimmen wahr, sie teilte Peter
Caddy mit, was sie hörte, und dieser führte genau aus, was sie
ihm sagte. Und das Wunder geschah: Auf den sandigen Dünen
erblühte ein Garten von einer Pracht und Fruchtbarkeit, daß
Landwirtschaftsexperten von überall herkamen, um kopfschüt-
telnd zu bestaunen, was ihnen unmöglich schien und doch offensichtlich war. „Hier gediehen Pflanzen in nie dagewesenen Dimensionen entgegen allen Grundregeln des Gartenbaus. Peter
Caddy hätte leicht seine Erfolge auf eine geniale Düngetechnik
zurückführen können, statt dessen aber war ich mit dem Inbegriff
eines ehemaligen Majors der Royal Air Force konfrontiert, der
höflich und nüchtern sein gärtnerisches Meisterwerk der Kommunikation und Zusammenarbeit mit devischen Weisheiten zu-
schreibt, Naturgeistern, Feen, Elfen und der sagenhaften Gottheit
Pan."[5]

Dem Ehepaar Caddy und Dorothy hatte sich ein Gelehrter
namens Crombie zugesellt, der eines Tages zu „Elfen" Kontakt
bekommen hatte, die ihm sagten, daß sie den Bäumen beim
Wachsen helfen und „Pan" ihr Gebieter sei. Die Elfen ermöglich-
ten es, in Findhorn auch Bäume aller Art anzupflanzen, Bäume,
die in diesem Klima und auf diesem Boden sonst nicht gedeihen.
Die Pflanzendevas, der Landschaftsengel und später auch die
Elfen freuten sich darüber, daß es endlich einmal Menschen gab,
die mit ihnen Verbindung aufnahmen und auf sie hörten. Die
Elfen waren zunächst feindselig und abweisend gewesen, sie
machten Crombie Vorwürfe wegen der Zerstörungswut der
Menschheit, aber er konnte endlich ihr Vertrauen und ihre Hilfe
gewinnen. Die Geister der Pflanzen und Bäume, die von sich

sagten, daß sie in ihnen wohnen, aber nicht mit ihnen identisch sind, lehrten Dorothy und Crombie, „sie sollten den Garten und die Pflanzen mehr unter dem Aspekt von Strahlungen und Schwingungen sehen, als sie chemisch-zergliedernd als Ansammlungen von Molekülen und Elementen sich vorzustellen. Die Gärtner erfuhren so, daß das Allerwichtigste, das sie tun konnten, sei, den Pflanzen von innen heraus ein Gefühl der Liebe und Achtung entgegenzubringen; so könnte auch jeder andere teilhaben an Gottes Schöpfung."[6]

Die Gärten von Findhorn existieren heute noch. Sie zogen immer mehr Menschen an, und so ist dort eine Wohnwagensiedlung enstanden, in der Menschen miteinander einen neuen Lebensstil üben[7]. Einige von ihnen empfangen immer wieder einmal Botschaften von den Devas oder vom Landschaftsengel. Der Landschaftsengel sagt:

„Du greifst nach der Ursache der Dinge
und läßt die Welt der Wirkungen hinter dir zurück,
die die Summe des gewöhnlichen menschlichen Wissen ist.
Laß dich auf keinen Fall von einem Gefühl der Unwissenheit
und der Unzulänglichkeit niederdrücken,
denn dieses Gefühl ist es, das den Menschen begrenzt hält.
Du weißt, daß es diese unermeßlichen inneren Welten gibt,
und du weißt, daß du dich nach ihnen ausstrecken kannst.
Deshalb höre auf zu klagen
und verlasse einfach die alte, begrenzende Welt.
Es gibt immer eine Einladung von uns in die Eine Welt."[8]

Zum Schluß

Auch am Schluß dieses Buches wage ich keine theologische Aussage darüber, wer Christus *ist*. Ich habe aufzuweisen versucht, wie er erfahren werden kann. Dabei haben sich viele Ebenen der Erfahrung gezeigt. Sie können alle zusammengefaßt werden in dem einen Namen Christus, aber was dieser Name alles einschließt, hängt ab von der Erfahrungsebene. Individuelle, geistige, soziale, transzendente und schließlich kosmische Aspekte, Vergangenheit, Gegenwart und Zukunft, Mensch und Gott – alles ist in diesem einen Namen zusammengefaßt. Insofern ist er ein Symbol. Symbole entziehen sich der Definition, sie strukturieren aber Erfahrung und geben ihr eine Richtung.

Es bleibt ein Wunder, daß sich im ersten Jahrhundert unserer Zeitrechnung eine Symbolgestalt dieser Art inkarniert hat. Es scheint, daß bis heute noch nicht entfaltet ist, was sie alles in sich schließt. Es gibt Stimmen, die sagen, die Zeit des Christentums sei zu Ende, und andere Stimmen meinen, sie beginne gerade erst. Nicht die historische Gestalt des Christentums aber ist es, auf die es ankommt, sondern die Entdeckung der noch unausgeschöpften Wirkkraft des Symbols Christus.

Für allzu viele ist seine Gestalt verdunkelt durch die vergangene Geschichte, durch viele ärgerliche Unzulänglichkeiten der Kirche, durch den Mißbrauch, den selbst politische Parteien mit seinem Namen treiben. Wer aber in der christlichen Tradition aufgewachsen ist, hat nur die Wahl, sich von ihr erdrücken zu lassen, sie zu leugnen oder den eigenen Weg zu suchen, auf dem erkennbar wird, daß Christus ihn doch unmittelbar angeht.

Von der Gnosis angefangen über alle Erneuerungsbewegungen in der Kirchengeschichte bis hin zur Reformation hat sich immer wieder die Erfahrung bestätigt, daß jeder einzelne Mensch seinen individuellen Zugang zu Christus finden kann.

Die Tradition übermittelt vieles, aber die Kirche ist nicht der einzige Ort, an dem er erfahren werden kann. Die Tiefenpsychologie hat dies in der Sprache des 20. Jahrhunderts noch einmal bestätigt.

Was ich hier aufgeschrieben habe, soll ein Beispiel dafür sein, welche Entdeckungen an der Gestalt des Christus für die Gegenwart möglich sind. Ich habe nicht mehr sagen können, als mein Horizont reicht. Aber wenn mein Versuch als Einladung aufgenommen würde, sich nun selbst einen eigenen Weg zu bahnen, hätte er seinen Zweck erfüllt.

Anmerkungen

Die Texte aus dem Alten Testament, den Apokryphen und aus dem Neuen Testament werden zitiert nach Die Heilige Schrift des Alten und des Neuen Testaments, Verlag der Zürcher Bibel, Zürich 1978.

Der Advent Gottes

1 vgl. Hugo Rahner, Das christliche Mysterium der Sonne, in: Die Sonne. Licht und Leben, Freiburg 1975
2 Martin Buber, Die Erzählungen der Chassidim, Zürich 1949; Martin Buber, Zwischen Zeit und Ewigkeit. Gog und Magog, Heidelberg 1969
3 Elie Wiesel, Chassidische Feier, Wien 1974
4 nach Johannes Tauler von Daniel Sudermann, Evangelisches Kirchengesangbuch Nr. 4
5 Das Gilgamesch-Epos, Stuttgart 1958
6 zitiert nach Paul Schwarzenau, Das göttliche Kind, Stuttgart 1984, S. 19
7 zitiert nach Paul Schwarzenau, Das göttliche Kind, S. 20
8 Götter und Dämonen. Mythen der Völker, herausgegeben und eingeleitet von Rudolf Jockel, Wiesbaden, S. 137
9 zitiert nach Paul Schwarzenau, Das göttliche Kind, S. 25f.
10 vgl. Paul Schwarzenau, Das göttliche Kind, S. 36f.
11 Götter und Dämonen. Mythen der Völker, S. 139ff.
12 zitiert nach Josefine Schreier, Göttingen, hrsg. von Gisela Meussling, München 1977, S. 74
13 Gerhard Kroll, Auf den Spuren Jesu, Leipzig 1973, S. 83ff.
14 Ernst Bloch, Das Prinzip Hoffnung, Dritter Band, Frankfurt 1967, S. 1489
15 vgl. Geo Widengren, Die Religionen Irans, Stuttgart 1965
16 Geo Widengren, Die Religionen Irans, S. 214

Das Erwachen des Menschen

1 Der goldene Esel. Aus dem Lateinischen des Apuleius von Madaura übersetzt von August Rode, Wedel in Holstein MCMXLVII
2 Geo Widengren, Religionsphänomenologie, Berlin 1969, S. 377
3 Das Evangelium des Markus. Übersetzt und erklärt von D. Dr. Ernst Lohmeyer, Göttingen 1963, S. 22
4 Geo Widengren, Religionsphänomenologie, S. 230

5 Joan Halifax, Die andere Wirklichkeit der Schamanen, München 1981, S. 11f.
   Vgl. Mircea Eliade, Schamanismus und archaische Ekstasetechnik, Frankfurt/M.
   1982
6 Joan Halifax, ebenda S. 14
7 Joan Halifax, ebenda S. 24f.
8 Joan Halifax, ebenda S. 97f.
9 vgl. Ken Wilber, Halbzeit der Evolution, München 1984, S. 211ff.
10 Mascha Kaléko, Verse für Zeitgenossen, Rowohlt TB 4659, Dezember 1980, S. 49
11 vgl. Ken Wilber, Halbzeit der Evolution, S. 291f.
12 vgl. Ken Wilber, ebenda S. 293f.

Die Umkreisung der Mitte

1 Ernest Bornemann, Recht und Sexualität im griechischen Mythos, in: Die griechischen Sagen, München 1977
2 Joseph Campbell, Der Heros in tausend Gestalten, Suhrkamp TB 424, 1978,
   S. 23f.
3 J. Campbell, ebenda S. 24f.
4 vgl. J. Campbell, ebenda S. 80
5 vgl. J. Campbell, ebenda S. 64
6 vgl. ebenda S. 91f.
7 vgl. ebenda S. 97
8 ebenda S. 68
9 vgl. ebenda S. 26f.
10 vgl. ebenda S. 41
11 ebenda S. 210
12 ebenda S. 209f.
13 ebenda S. 227
14 C.G. Jung, Bewußtes und Unbewußtes, Fischer TB 175, Frankfurt/M. 1957,
   S. 15ff.
15 C.G. Jung, Bewußtes und Unbewußtes, S. 63
16 Hanna Wolff, Jesus der Mann, Stuttgart 1975

Wandlung in der Tiefe

1 Das Buch der zwölf kleinen Propheten I, übersetzt und erklärt von Artur Weiser, ATD, Göttingen 1963[4], S. 15
2 Artur Weiser, Einleitung in das Alte Testament, Göttingen 1963[5], S. 241
3 Hartmut Gese, Vom Sinai zum Zion, München 1974, S. 138
4 Kinder- und Hausmärchen gesammelt durch die Brüder Grimm
5 Hartmut Schmökel, Heilige Hochzeit und Hoheslied, Wiesbaden 1956
6 Erich Neumann, Ursprungsgeschichte des Bewußtseins, München 1974
7 vgl. Erich Neumann, Zur Psychologie des Weiblichen, Kindler TB 2051, München 1975, S. 21
8 vgl. Erich Neumann, Zur Psychologie des Weiblichen, S. 26ff.

Auferstehung zu neuem Leben

1 Joseph Campbell, Der Heros in tausend Gestalten, S. 44 f.

2 Campbell, ebenda S. 45

3 vgl. Ingrid Riedel, Formen, Stuttgart 1985, S. 58 ff.

4 Lothar Steiger, Erzählter Glaube, Gütersloh 1987, S. 55 f.

5 Erich Neumann, Amor und Psyche. Mit dem Text des Märchens von Apuleius in der Übersetzung von A. Schaeffer, Olten 1979²

6 zitiert nach Erich Neumann, Amor und Psyche, S. 58

7 Neumann, Amor und Psyche, S. 136 f.

8 Die Legenda aurea des Jacobus de Voragine. Aus dem Lateinischen übersetzt von Richard Benz, Heidelberg 1979, S. 473

9 Elaine Pagels, Versuchung durch Erkenntnis. Die gnostischen Evangelien, Frankfurt/M. 1981, S. 110 ff.

10 Elisabeth Moltmann-Wendel, Ein eigener Mensch werden. Frauen um Jesus, Gütersloh 1980, S. 92

11 Ernst Eggimann, Jesus-Texte, Zürich 1972, S. 32

12 Almanach 10 für Literatur und Theologie, Zärtlichkeit, Wuppertal 1976, S. 22

13 J. Campbell, Der Heros in tausend Gestalten, S. 24 f.

14 Geo Widengren, Religionsphänomenologie, S. 236

15 Kurt Rudolph, Die Gnosis, Göttingen 1980², S. 254

Der Weisheit eine Wohnung geben

1 Fritjof Capra, Der kosmische Reigen. Physik und östliche Mystik – ein zeitgemäßes Weltbild, München 1983⁶

2 Rupert Sheldrake, Das schöpferische Universum, München 1983

3 vgl. Theodor Seifert, Weltentstehung, Zürich 1986, S. 141 f.

4 Karl Kerényi, Die Mythen der Griechen, Zürich 1951, S. 101 ff.

5 vgl. Felix Christ, Jesus Sophia. Die Sophia-Christologie bei den Synoptikern, Zürich 1970, S. 51 ff.

6 zitiert nach Angela Waiblinger, Große Mutter und göttliches Kind, Zürich 1986, S. 70

7 Klaus-Michael Meyer-Abich, Umkehr zum Leben in der Technik, Deutscher Evangelischer Kirchentag, Hannover 1983, Dokumente, Stuttgart 1983, S. 292 ff.

8 Felix Christ, Jesus Sophia, S. 84–91; Hartmut Gese, Die Weisheit, der Menschensohn und die Ursprünge der Christologie als konsequente Entfaltung der biblischen Theologie, veröffentlicht in Sv. Exegetisk Årsbok 1979, S. 98 f.

9 Hartmut Gese, Die Weisheit, der Menschensohn . . ., S. 100, 103

10 Felix Christ, Jesus Sophia, S. 116 ff.

11 Hartmut Gese, Die Weisheit, der Menschensohn . . ., S. 80 f.

12 Felix Christ, Jesus Sophia, S. 145–152

13 F. Christ, ebenda S. 153

14 F. Christ, ebenda S. 147

Die neue Schöpfung

1 Erich Neumann, Amor und Psyche, S. 59

2 E. Neumann, ebenda S. 60

3 Hartmut Gese, Die Weisheit, der Menschensohn..., S. 94 ff.

4 Elaine Pagels, Versuchung durch Erkenntnis, S. 157 ff.

5 E. Pagels, ebenda S. 49

6 Evangelium des Philippus, zitiert nach E. Pagels, ebenda S. 159

7 E. Pagels, ebenda S. 167

8 E. Pagels, ebenda S. 191

9 E. Pagels, ebenda S. 57

10 E. Pagels, ebenda S. 53

11 E. Pagels, ebenda S. 161

12 Das Tibetanische Totenbuch oder die Nachtod-Erfahrungen auf der Bardo-Stufe, hrsg. von W. Y. Evans-Wentz, Olten 1978[3]

13 Verena Kast, Trauern, Stuttgart 1982, S. 53

14 in: Rufe. Religiöse Lyrik der Gegenwart 1, hrsg. von E. Domay, J. Jourdan u. H. Nitschke, Gütersloh 1979, S. 68

15 Claus Westermann, Gottes Engel brauchen keine Flügel, Stuttgart 1978, S. 68 f.

16 zitiert nach Peter Lamborn Wilson, Engel, Stuttgart 1981, S. 58

17 Münster 1677: Strophe 2: H. A. Hoffmann von Fallersleben, Evangelisches Kirchengesangbuch, Ausgabe Württemberg, Nr. 487

Bewußtseinsveränderung

1 Marylin Ferguson, Die sanfte Verschwörung. Persönliche und gesellschaftliche Transformation im Zeitalter des Wassermanns, Basel 1982

2 Fritjof Capra, Wendezeit, Bausteine für ein neues Weltbild, München 1983[2]

3 Stanislav Grof, Topographie des Unbewußten, Stuttgart 1978; Stanislav Grof, Geburt, Tod und Transzendenz. Neue Dimensionen der Psychologie, München 1985

4 Rupert Sheldrake, Das schöpferische Universum. Die Theorie des morphogenetischen Feldes, München 1983

5 Paul Hawken, der Zauber von Findhorn, München 1980, S. 12

6 P. Hawken, ebenda S. 120

7 Leben in Findhorn. Modell einer Welt von morgen, Freiburg 1981

8 ebenda S. 158

Hildegunde Wöller
Das wiedereröffnete Paradies
Weihnachtliche Gespräche unter Freunden
190 Seiten, gebunden

Die Autorin lädt ein zu einem Fest der Freundinnen und Freunde
und erschließt mit ihnen gemeinsam den Sinn der vertrauten weih-
nachtlichen Motive: Maria und das Kind, die Jungfrauengeburt und
der Kindermord, die Engel, der Stern, die Hirten und die Weisen.
Dabei werden die biblischen Geschichten von einst zu Gleichnissen
für religiöse Erfahrung von heute, das Kind zum Symbol für schöpferischen Geist.
Für alle Weihnachtsmüden und insbesondere diejenigen, die nicht
mit einer Familie feiern können, ein neuer Zugang zum Sinn des
Weihnachtsevangeliums.

Marga Bührig
Spät habe ich gelernt, gerne Frau zu sein
Eine feministische Autobiographie
280 Seiten, gebunden

Die ungewöhnlich selbstkritische Autobiographie einer Frau, die
sich von ihren Studienjahren an in der Frauenfrage engagiert hat.
Sie erzählt von drei Bekehrungen: die erste zum Christentum, die
zweite „zur Welt", die dritte, schon über sechzig, zum Feminismus,
das heißt zur feministischen Theologie und zum Engagement für
den Frieden.
Diese Autobiographie ist zugleich eine Geschichte der Frauenbewegung der letzten Jahrzehnte in der Kirche.

Kreuz Verlag

Jörg Zink
Wie die Farben im Regenbogen
Sieben Bilder vom Reich Gottes
190 Seiten, gebunden

Ganzheit ist das Wort, das heute ausdrückt, wonach viele sich sehnen. Das Wort des Neuen Testaments für Ganzheit ist das Reich Gottes, von dem es viele verschiedene Vorstellungen gibt. Womöglich haben alle diese verschiedenen Vorstellungen recht, wenn auch nicht allein. So wie das menschliche Auge das reine Licht aufgefächert sieht in sieben Farben, so können auch nur sieben verschiedene Bilder vom Reich Gottes beschreiben, was das ganze meint. Ein Buch, das auf die bange Frage nach dem Sinn des Lebens und der Zukunft der Welt Antwort gibt.

Jörg Zink
Erde, Feuer, Luft und Wasser
Der Gesang der Schöpfung und das Lied des Menschen
180 Seiten, 24 Farbtafeln, gebunden

Die Welt ist nicht Gott, aber sie ist Gottes voll, und der Mensch ist ein Teil von ihr, dazu befähigt und berufen, auf die Bilder und Rhythmen der Welt, wie er sie mit seinen Sinnen wahrnimmt, mit seinem Lied zu antworten. Die vier Elemente, ein uraltes Bild für die Ordnung, die Ganzheit und Harmonie der Welt, finden sich in den Aussagen der Bibel über Gott und Geist und ebenso in den Gleichnissen Jesu wieder. Jedem dieser vier Elemente widmet Jörg Zink ein Kapitel, in welchem er von der Erfahrung ausgeht und bei der Verklärung des Elementaren im schöpferischen Geist, im auferstandenen Christus endet.

Kreuz Verlag

www . tlig . org   030 3218 939